跨国经营管理人才培训教材系列丛书

中外境外经贸合作园区建设比较

商务部跨国经营管理人才培训教材编写组　编

本书执笔　郑锦荣　王　胄　尚庆琛

中国商务出版社
CHINA COMMERCE AND TRADE PRESS

图书在版编目（CIP）数据

中外境外经贸合作园区建设比较／商务部跨国经营管理
人才培训教材编写组编. —北京：中国商务出版社，2018.8
（跨国经营管理人才培训教材系列丛书）
ISBN 978-7-5103-2548-9

Ⅰ.①中…　Ⅱ.①商…　Ⅲ.①对外投资—直接投资—
对比研究—中国、外国　Ⅳ.F832.6

中国版本图书馆 CIP 数据核字（2018）第 178717 号

跨国经营管理人才培训教材系列丛书

中外境外经贸合作园区建设比较
ZHONGWAI JINGWAI JINGMAO HEZUO YUANQU JIANSHE BIJIAO

商务部跨国经营管理人才培训教材编写组　编
本书执笔　郑锦荣　王　胄　尚庆琛

出　　　版：中国商务出版社
地　　　址：北京市东城区安定门外大街东后巷 28 号　　邮　　编：100710
责任部门：职业教育事业部（010-64515137　295402859@qq.com）
责任编辑：魏　红

总 发 行：中国商务出版社发行部（010-64208388　64515150）
网购零售：中国商务出版社淘宝店（010-64286917）
直销客服：010-64515137
网　　　址：http://www.cctpress.com
网　　　店：http://shop162373850.taobao.com
邮　　　箱：cctp@cctpress.com

印　　　刷：北京密兴印刷有限公司
开　　　本：787 毫米×1092 毫米　1/16
印　　　张：15　　　　　　　　字　　数：249 千字
版　　　次：2018 年 12 月第 1 版　　印　　次：2018 年 12 月第 1 次印刷
书　　　号：ISBN 978-7-5103-2548-9
定　　　价：68.00 元

丛书编委会

名誉主任　钟　山

主任委员　钱克明

委　　员　王胜文　李景龙　邢厚媛　郑　超

　　　　　张幸福　刘民强　韩　勇

执行主编　邢厚媛

序

党的十九大报告提出，以"一带一路"建设为重点，坚持引进来和走出去并重；创新对外投资方式，促进国际产能合作，形成面向全球的贸易、投融资、生产、服务网络，加快培育国际经济合作和竞争新优势。我们以习近平新时代中国特色社会主义思想为指导，围绕"一带一路"建设，坚持新发展理念，促发展与防风险并重，引导对外投资合作健康有序发展，取得显著成就。截至2017年底，中国在189个国家和地区设立企业近4万家，对外投资存量达1.8万亿美元，居世界第二位，已成为拉动全球对外直接投资增长的重要引擎。

习近平总书记指出，人才是实现民族振兴、赢得国际竞争主动的战略资源。新时期，做好对外投资合作工作，既需要大量熟悉国际市场、法律规则和投资合作业务的企业家和管理人才，又需要"政治强、业务精、作风实"的商务工作者。为贯彻习近平总书记重要指示精神，努力培养跨国经营企业人才，推动对外投资合作高质量发展，商务部委托中国服务外包研究中心对2009年出版的《跨国经营管理人才培训教材系列丛书》进行了增补修订。

本次增补修订后的《跨国经营管理人才培训教材系列丛书》共10本，涵盖领域广，内容丰富，注重政策性、理论性、知识性、实用性相结合，具有很强的可读性和操作性。希望商务主管部门、从事对外投资合作业务的企业家及管理人员利用好此套教材，熟悉跨国经营通行做法，提升合规经营、防范风险的意识，不断提高跨国经营能力和水平，为新时期中国进一步扩大对外开放、推动"一带一路"建设、构建人类命运共同体做出更大贡献。

商务部副部长

2018年11月23日

目 录

第一章 导 论

境外经贸园区是对外直接投资的一种产业集群模式，近年来中国商务部积极推动的境外经济贸易合作区（OETCZ）就是一种比较典型的境外经贸园区。中国商务部对境外经济贸易合作区有明确的定义，但国内外目前还没有境外经济贸易园区的统一定义，与之相类似的提法有境外（海外）产业园区、境外工业园区等。一般来说，境外经贸园区是投资国企业在境外投资兴建的各类园区的总称，包括在境外建设或参与建设的出口加工区、经济特区、科技园区、物流园区、自由贸易园区、自由港等。近年来，中国境外经济贸易合作区发展迅速，因此，本书论述的主要是中国境外经济贸易合作区与国际上其他国家的境外（海外）产业园区或工业园区的比较分析。

第一节　境外经贸园区的基本概念和特点

为了更好地理解境外经贸园区的内涵和外延，首先需对相关概念进行界定，厘清相互之间的关系和含义。

一、相关概念界定

（一）产业园区

产业园区是伴随着19世纪末西方发达国家的工业化发展和城市规划水平提升而产生的，一般是指由政府划定特定的区域用以集中发展某些产业，它是产业集聚发展和区域经济发展的重要形式，典型园区如德国鲁尔工业区、英国曼彻斯特工业中心，1951 年，世界上第一个高科技产业园区——美国斯坦福产业园（硅谷）建设运营。到20 世纪中叶，一方面，随着全球化及国际分工的发展深入，出口加工区、保税区、自由贸易区等以国际贸易为特征的产业园区不断涌现，以1959 年建设的爱尔兰香农国际机场自由贸易区为主要标志，随后韩国、新加坡等国开始建设以制造业为主的现代工业产业园区；另一方面，随着新技术不断发展和产业的转型升级，软件产业园区、高科技产业园区、现代物流园区、创意产业园区、医学园区、中央商务区（CBD）等概念出现 [1]。

由于发展背景、建设目的等方面存在差异，世界各国对产业园区的定义也存在一定差异，美国把产业园区称为"Industrial Park"或"Industrial District"，英国则称产业园区为"Industrial Estate"，而在日本产业园区被称为"工业团地"或"产业团地"[2]。1997 年，联合国工业发展组织（UNIDO）在《工业地产：原理与实践》中对产业园区做了明确的定义："产业园区是指为了满足一群企业家的需要，将一块土地根据总体规划开发并划分为若干区块，并配套道路、运输和其他公用设施，而土地上可以有已经建成的工厂。"

根据不同标准，产业园区可划分为不同类型，世界经济加工区协会（WEPZA）将产业园区分为区域园区、广域园区、特定行业园区、特殊运作园区四大类，如表1-1 所示。而联合国工业发展组织从专业化、所有权和土地性质三个方面对产业园区进行了划分，如表1-2。

表 1-1 世界经济加工区协会关于产业园区的划分

类型	含义
区域园区	将政策应用到一个比较小的区域或者飞地，这种园区不易吸引常住人口，某些情况下还建有单身工人宿舍
广域园区	广域园区的面积比区域园区更大，且拥有较大规模的常住人口。通常设置了外事办公室、海关和税务部门。如天津经济技术开发区（泰达），其内部包括了出口加工区、化工区、高技术园区和其他园区

---

[1] 唐晓宏.上海产业园区空间布局与新城融合发展研究[D].上海：华东师范大学，2014.

[2] 刘啸.中日产业园区发展模式比较[D].长春：吉林大学，2010.

续表

类型	含义
特定行业园区	以某种特定行业作为园区的主要发展方向，例如珠宝、石化、电子、农业、金融服务、信息技术和旅游等园区
特殊运作园区	典型的如出口加工区，要求区内企业生产的产品必须出口。此外，还有国家根据就业、投资规模、技术水平、增加值规模、所有制类型等标准来定义特殊运作园区

资料来源：Robert C. Haywood. EPZ PROGRAM VANUATU. 世界经济加工区协会，2003.

表1-2 联合国工业发展组织关于产业园区的分类

分类标准	园区类型
专业化	科技园区、研究园区、生态园区、出口加工区 / 自由贸易区
所有权	国有园区、私有园区、公私合营园区
土地性质	棕色园区（在曾经兴建过房屋或工厂而现今废弃不用的土地上建立的园区）、绿色土地（在未开发的土地上建立的园区）

资料来源：Europe and Central Asia Regional Conference on Industrial Parks. 巴库，阿塞拜疆，2012.

一般来说，国际上的产业园区主要有三大类：一是加工型工业园区，以制造加工业为主，有综合加工型的，也有专门从事某一类产品生产的特色园区，如意大利南部的服装、纺织专业园区；二是高科技园区，以高科技产品的研发为主，如美国的硅谷、英国的剑桥科学园、日本筑波科学城、印度班加罗尔软件园等高科技产业园；三是生态工业园，是根据循环经济理论和工业生态学原理建立的一种与生态环境和谐共存的新型工业园 [1]。

中国产业园的建设起步相对较晚，从1979年深圳开始建立第一个产业园起，到目前为止，全国各地产业园如雨后春笋般出现，涌现出了一批知名的产业园，如中关村科技园、苏州工业园、张江高科技产业园等。

---

[1] 刘啸.中日产业园区发展模式比较[D].长春：吉林大学，2010.

专栏 1-1 新加坡裕廊工业园区

1961 年，新加坡政府在裕廊岛划定 6480 公顷土地发展裕廊工业园，并拨出 1 亿新元作为开发资金，是新加坡根据自己的地理位置优先发展石化工业的成功典范，岛上有 72 家环球领先的石油、石油化工和特殊化工公司，总投资额接近 220 亿新元，是世界上石油化工竞争力最强的园区之一。新加坡裕廊工业园采用专业管理机构经营，以土地租赁、标准厂房租售、厂房按需设计建设、土地出租或转让等多种形式灵活地满足投资者的各种需要，吸引外来资金的注入。截至 2003 年，裕廊工业园已经拥有 7000 多家大中小型企业，工业产值超过新加坡的 60%，生产总值超过 600 亿美元，创造新加坡 GDP 的 25%，雇佣大概新加坡全国 1/3 的劳动人员。

资料来源：谭明智. 基于云制造的产业园企业合作模式研究 [D]. 重庆：重庆大学，2015.

（二）境外产业园区

境外（海外）产业园区也称为境外工业园区，是伴随着欧美发达国家的产业转移而发展起来的。20 世纪六七十年代，欧美一些发达国家逐渐将一些劳动密集型和处于成熟期的技术密集型产业转移到一些发展中国家，尤其是亚太地区，带动了这些发展中国家的产业园建设。自此，境外产业园开始如火如荼的发展。

目前，国际上对境外产业园区还没有统一的定义。一般来说，境外产业园区是指在国家经贸战略指引下，为充分利用东道国潜力巨大的资源和市场，依托本国在资金、技术、管理、销售等方面的优势，由政府主导在关系友好的国家选址建设的产业园区，入驻园区的企业可享受一定的优惠政策，从而吸引本国企业或跨国公司入驻，带动当地就业和经济发展 [①]。

---

① 关利欣，张蕙，洪俊杰. 新加坡海外工业园区建设经验对我国的启示 [J]. 国际贸易，2012（10）:40-44.

与之相对应的是，东道国（地）对吸收外资有强烈的需求，具备开展国际产业合作的营商环境和产业基础。一般而言，东道国（地）将外资产业集聚的园区定位为"经济特区""出口加工区""自由贸易区""自由贸易港"等。

因此，境外经贸园区是从对外投资母国的角度，而"经济特区""自由经济区""出口加工区"等则是从东道国（地）的角度，两者是同一个事物的两面，而这个"事物"本身，就是国际产业合作。

目前，新加坡的境外产业园发展比较成功，从20世纪90年代起，新加坡就开始在印度尼西亚、中国、越南、印度等国建立境外产业园区，目前已建有十多个。

表 1-3 新加坡境外产业园区概况

序号	名称	时间	占地面积（公顷）	投资规模	入园企业数
1	印尼峇淡印都工业园 Batamindo Industrial Park	1992	320	3.44亿美元	84
2	印尼民丹工业区 Bintan Industrial Estate	1994	500	1.1亿美元	34
3	印尼克里曼海洋及工业区 Karimun Marine and Industrial Complex	1997	155	0.9亿美元	33
4	中新苏州工业园 China - Singapore Suzhou Industrial Park	1994	8000	32亿美元	105
5	无锡新加坡工业园 Wuxi - Singapore Industrial Park	1994	290	6亿美元	50
6	越南新加坡工业园Ⅰ Vietnam - Singapore Industrial Park Ⅰ	1996	500	24亿美元	242
7	越南新加坡工业园Ⅱ Vietnam - Singapore Industrial Park Ⅱ	2006	345		121

续表

序号	名称	时间	占地面积（公顷）	投资规模	入园企业数
8	越南新加坡工业园—北宁省 VSIP Bac Ninh Township and Industrial Park Complex	2007	700	24亿美元	19
9	越南新加坡工业园—海防市 VSIP Hai Phong Township and Industrial Park Complex	2007	1600		17
10	印度班加罗尔国际科技园 International Tech Park, Bangalore	1998	28	1.65亿美元	145

资料来源：Caroline YEOH. Transborder Industrialization & Singapore's Industrial Parks in Indonesia & China: Boom, Bane or an Ongoing Game, 2003.

专栏 1-2 无锡新加坡工业园

无锡新加坡工业园由新加坡胜科集团和无锡市新发集团有限公司（原无锡市新区发展集团有限公司）开发建设并运营管理。工业园于1994年6月正式启动，计划占地10平方公里，实行滚动开发。截至2017年，园区已开发面积约3.5平方公里，共引进生产性外商投资企业80余家，累计吸引投资总额55亿美元，其中超千万的项目有30多家。2017年，园区客户实现规模以上工业总产值619亿元，就业人员4万人左右。

资料来源：无锡新加坡工业园网站. http://www.wsip.com.cn/new/WSIPJieShao/22.html

（三）自由经济区

"自由经济区"是投资目的地国家（地区）承接国际产业合作的特殊经济监管区，与"出口加工区""综合保税区""经济特区"等功能相近。

随着经济全球化不断深化和世界经济结构的调整，一些国家通过设立各种类型的自由经济区（Free Economic Zone）以促进其经济发展[①]。1975 年，联合国贸发会议（UNCTAD）指出："自由经济区是指本国海关关境中，一般设在口岸或国际机场附近的一片地域，进入该地域的外国生产资料、原材料可以不办理任何海关手续，进口产品可以在该地区内进行加工后复出口，海关对此不加以任何干预。"因此，自由经济区是一国为了发展经济、扩大对外贸易、实现特定的经济或政治目标而在国内适当地区专门划出一定范围实行豁免海关管制、减免税收等特殊优惠政策的地区[②]。

自由经济区不仅是促进发达国家贸易自由化、经济全球化的政策手段，也是带动发展中国家实现工业化、城市化和区域经济一体化的重要工具[③]。目前，自由经济区的设立和发展已成为各国扩大对外开放、促进对外贸易发展的重要举措。自由经济区的范围可以是从一个国家的小区域发展成跨越几个国家的境外区域，也可从一个简单区域发展为经济行政乃至经济政治的区域。其种类繁多、规模不一，主要有自由港、自由贸易区、保税区、出口加工区、过境区、自由边境区、科技工业园区等[④]。

目前，国际上对这些特殊的经济区域的名称和分类，主要根据其功能定位和政策范围而划定。一些学者根据不同的维度对自由经济区进行了分类，一是按产业维度划分，分为贸易型自由经济区、加工制造型自由经济区、高科技园区、服务业和综合型自由经济区；二是按区位维度划分，可分为国内自由经济区、跨边境自由经济区、境外自由经济区和跨国自由经济区四类。而境外自由经济区根据产业还可分成工业园区、科技园区、物流园区等多种类别[⑤]。

---

① 成思危.从保税区到自由贸易区：中国保税区的改革与发展[M].北京：经济科学出版社，2003:63.
② Guangwen Meng. The Theory and Practice of Free Economic Zone: A Case Study of Tianjin, People's Republic of China[D]. University of Heidelberg, 2003:7-215.
③ 王雪,孟广文,隋娜娜.印度自由经济区的发展类型及启示[J].世界地理研究，2017,26(1):22-31.
④ 江春雨, 王春萍.《国际物流理论与实务》[M].北京：北京大学出版社,2008.8.
⑤ 王雪.中国境外经贸合作区的发展研究——中柬西哈努克港经济特区为例[D].天津：天津师范大学，2017:1-41.

专栏 1-3 韩国仁川自由经济区

仁川自由经济区（Incheon Free Economic Zone）是 2003 年 8 月由韩国中央政府设立、实现东北亚经济中心战略的国家级特区, 主要发展商务金融、生物医疗、高科技、物流、教育、旅游文化六大产业。仁川自由经济区由松岛、永宗、菁萝三个核心区组成, 涵盖仁川国际机场及港口, 面积 132.9 平方米。松岛以仁川市延寿区松岛洞一带地区为主进行开发建设, 面积 53.4 平方米, 规划人口 25.8 万人, 主要由仁川市政府、海洋水产部、仁川港湾公司等部门进行建设, 打造成以商业、IT、BT 等高科技服务产业为主的国际型城市。永宗以仁川市中区永宗、龙游洞一带地区为主进行开发建设, 土地面积 61.7 平方米, 规划人口 17 万人, 以仁川国际机场为中心, 集中发展综合旅游、航空物流、航空产业集群等。菁萝以仁川市西区景西、连喜、元仓洞一带地区为主, 综合利用周边水域进行建设, 土地面积 17.8 平方米, 计划人口 9 万人, 主要发展金融、机器人、制造业、旅游休闲等产业, 打造国际项目合作园区、金融产业区、休闲园区、环保综合园区等, 被称为"韩国的威尼斯"。

资料来源: 杨国彪, 李文家. 韩国仁川自由经济区的发展及启示 [J]. 天津经济, 2015（7）:28-30.

（四）自由园区和自由贸易区

自由贸易园区（FTZ）和自由贸易区（FTA）都是贸易自由化的平台, 但是内涵、范畴和功能则完全不同。

1. 自由贸易园区

自由贸易园区（Free Trade Zone, FTZ）是指一国领土的一部分, 海关对在该地区境内货物的运送实施特殊的监管政策, 以"境内关外"为自贸区的核心 [①], 是根据本国（地区）法律法规在本国（地区）境内自己设立的对外贸易区域, 属一国（或地区）境内关外的行为, 其功能是降低贸易成本。中国设立的中国（上海）自由贸易试验区等11个自由贸易试验区就是典型的自由贸易园区。

---

① 李雪, 李维刚. 自由贸易区的内涵及建设意义[J]. 商场现代化, 2014（8）: 20-21.

自由贸易区按性质不同可分为商业自由区和工业自由区，前者不允许货物的拆包零售和加工制造；后者允许免税进口原料、元件和辅料，并指定加工作业区加工制造。按设定的功能可划分为转口集散型自由贸易区，利用其优越的自然地理环境从事货物转口及分拨、货物储存、商业性加工等，如巴拿马的科隆自由贸易区；贸工结合、以贸为主型自由贸易区，主要以从事进出口贸易为主，兼搞一些简单的加工和装配制造，如迪拜港自由港区；出口加工型自由贸易区，主要以从事加工为主，以转口贸易、国际贸易、仓储运输服务为辅，如尼日利亚自由贸易区；保税仓储型自由贸易区，主要以保税为主，免除外国货物进出口手续，较长时间处于保税状态，如荷兰阿姆斯特丹港自由贸易区[1]。

2. 自由贸易区（FTA）

自由贸易区(Free Trade Area，FTA)是指两个或更多国家或地区签署自由贸易协定，以最惠国待遇为前提，逐步开放国际市场，逐步减少甚至消除某些关税和非关税壁垒，改善服务的市场准入条件，投资和贸易在此范围内得到自由，最终形成可自由贸易的特定区域，如北美自由贸易区和中韩自由贸易区。在1973年国际海关理事会签订的《京都公约》中，将自由贸易区定义为："指一国的部分领土，在这部分领土内运入的任何货物就进口关税及其他各税而言，被认为在关境以外，并免于实施惯常的海关监管制度。"而美国关税委员则认为自由贸易区是用于再出口的商品在豁免关税方面有别于一般关税地区是一个只要进口商品不流入国内市场可免除关税的独立封锁地区。一般来说，自由贸易区是指签订自由贸易协定的成员国相互彻底取消商品贸易中的关税和数量限制，使商品在各成员国之间可以自由流动。但是，各成员国仍保持自己对来自非成员国进口商品的限制政策。有的自由贸易区只对部分商品实行自由贸易，如"欧洲自由贸易联盟"内的自由贸易商品只限于工业品，而不包括农产品。这种自由贸易区被称为"工业自由贸易区"。有的自由贸易区对全部商品实行自由贸易，如"拉丁美洲自由贸易协会"和"北美自由贸易区"，对区内所有的工农业产品的贸易往来都免除关税和数量限制[2]。

---

① 张志强.世界自由贸易区的主要类型和发展特点[J].港口经济，2009（11）：56-58.
② 杜敏.国际贸易概论[M].北京：对外经济贸易大学出版社，2001.

专栏 1-4 中国—东盟自由贸易区

中国—东盟自由贸易区（CAFTA）是中国与东盟十国组建的自由贸易区。2010 年 1 月 1 日贸易区正式全面启动，2015 年 11 月正式签署《中华人民共和国与东南亚国家联盟关于修订〈中国—东盟全面经济合作框架协议〉及项下部分协议的议定书》。双方同意对 46 个章节的绝大部分工业品同时适用"4 位税目改变"和"区域价值百分比 40%"标准，涉及 3000 多种产品，包括矿物、化工、木材纸制品、贱金属制品、纺织品和杂项制品等产品。在服务贸易领域，中国在集中工程、建筑工程、证券、旅行社和旅游经营者等部门做出改进承诺。东盟各国在商业、通信、建筑、教育、环境、金融、旅游、运输等 8 个部门的约 70 个分部门向中国做出更高水平的开放承诺。双方的具体改进措施包括扩大服务开放领域、允许对方设立独资或合资企业、放宽设立公司的股比限制、扩大经营范围、减少地域限制等。在经济技术合作领域，双方同意在农业、渔业、林业、信息技术产业、旅游、交通、知识产权、人力资源开发、中小企业和环境等 10 多个领域开展合作。双方还同意为有关经济技术合作项目提供资金等支持，推动更好地实施中国—东盟自贸协定。自贸区建成后，东盟和中国的贸易占到世界贸易的 13%，成为一个涵盖 11 个国家、19 亿人口、GDP 达 6 万亿美元的巨大经济体，是目前世界人口最多的自贸区，也是发展中国家间最大的自贸区。

资料来源：中国—东盟自贸区介绍 [EB/OL]. 中国—东盟自由贸易区商务门户 . http://www.cn-asean.org/index.php?m=content&c=index&a=show&catid=179&id=408,2018-1-18.

（五）跨境经济合作区

跨境经济合作区是指边境地区两国或多国政府间共同推动的享有出口加工区、保税区、自由贸易区等优惠政策的次区域经济合作区，是集投资贸易、出口加工、国际物流于一体的多功能经济区。跨境经济区功能不仅限于双边贸易，而且能够扩展到生产、物流、旅游等多个领域的合作，并且由于边境地带的特殊性，经济合作区内享有特定的政策优惠，使区内的生产要素和资源能够更加顺畅地流动，深化合作程度并提升区域整合力，进而通过辐射效应带动周边地区发展，典型合作区如欧盟的上莱茵河边境地区经济合作区、东南亚的新柔廖成长三角经济合作区和中越跨境经济合作区等[1]。

一般来说，跨境经济合作区的建设要遵循以下原则：一是跨境双方国家政治关系良好，跨境地区合作愿望强烈；二是选在两国口岸的附近，两国跨境往来有长期历史积淀，目前也在进行边境贸易和边境经济技术合作等多种跨境经济活动；三是口岸所在地区经济相对发达，能够为合作区的发展提供坚实的腹地支撑。

专栏 1-5 中国红河—越南老街跨境经济合作区

该经济合作区是当前云南配套设施最完善、条件最成熟的跨境经济合作区。2005 年 6 月，云南省红河州与越南老街省达成了《中国红河—越南老街经济合作区方案》，明确了跨境经济合作区的范围，合作区占地 130 平方公里，由 62.5 平方公里的越南老街周边的北沿海出口加工、东新坡工业区、腾龙工业区和贵沙矿区以及以金城商贸区为主的老街口岸区和中方的 65 平方公里的红河工业园区和 2.85 平方公里的河口北山口岸区共同构建。作为河口北山口岸区的重要设施，中越红河公路大桥、口岸联检楼已于 2009 年 9 月建成试运行，中国—东盟河口国际贸易中心已于 2010 年 11 月建成，并成为 2010 中越（河口）边交会的主场。2011 年 5 月，国务院《关于支持云南省加快建设面向西南开放重要桥头堡的意见》出台，其中明确提出，要进一步完善跨境交通、口岸和边境通道等基础设施，加快推进中越跨境经济合作区建设。

资料来源：杨珂. 中国红河—越南老街跨境经济合作区发展研究 [J]. 文山学院学报，2013，26（5）：104-107.

---

[1] 张旭华. 跨境经济合作区的构建与中国的跨边境合作策略探析[J]. 亚太经济，2011（4）：108-113.

（六）境外经济贸易合作区

境外经济贸易合作区（简称境外经贸合作区，OETCZ）在国际上还没有统一的定义，最早是由中国提出的一个特定概念，中国商务部对境外经贸合作区做了明确的定义，所谓境外经贸合作区是指在中华人民共和国境内（不含香港、澳门和台湾地区）注册、具有独立法人资格的中资控股企业，通过在境外设立的中资控股的独立法人机构投资建设的基础设施完备、主导产业明确、公共服务功能健全、具有集聚和辐射效应的产业园区[①]。境外经贸合作区作为促进中国对外直接投资的一种新模式，已经成为中国企业抱团"走出去"的重要平台。[②]

二、境外经贸合作区的内涵

（一）境外经贸合作区的本质

境外经贸合作区是近年来中国对外直接投资方式的一种全新探索，并无前例可以借鉴。本质来看，境外经贸合作区就是我国企业对外直接投资建设的开发区，它是由中国政府主导，以国内牵头企业为主体，通过谈判与东道国政府签订协议并在协议限定的地域内建立的境外经济贸易合作区，包括各种加工区、工业园区、科技产业园区、物流仓储区、保税区及自由港区等，在该区域内，企业既能享有东道国提供的良好投资环境及税收减免等优惠政策，又能充分利用境外资源，拓展境外市场，通过不断加强与境外企业在资金、技术等方面的交流，最终实现带动境外产业集群发展的目标。因此，可以将境外经济贸易合作区的性质定义为中国与其他国家之间在限定区域内更加紧密的经济贸易合作[③]。

（二）境外经贸合作区的内涵

关于境外经贸合作区的内涵，可以从几个方面来阐释。从性质上来看，境外经贸合作区是一定程度上合作两国政府间的高层次的经济合作，是探索解决中国现存的贸易摩擦、走出国门的方式之一。它是以政府间的协作为前提，以中国政府为强大的支持后盾，避免了势单力薄的中小企业在大型跨国公司的垄断下面临的风险。

---

① http://fec.mofcom.gov.cn/article/jwjmhzq/article02.shtml,2018-1-19.

② 李嘉楠,龙小宁,张相伟.中国经贸合作新方式——境外经贸合作区[J].中国经济问题，2016（6）：64-81.

③ 尤宏兵,成楠,杨蕾.境外产业园区建设特点与发展建议[J].国际经济合作，2017（2）：36-41.

从组建模式上来看，境外经贸合作区并无固定的模式可循，是中国企业在"走出去"的过程中摸索与逐渐形成的。从扶持政策来看，中国政府在推行境外合作区的实施过程中，采取与非合作区不同的关税与优惠政策，且中国境外经贸合作区包括类型广泛，如经济技术开发区、出口加工区等。从建设意义上来说，成功的经贸合作区可以使中国企业特别是有一定优势的中小企业合理规避贸易壁垒和摩擦，集中争取东道国的资源和优惠政策，增加外汇储备，提升国家综合实力[1]。

我国境外经贸合作区不同于宏观意义上的自由贸易区，自由贸易区是指两个以上的主权国家或单独关税区通过签署协定，在世贸组织最惠国待遇基础上，相互进一步开放市场，分阶段取消绝大部分货物的关税和非关税壁垒，改善服务和投资的市场准入条件，从而形成的实现贸易和投资自由化的特定区域。而境外经贸合作区是指中国企业在某一国家或地区境内设立的实行优惠税收和特殊监管政策的小块特定区域[2]。

（三）境外经贸合作区设立流程

在发展初期，境外经贸合作区是中国以国家为主导的一种政府行为，因此它的建设做法不同于其他直接对外投资模式。根据中国商务部的规定，企业开展境外经贸合作区建设，应根据境外投资有关规定，在境内完成国家对外投资备案或核准手续，取得商务主管部门颁发的《企业境外投资证书》，并在境外依据东道国法律完成相关登记注册手续，成立合作区建区企业。建区企业通过购买或租赁的方式获得土地，完成完备土地法律手续。建区企业应对园区建设运营、产业定位制定清晰的规划，完成园区所需的水、电、路等基础设施建设，并制定清晰的针对入区企业的服务指南，吸引企业入区开展投资生产[3]。中国境外经贸合作区的建设存在着较多的政府行为，其具体建设流程如下：

（1）公开招标。由中国商务部牵头制定境外经贸合作区的基本方针政策，同时制定相应的招标公告，向国内优秀企业、高新技术企业等发布，鼓励各个企业参与到境外经贸合作区的发展进程中。

（2）企业投标。各省市政府部门或者企业根据商务部要求，统计共有哪些优秀

① 肖雯.中国境外经贸合作区的发展研究[D].杭州：浙江大学，2014：1-69.
② 董琪.我国境外经贸合作区的建设与发展研究[D].镇江：江苏大学，2009.
③ http://fec.mofcom.gov.cn/article/jwjmhzq/article02.shtml,2018-1-19.

企业、集团、重点名牌产品、高新技术产业、劳动密集型企业等有意愿参与到境外经贸合作区的项目中，并且进行初步的筛选。

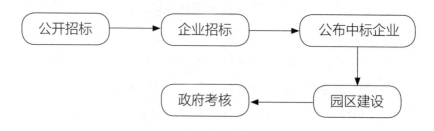

图 1-1 境外经贸合作设立流程

（3）公布中标企业。商务部经过严格的考评和审核，通过评定企业投资项目的质量、投资人自身的经济能力、管理能力、招商能力等来考核企业是否具备投资境外经贸合作区的能力，是否能加快境外经贸合作区的建设。

（4）园区建设。通过审批的企业将受到政府政策的大力支持，审批通过的境外经贸合作区由政府全力支持、以企业为主导打造。对外投资的企业与东道国政府签订园区建设协议，对园区进行规划，通过市场化的方式对国内相关企业进行招商。

（5）政府考核。在境外经贸合作区发展的过程中，商务部定期考察，检查规划项目，进行监督和提供相应的服务，对境外经贸合作区的发展成果进行考核。

随着企业"走出去"步伐的不断加快，中国境外经贸合作区的建设发展从"政府主导"模式转为"企业主体、政府引导、市场化运作"的开发模式，园区的设立流程也发生了变化。首先，先期建设，企业根据市场发展需求先期在境外自主开发建设园区；其次，国家进行统计，对初具规模的园区纳入国家统计；最后，考核确认，对达到一定规模标准的园区，经国家考核确认后予以相应的支持。截至2018年5月，纳入国家统计的境外经贸合作园区达99家。

三、中国境外经贸合作区发展现状和特点

（一）中国境外经贸合作区发展概况

中国境外经贸园区的建设始于20世纪90年代。从1998年起，一些企业开始尝试在境外创办合资企业、加工贸易区、工业园区等境外经贸园区，如福建华侨实业

公司1998年在古巴创办合资企业并于2000年在古巴投资建设境外加工贸易区，2000年海尔公司在美国设立工业园。经过中国企业近10年的境外经贸园区自主探索发展，商务部在2005年明确将发展境外产业园区作为对外投资新举措之一，鼓励企业抱团开拓国外市场，推动产业集群在境外的形成与发展。境外产业园区建设逐渐由企业为主向政府引导转变，并进入快速发展阶段。

作为中国制造业企业"走出去"重要的产业集聚平台和国际产能合作的主要载体，中国境外经贸合作区建设成为对外投资合作的有力支撑。中国商务部统计数据显示，截至2017年底，我国企业共在44个国家建设初具规模的境外经贸合作区99家，累计投资307亿美元，入区企业4364家，上缴东道国税费24.2亿美元，为当地创造就业岗位25.8万个，其中，2017年新增投资57.9亿美元，创造产值186.9亿美元。境外合作区建设有力地推动了东道国轻纺、家电、钢铁、建材、化工、汽车、机械、矿产品等产业发展和升级，加速了发展中国家工业化进程。

根据商务部、财政部出台的《境外经济贸易合作区考核办法》，截至2016年底，通过确认考核的境外经贸合作区共计20个。

表 1-4 通过确认考核的境外经贸合作区名录

序号	合作区名称	境内实施企业名称
1	柬埔寨西哈努克港经济特区	江苏太湖柬埔寨国际经济合作区投资有限公司
2	泰国泰中罗勇工业园	华立产业集团有限公司
3	越南龙江工业园	前江投资管理有限责任公司
4	巴基斯坦海尔—鲁巴经济区	海尔集团电器产业有限公司
5	赞比亚中国经济贸易合作区	中国有色矿业集团有限公司
6	埃及苏伊士经贸合作区	中非泰达投资股份有限公司
7	尼日利亚莱基自由贸易区（中尼经贸合作区）	中非莱基投资有限公司
8	俄罗斯乌苏里斯克经贸合作区	康吉国际投资有限公司

序号	合作区名称	境内实施企业名称
9	俄罗斯中俄托木斯克木材工贸合作区	中航林业有限公司
10	埃塞俄比亚东方工业园	江苏永元投资有限公司
11	中俄（滨海边疆区）农业产业合作区	黑龙江东宁华信经济贸易有限责任公司
12	俄罗斯龙跃林业经贸合作区	黑龙江省牡丹江龙跃经贸有限公司
13	匈牙利中欧商贸物流园	山东帝豪国际投资有限公司
14	吉尔吉斯斯坦亚洲之星农业产业合作区	河南贵友实业集团有限公司
15	老挝万象赛色塔综合开发区	云南省海外投资有限公司
16	乌兹别克斯坦"鹏盛"工业园	温州市金盛贸易有限公司
17	中匈宝思德经贸合作区	烟台新益投资有限公司
18	中国·印尼经贸合作区	广西农垦集团有限责任公司
19	中国印尼综合产业园区青山园区	上海鼎信投资（集团）有限公司
20	中国·印度尼西亚聚龙农业产业合作区	天津聚龙集团

资料来源：商务部合作司

（二）中国境外经贸合作区发展特点 [①]

与中国企业"走出去"的其他方式相比较，境外经贸合作区的发展具有独特的特点，主要表现在以下几个方面。

1. 合作区主要分布在"一带一路"沿线及非洲地区

中国境外经贸合作区的区位选择多集中于东南亚、东欧、非洲等发展中国家，但区位优势明显。一方面是自然资源、劳动力资源丰富，具有一定的成本优势，如泰国、柬埔寨、越南等东南亚国家人口密集，能为园区生产提高大量廉价劳动力，

---

① 刘英奎,敦志刚.中国境外经贸合作区的发展特点、问题与对策[J].区域经济评论，2017（3）：96-101.

图 1-2 中国境外合作区分布示意图

有助于降低园区生产成本，而赞比亚等非洲国家则拥有着丰富的可再生资源，能缓解企业在国内经营时面临的资源约束瓶颈；另一方面是大多数园区所在地与中国保持着长期友好的政治经济往来和合作伙伴关系，愿意为中方企业提供包括税收在内的各种优惠政策，为境外经贸合作区发展奠定了良好的产业基础，减少了园区内企业发展可能面临的阻碍，为其发展提供了和谐稳定的企业成长和转型升级环境。截至2017年底，中国企业已经在"一带一路"沿线24个国家建立了75个经贸合作区，占在建合作区总数的76%，累计投资254.5亿美元，入区企业达3879家，为东道国增加了16.8亿美元的税收和21.9万个就业岗位。在通过商务部、财政部确认考核的20个合作区中，亚洲占10个、东欧占6个、非洲占4个，主要分布在"一带一路"沿线及非洲地区。

2.投资主体实力较雄厚

境外经贸合作区建设采取政府推动、企业为主体、商业化运作的模式。尽管东道国政府为中国境外经贸合作区的发展提供了良好的投资环境，但牵头企业多为国内资金实力雄厚、管理水平较高、技术设施完备、跨国经营能力较强的大中型企业，如海尔集团、中国国际海运集装箱股份有限公司、红豆集团等。无论其自身为国有企业还是民营企业，它们均具有较丰富的海外投资经验，具备较强的国际市场开拓和抗风险能力，在境外经贸合作区建设过程中有效发挥了引导与促进作用。例如，柬埔寨西哈努克港经济特区的建设者是中国服装业百强亚军——江苏红豆集团有限公司，其在服装、针纺织品、鞋帽、皮革、毛皮制品等产品的设计、制造及技术方面优势明显，能有效把握话语权，而且其雄厚的品牌优势和经营能力优势，为其充分利用当地丰富的人力资源、实现互利双赢奠定了坚实基础。

3. 产业集聚效应初步显现

作为企业集聚平台、服务平台和政策集成平台，合作区契合所在国发展诉求，为推动国际产能合作提供了空间。2010—2017 年，中国共新建合作区 99 个，平均每个合作区吸引 44 家中资企业入驻，初步形成了化工、轻工纺织、建筑建材、机械电子、矿产资源利用、农林产品加工等产业聚集效应，推动了中国企业"走出去"、产业链逐渐向外延伸和区内企业的上下游整合，实现了集群式投资和链条式发展，集聚效应初步显现。

4. "走出去"带动作用日益增强

合作区通过建立规范的园区管理制度和服务团队，为入驻企业投资运营提供政策法律咨询、优惠政策申请、投融资服务、商业注册、规划设计咨询、物流清关等"一站式"服务，解除了企业的后顾之忧。截至 2017 年底，合作区目前已带动 4300 多家中资企业"走出去"，约占中国境外直接投资企业总数的 11% 左右；累计对外投资 307 亿美元，带动就业近 26 万人。合作区改变了中国企业"走出去"各自为战的局面，形成了"集体出海、抱团取暖"模式，加强了对外投资企业对当地政府、社会的整体影响力，提升了话语权，形成了"避风港"，有效抵御了一些可能面临的国外政治风险，对中资企业"走出去"的带动作用日益增强。

5. 形成互利共赢的发展模式

合作区注重加强资源综合开发利用，发展下游生产加工，增加资源产品附加值，推动东道国经济和产业发展，把更多利益留在当地，实现了互利共赢。据统计，截至 2017 年底，中国的各类合作区共上缴东道国税费 24.2 亿美元，为当地创造 25.8 万个就业岗位，有力地促进了当地经济的发展和社会福利的提高。

第二节 境外经贸园区在国际产能合作中的作用

一、国际产能合作发展现状

（一）国际产能合作内涵

2015 年9 月10 日，李克强总理在2015 年夏季达沃斯论坛开幕式上阐述了国际产能合作的概念，他认为："因为现在正处于全球化的竞争当中，中国认为全球化特别是贸易投资的全球便利化是符合世界人民利益的。另一方面，我们要看到，70 亿人口当中，只有10 多亿人口的国家实现了现代化和工业化。而绝大多数国家还处于工业化的初期、中期，需求和潜力巨大，世界需要扩大它的总需求。国际产能合作正是顺应这样的理念提出来的。要推动和参与国际产能合作，就应当强化共赢的理念。商业是有竞争的，但是合作和共赢会远大于竞争。就要抓住比较优势，各国都有自己的比较优势，哪怕是欠发达的国家。"

一般来讲，国际产能合作即为国际上统称的产业合作，就是在一国发展建设过程中根据需要引入别国有竞争力的装备和生产线、先进技术、管理经验等，充分发挥各方比较优势，推动产业结构升级，提升工业化和现代化水平。

目前，发展中国家特别是"一带一路"沿线国家处于中低端，城镇化进程加快，对基础设施和装备制造的需求强劲，一些发达国家基础设施老化比较严重，需要通过改善设施来拉动投资、促进增长。开展国际产能合作，就是要把力量汇聚在一起，发挥各自比较优势，形成新的生产力。

（二）国际产能合作的重要意义

为抓住有利时机，推进国际产能和装备制造合作，实现中国经济提质增效升级，2015 年5 月，国务院出台了《关于推进国际产能和装备制造合作的指导意见》（以下简称意见），意见提出，力争到2020 年，与重点国家产能合作机制基本建立，一批重点产能合作项目取得明显进展，形成若干境外产能合作示范基地。同时，意见详细阐述了推进国际产能合作对中国的重要意义：

（1）推进国际产能和装备制造合作，是保持中国经济中高速增长和迈向中高端水平的重大举措。当前，中国经济发展进入新常态，对转变发展方式、调整经济结构提出了新要求。积极推进国际产能和装备制造合作，有利于促进优势产能对外合作，形成中国新的经济增长点，有利于促进企业不断提升技术、质量和服务水平，增强整体素质和核心竞争力，推动经济结构调整和产业转型升级，实现从产品输出向产业输出的提升。

（2）推进国际产能和装备制造合作，是推动新一轮高水平对外开放、增强国际竞争优势的重要内容。当前，中国对外开放已经进入新阶段，加快铁路、电力等国际产能和装备制造合作，有利于统筹国内国际两个大局，提升开放型经济发展水平，有利于实施"一带一路"、中非"三网一化"合作等重大战略。

（3）推进国际产能和装备制造合作是开展互利合作的重要抓手。当前，全球基础设施建设掀起新热潮，发展中国家工业化、城镇化进程加快，积极开展境外基础设施建设和产能投资合作，有利于深化中国与有关国家的互利合作，促进当地经济和社会发展。

（三）国际产能合作发展现状

2017年，商务部积极推进《国务院关于推进国际产能和装备制造合作的指导意见》的贯彻落实，加快推动国际产能和装备合作快速增长。商务部统计公报显示，2017年，中国全行业对外直接投资1246.3亿美元，对外直接投资中流向制造业的金额达191.2亿美元，占当年对外投资流量总额的15.3%。其中，流向装备制造业的投资108.4亿美元，占制造业对外投资的56.7%。

在国际产能合作尤其是境外经贸合作区建设的带动下，中国制造业对外直接投资显著增加，占比提升。至2016年底，吸收对外制造业直接投资存量首次突破千亿美元，使中国对外直接投资存量规模上千亿美元的行业达到5个。其中，租赁和商务服务业以4739.9亿美元高居榜首，占中国对外直接投资存量的34.9%；其次为金融业1773.4亿美元，占13.1%；批发和零售业1691.7亿美元，占12.5%；采矿业1523.7亿美元，占11.2%；制造业1081.1亿美元，占8%。以上行业累计存量为10809.8亿美元，占中国对外直接投资存量的79.6%。

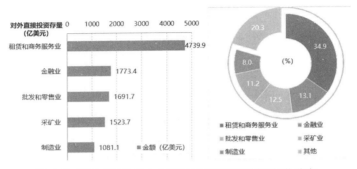

图 1-3 截至 2016 年末中国对外直接投资存量行业分布

资料来源：商务部，国家统计局，国家外汇管理局，《2016 年度中国对外直接投资统计公报》。

二、境外经贸园区在国际产能合作中的作用

（一）境外经贸合作园区是推进国际产能合作的重要载体

境外经贸合作园区作为促进中国对外直接投资的一种新模式，已经成为中国企业抱团"走出去"的重要平台。

作为中国制造业企业"走出去"重要的产业集聚平台和国际产能合作的主要载体，中国境外经济贸易合作区建设成为对外投资合作的有力支撑。在"一带一路"国际合作背景下，境外经贸合作区肩负着通过促进对外直接投资帮助国内向外开展国际产能合作和加强区域经贸合作的重大历史使命。境外经贸合作区的建立能够显著地促进中国对签约国的直接投资，其提高的幅度甚至大于 BIT 与 FTA；境外经贸合作区的建立显著减少了中国对签约国的出口，对中国的出口具有替代效应，也在一定程度上打破了出口的贸易壁垒。因此，境外经贸合作区正在发挥着中国政府战略部署所预期的影响与作用，其进一步建设与推广将对中国国内"经济结构转型与升级"与国际"一带一路"建设起到积极的作用 [1]。

根据商务部统计，截至 2017 年底，中国企业共在 44 个国家建成初具规模的境外经贸合作区、工业园区等各类境外合作区 99 个，累计投资 307 亿美元，入区企业 4364 家，上缴东道国税费 24.2 亿美元，为当地创造 25.8 万个就业岗位。2017 年 99 家合作区新增投资 57.9 亿美元，当年创造产值 186.9 亿美元。境外合作区建设有力地推动了东道国轻纺、家电、钢铁、建材、化工、汽车、机械、矿产品等产业发展和

---

[1] 李嘉楠，龙小宁，张相伟. 中国经贸合作新方式——境外经贸合作区 [J]. 中国经济问题，2016（6）：64-81.

升级，加速了发展中国家工业化进程。

（二）境外经贸园区是实施国家战略的重要方式 ①

新加坡海外工业园区的建设就是新加坡实施国际战略典型案例。1991年，新加坡政府为了尽快实现经济起飞而出台了战略性经济计划，经过几年迅速发展后，新加坡将成为第一梯队的发达国家的目标实现时间定为2000年，并随之出台了一些新的战略项目，其中重要一项就是"区域化2000"计划（Regional 2000 Programme）。"区域化2000"计划是由国家牵头，以海外工业园区为主的基础设施建设项目和一系列帮助私营企业和个人海外投资的鼓励和管理办法组成。国家通过政府机构和政联公司实现海外工业园区开发，其中最重要的工业基础设施承建商为新加坡技术工业公司和裕廊集团。

新加坡海外工业园区在国家战略经济计划下，为充分利用活跃的亚太经济和周边国家潜力巨大的资源和市场，凭借本国在资金、技术、管理等方面的优越性，由政府主导在关系友好的东道国选址建设的工业园区，入驻园区可享受相应优惠政策，从而吸引新加坡企业及跨国公司入驻，带动当地就业和经济发展。

20世纪90年代初起，新加坡便开始在印度尼西亚、越南、中国、印度等国家建立海外工业园区，目前已建有十余个。

（三）境外经贸园区是推进"一带一路"国际产能合作的双赢平台

一般来说，国际产能合作是一国现有产能在海外的延伸，而国际产能合作对基础设施、配套设施的要求比较高，一般都是工业化程度比较高的、资本密集度比较高的、技术密集度比较高的产能，如果缺少良好的载体，产能合作方式的投资成本高、面临的风险也就大。而建立境外园区则是推进国际产能合作的双赢平台。

境外经贸园区能有效地降低中国企业走出去、东道国引进外资的交易成本。境外经贸园区不仅使中国汽车、摩托车、机械、电子、化工、纺织、服装等优势产业在海外形成集聚效应，也降低了中国企业"走出去"的风险与成本。目前，吸引中国投资的"一带一路"沿线国家大多是欠发达国家，制度安排、政策措施和基础设施条件等相对欠缺和落后，而这样的投资环境难以在短时间内改善。境外经贸园区则提供一个现实的解决方案，降低制度性交易成本：在园区有限的空间点提供有利

① 关利欣,张蕙,洪俊杰.新加坡海外工业园区建设经验对我国的启示[J].国际贸易，2012（10）：40-44.

条件，实行降低关税、减少官僚主义等新制度，创造新的经济环境。这些园区不仅可以获得东道国提供的土地、税收、基础设施配套等方面的优惠政策和便利条件，也使当地政府便于保护企业[①]。

对于东道国而言，这些境外经贸园区吸引了更多的中国企业前来投资建厂，不仅在增加就业、提高税收、扩大出口创汇等方面发挥了重要作用，还有力地推动了其工业化进程并促进了相关产业的升级。

第三节 境外经贸园区的主要产业类型

中国境外经贸合作区产业定位比较广，但主要还是集中在具有中国优势的劳动密集型和资源密集型产业，产业间的关联度不强。从目前已建的中国境外经贸合作区的产业定位来看，主要集中在以市场开拓为目标的纺织、家电、机电、微电子等劳动密集型产业，如巴基斯坦海尔—鲁巴经济区；以资源获取为目标的矿产资源开发、冶金等资源密集型产业，如赞比亚中国经济贸易合作区；以技术提升为目标的高科技产业，如韩中国际产业园区[②]。

商务部国际贸易经济合作研究院李志鹏研究员专门就中国境外经贸园区的主要发展类型进行了梳理，根据设立动机、产业功能定位等维度把境外经贸园区划分为四种类型[③]。

一、加工制造型

以加工制造业市场为主的寻求主导型境外园区建设的主要目的是积极实施"走出去"战略，吸引中国企业到东道国投资建厂，转移国内优质富余产能，同时规避贸易摩擦和扩大出口创汇，产业定位主要是家电、纺织、机械、电子、冶金、建材等产

---

① 21世纪经济报道.境外经贸合作区："一带一路"双赢平台[R/OL].（2017-03-29）. http://m.21jingji.com/article/20170329/herald/3e1030a34e29d441e2ea73c982f024a1.html
② 关利欣.中新境外工业园区比较及启示[J].国际经济合作,2012（01）:57-62.
③ 李志鹏.境外经贸合作区的发展实践探索[J].国际工程与劳务,2016（9）:30-32.

业。比如，巴基斯坦海尔家电工业区，以轻纺服装、机械电子等为主导产业的柬埔寨太湖国际经济合作区，以电子信息和服装加工为主导产业的越南中国（深圳）经济贸易合作区，以冶金、建材、机械为主的埃塞俄比亚东方工业园等。

专栏 1-6 海尔—鲁巴经济区

海尔—鲁巴经济区是中国建设的首个"中国境外经济贸易合作区"，该区采取两园一区的发展形式。该区经过 10 年的发展，已经从冰箱发展到包括空调在内的多达 10 个产品类别，未来将继续扩大产品的种类。海尔集团根据当地的文化，专门为巴基斯坦的市场研发了洗衣机、冰箱等。因为传统的巴基斯坦家庭规模为 5～7 人，而且传统服饰较长，海尔集团专门为巴基斯坦设计了容量为 12 公斤的大型洗衣机。由于巴基斯坦的气候炎热，海尔集团为巴基斯坦设计了宽体冰箱，比普通冰箱冷冻时间短 1 个小时。因此，海尔集团成为当地消费者非常欢迎的品牌。在巴基斯坦目前的冰箱行业中，海尔冰箱已占到总销售量的 40%，成为主流商品。

二、资源利用型

资源能源开发主导型境外经贸合作园区的建设是以开发当地丰富的资源和能源为导向，产业定位主要是矿产、新能源开发等国内相对紧缺的资源能源。如中国有色矿业集团在赞比亚设立的赞比亚中国经贸合作区，以有色金属、型材加工、仓储、物流为主导产业。浙江国贸新能源投资股份有限公司在罗马尼亚投资设立的S.C太阳能园区也属于此类型。

专栏 1-7 俄罗斯中俄托木斯克木材工贸合作区

中俄托木斯克州境内森林资源丰富，森林覆盖率较高，但是开采技术较低。中国在俄罗斯托木斯克州建立境外经贸合作区可更好地丰富本国的森林资源，并且可带动俄罗斯的林业发展。因此，中俄托木斯克经贸合作区木材加工业为主导产业。经过几年的发展，该区在林业开发和贸易合作上取得了显著的成绩，促进了本国与东道国的发展，实现共赢。

三、农业开发型

农业产业开发主导型境外合作园区是以当地特色农业产业开发为主要导向，利用谷物和经济作物等生态资源，开发适合当地环境的农业产业。如黑龙江农垦北大荒商贸集团设在澳门的北大荒绿色食品产业园，杭州顺升农业开发有限公司在泰国设立的泰国浙江中泰农业示范园区。

专栏 1-8 中俄（滨海边疆区）农业产业合作区

2004 年黑龙江省东宁华信经济贸易有限责任公司在俄罗斯滨海边疆区设立中俄合资阿尔玛达（ARMADA）公司，开始投资建设中俄（滨海边疆区）现代农业产业合作区。经过 10 年开发与建设，目前已发展成为集种植、养殖、加工于一体的中俄最大农业合作项目。该项目是 2010 年 3 月 20 日国家主席习近平出访俄罗斯期间签约的中俄地方合作 10 个重点项目之一；2012 年 4 月国务院总理李克强访俄期间见证签约的中俄经贸合作 28 个重点项目之一；2013 年通过了中国投资有限公司的项目立项；2014 年纳入中俄农业合作分委会第一次会议《会谈纪要》，成为中俄双边合作共同推进的项目。

合作区现拥有耕地面积 6.8 万公顷（102 万亩），设有 14 个种植区。具体分布在俄滨海边疆区的米哈伊尔区、霍罗尔区、波格拉尼奇内区三个行政区的俩里奇、史拉耶夫卡、波波夫卡、杜宾斯克、斯捷布诺耶、阿巴拉莫夫卡、涅斯捷罗夫卡等 23 个村。拥有"迪尔"、"凯斯"、"纽荷兰"、"马克"等先进的农业机械、运输车辆 548 台套，农业机械化率达 100%。

四、商贸物流型

物流服务主导型境外合作园区是以提供商贸物流等综合服务为主导，通常集商品展示、货物分拨、物流、仓储、信息服务等配套功能于一体的现代化物流园区。如山东帝豪国际投资有限公司在匈牙利设立的中欧商贸物流合作园区，商贸物流体系遍布匈牙利、奥地利、斯洛伐克、乌克兰、罗马尼亚、德国、波兰等27个国家和地区，成为临沂商城在欧洲展示商品、营销接单、物流配送等多功能为一体的商品推广渠道和欧洲分销中心。

专栏 1-9 匈牙利中欧商贸物流园

中欧商贸物流合作园区是由山东帝豪国际投资有限公司投资，按照"一区多园"的模式，在欧洲地区建设的首个国家级境外经贸合作区和首个国家级商贸物流型境外经贸合作区。中欧商贸物流合作园区规划总面积 0.75 平方公里，总投资 2.64 亿美元，目前已基本完成了"一区三园"的规划布局建设，即在欧洲地理中心——匈牙利首都布达佩斯建设完成的"中国商品交易展示中心"和"切佩尔港物流园"以及在欧洲重要的基本港——德国第二大港不来梅港建设完成的"不来梅港物流园"，完成开发面积 9.87 万平方米。

五、技术研发型

技术研发主导型境外合作园区以境外技术研发为主导，属于高科技园区，主要目的在于利用国外发达的技术创新网络和丰富的技术创新资源，紧跟世界前沿技术动态，提高自主创新能力。如北京昭衍新药研究中心股份有限公司设在美国旧金山的昭衍美国（旧金山）科技园区，还有大连华兴企业集团有限公司设在韩国平泽的韩中科技产业园区等。

第四节　境外经贸园区发展历史背景

一、新加坡海外工业园的发展

（一）发展背景

新加坡海外工业园区建设源自政府出台的"区域化2000"计划（Regional 2000 Rrogramme）。1991年，新加坡政府为了尽快实现经济起飞而出台了战略性经济计划，经过几年迅速发展后，新加坡将成为第一梯队的发达国家的目标实现时间定为2000年，并随之出台了一些新的战略项目，其中重要一项就是"区域化2000"计划。该计划以发展新加坡外部经济为主，以期为新加坡企业实现对外投资及在新加坡投资的跨国公司实现产业转移和升级而拓展外部发展空间。"区域化2000"计划由国家牵头的以海外工业园区为主的基础设施建设项目和一系列帮助私营企业和个人海外投资的鼓励和管理办法组成。国家通过政府机构和政联公司实现海外工业园区开发，其中最重要的工业基础设施承建商为新加坡胜科工业集团（Sembcorp Industries）和裕廊集团（Jurong Town Corporation）。经济发展局（EDB）通过其营销网络及与新加坡跨国公司的紧密联系支持海外工业园区项目，鼓励在新加坡的跨国公司将低价值的产业活动转移出新加坡。由于其控制新加坡国内相当大范围的税收减让和管制许可，企业与其合作能够得到商业利益，从而对海外投资者颇具影响力[1]。

（二）发展动机[2]

实现产业转移、土地资源无形化战略和扩大对外投资是新加坡建立海外工业园区的主要目的。从20世纪60年代起，新加坡凭借完善的基础设施和高效廉洁的营商环境吸引了大量跨国公司，制造业迅速发展。然而，由于新加坡的国土资源和水资源十分有限，这个城市国家难以承载更多的劳动密集型和资源密集型企业，亟须将

① 关利欣,张蕙,洪俊杰.新加坡海外工业园区建设经验对我国的启示[J].国际贸易,2012（10）:40-44.

② 关利欣.中新境外工业园区比较及启示[J].国际经济合作,2012（1）:57-62.

国内低附加值的生产环节转移，从而推动本国企业和跨国公司实现产业升级，并将新加坡打造成资本密集型和知识密集型产业的中心，实现总部经济。20世纪90年代初，新加坡开始把周边的东南亚国家作为其经济腹地，通过实施战略性经济计划，增加对该地区的投资并发展区域工业园区，充分利用亚太地区的经济机遇和对本国来说无形的土地资源，创造经济效益并最终补充新加坡国内经济。同时，与亚洲其他新兴工业化国家相比，新加坡的对外投资在国民收入中占比相对较低，且此前为建立国际经济联系而鼓励本国企业与欧美公司建立合资企业等尝试均未有效增加对外投资。为此，1993年成立的海外企业促进委员会（Committee to Promote Enterprise Overseas）便将其海外拓展战略从"国际化"转移到"区域化"上来，新加坡海外工业园区建设便逐步展开。

二、德国海外工业园在中国的发展

德国工业园起步于20世纪80年代初期，到90年代中期达到发展的顶峰。1983年德国第一家高科技园区——柏林维汀区创新与创业者中心成立。到目前为止，德国共有各类科技园区270家，主要分布在鲁尔工业区、巴登-符腾堡州及柏林市，其主要产业涉及现代通信、计算机及软件、生物工程及制药、精密仪器及机械加工等。德国科技工业园大致可分为三大类：一是技术创业者中心，以中小科技企业为主，其目标是吸引大学科技人员及学生到园区创办中小企业，促进科技成果向市场产品的转化；二是创新园区，区内集中了大批规模较大的高科技企业，园区规模比技术创业者中心大；三是普通创业中心，主要任务是孵化服务型、设计型的中小科技企业。德国科技工业园在各地名称不一，有的叫创新创业中心，有的称为技术园区，还有的叫作工业园区。尽管名称各异，但与中国的高新技术开发区和创业中心的内容和功能大同小异，主要以发展高科技产业和中小科技企业为主要任务[1]。

自20世纪下半叶以来，为了开拓市场，德国中小企业加快了向海外转移生产和投资的步伐。由于中国经济的快速发展以及巨大的市场释放，中国已成为德国中小企业海外直接投资中最重要的亚洲投资目的地[2]。2006年"太仓德资工业园"批准

---

[1] 武汉市欧洲工业园管理与运行机制培训团.德国工业园的发展与启示[J].学习与时间，1999（9）：35-37.

[2] 龚洁.全球化背景下的德国中小企业对华直接投资——江苏太仓德资工业园区考察[J].德国研究，2008.23（4）:53-58.

挂牌，国家工信部正式授予江苏太仓"中德（太仓）中小企业合作示范区"称号，这是中国唯一一家"中德中小企业合作示范区"，该示范区在被誉为"中国德企之乡"，示范区的重要组成部分是"中德（太仓）中小企业工业园"，定位为德资高端制造业的集聚区和中德中小企业的产业合作区。2015年，太仓德企总数达220家。2016年7月27日，中德（蒲江）中小企业合作园区获得工信部批复，蒲江是继江苏太仓之后西部首个"中德中小企业合作园"，成为全国布局的五个中德中小企业合作示范区之一。园区规划面积约11.43平方公里，其中核心起步区1750亩，主要引进德资企业入驻，重点发展机械产业、生物产业和包装印刷产业及其上下游优质配套企业。

三、中国境外经贸园区的发展背景和动因

（一）发展背景

中国境外经贸合作区的前身或雏形是中国企业在海外设立贸易公司或工厂经营运作，是只供本企业使用的贸易和生产基地，有其独特的特点，一是以国际贸易为前提，具有雄厚的贸易背景；二是被投资国与中国具有很强的经济互补性；三是境外公司的资金需求基本由国内母公司提供。当它们升级为国家级境外经贸合作区以后，合作区所需的建设资金仍由国内母公司源源不断地向境外公司投入，国家也制定了相关资金政策，对国内母公司按投资额和银行贷款额分别给予补贴[1]。

随着中国政府提出"走出去"战略，明确支持鼓励中国企业对外投资、创新对外投资和合作方式；支持中国企业在研发、生产、销售等方面开展国际化经营，这为中国境外经贸合作区的建设和发展创造了良好的机遇。2005年底，商务部提出建立境外经贸合作区的对外投资合作举措，并相继出台了多项配套的政策措施鼓励中国企业到境外建设经济贸易合作区。自此，境外经贸合作区成为中国推进开放、鼓励企业"走出去"、开展"一带一路"建设的重要载体和战略平台；同时，也因其独特优势成为促进中国经济增长及推动国际化进程不断深入的持续的动力源泉。从宏观上看，境外产业园区的优势表现为四个"有助于"：有助于中国充分利用东道国的资源和劳动力，在一定程度上降低国内生产成本；有助于为国内过剩产能提供更为广阔的消费市场；有助于规避贸易壁垒，充分利用东道国给予的政策优惠以获

① 刘琦.境外经贸合作区融资模式思考[J].商务财会，2013（8）:64-65.

得持续的发展动力；有助于中国充分利用东道国与第三国之间的贸易优惠政策，不断扩大中国在国际社会的影响力，提高中国的国际地位。从微观上看，境外产业园区具备明显的成本优势和技术创新优势。一方面，境外产业园区以企业抱团出击国外市场为主要特点，集群式地对外投资方式不仅能有效分散单个企业所面临的投资风险，而且能形成专业化的分工协作及人才、信息共享机制；另一方面，境外产业园区可充分发挥企业集群的技术外溢和技术扩散作用，呈现出一定的规模效应和集聚效应[①]。

（二）发展动因[②]

1. 政策驱动

境外经贸合作区的建立在一定程度上规避了贸易壁垒，减少贸易争端和贸易摩擦，与此同时还可以享受东道国的优惠政策。随着中国改革开放和"走出去"等政策的实施，中国贸易顺差持续扩大，一些欧美国家开始实施贸易保护主义政策，通过反倾销、加征关税以及绿色贸易壁垒等限制中国制造的产品入关，使中国成为贸易摩擦中最大的受害国之一。因此，中国企业开始投资开发境外经贸合作区，进行跨国经营，减少贸易摩擦，促进经济快速发展。中国政府出台多种优惠政策来激励企业积极参与到海外经济贸易投资的活动中，优惠政策主要包括资金支持、税收、审批等方面，为中国企业到境外建立经贸合作区提供了政治保障，对企业具有较强的吸引力。

2. 优势驱动

随着经济全球化的快速发展，中国综合国力快速提高。首先，中国是一个资源丰富、要素禀赋优势明显的多元发展的综合性发展中国家，拥有自主创新的领先技术，与其他相对落后的国家相比较，中国在纺织、电器制造、轻工机械和食品等行业的优势相对明显。与此同时，中国在生产具有民族特色的产品如中医中药、中国菜等方面的特色技术较好，具有比较优势，可以对其他发展较为落后或者是对此有需求的国家进行直接投资，开展跨国经营。因此，建立境外经贸合作区不仅延长了相关产业的盈利期和生命周期，而且还开拓了海外市场。其次，建立境外经贸合

---

① 尤宏兵,成楠,杨蕾.境外产业园区建设特点与发展建议[J].国际经济合作,2017（2）:36-41.

② 王雪.中国境外经贸合作区的发展研究——中柬西哈努克港经济特区为例[D].天津：天津师范大学,2017:1-41.

作区为中国企业规避国内饱和市场、消耗过剩产能提供了一个潜在的市场。随着中国某些拥有比较优势的产业劳动生产率的快速提升以及国内消费能力和需求达到饱和，产品产能过剩。根据生命周期理论，在生产产品的技术和工艺已经标准化的成熟期，内需不足，应大力提倡对外投资，通过对外投资，将过剩的产能转移到有需求的市场，缓解国内过度的竞争压力，有利于国内产业的优化升级。最后，中国资源的人均保有量相对较少，随着改革开放后经济的快速发展，城市化与工业化进程不断加快，国内生产和生活对中国的森林资源和矿产资源急剧增加。中国需要建立境外经贸合作区更好地参与国际资源分配，更好地利用和开发国际资源。

3.成本驱动

企业的经济活动以利益为导向，选择抱团走出去降低风险追求更大利益，同时还可以降低成本获取规模经济。企业集群式对外投资到东道国相同的区域，地理上的接近便利了企业间的频繁交流和交易，集群效应带动相关辅助行业的发展，协作效能显著，大大降低了采购成本、运输成本和库存成本。在同一区域内聚集了市场需求和产品相关的信息，还能及时和供应商与经销商沟通信息获取便利，节约了交易成本。集群区域内相关产业的人才聚集程度高，劳动力市场相对于集群区域外的地区更为完善，降低了企业间对于人才的搜寻成本。

4.技术创新驱动

创新的思维和新知识的传播效率与空间距离的远近有直接关系，企业地理上的集群、经营上的互信和合作加速了新知识的传播，也加快了企业间技术上的就近模仿创新。中国民营企业在科技创新上充当着先锋和主角的角色，它们拥有较强的创新意识和创新能力，依靠吸收消化改进国外技术推陈出新，在其擅长的领域具备跨国经营的独特的技术优势，企业主动的吸收、模仿、创新技术使其更加符合东道国当地的需求。而拥有优势的中国民营企业抱团"走出去"在东道国的特定区域形成集群，企业的先进技术会引起集群内相关企业的竞相模仿，加快新知识的传播，使群内企业以最短时间和最低的成本获取最多的创新技术和知识，利用其特有的学习经验快速积累技术，从而提高了整个集群的创新水平和生产率，专业化分工更加具体而有效，进而刺激各个企业加速技术创新，形成了一个新知识传播的良性循环系统，降低创新的风险，使整个区域的持久创新能力和可持续发展[1]。

---

[1] 肖雯.中国境外经贸合作区的发展研究[D].杭州:浙江大学,2014:1-69.

第五节　中外境外经贸园区发展沿革

一、新加坡海外工业园区发展历程

新加坡自建国以来坚定不移地走工业化道路，与时俱进地推进产业升级，工业化进程不断推进，大力推动工业园区发展，使之成为国家经济腾飞的强大引擎。

（一）新加坡工业化发展进程

新加坡工业化进程大体经历了五个阶段：即起步阶段（1960—1965年），大批服装、纺织、玩具、木器等企业落户，新加坡工业化进程全面展开；劳动密集型阶段（1965—1979年），软饮料、砖土陶瓷、玻璃、印刷、木材、橡胶、纺织、电子部件业获得迅速发展，劳动密集型工业逐步形成；资本密集型阶段（1979—1985年），研发、设计、工程、信息科技等行业逐步兴起，一批电脑、电脑附件制造业以及石化制造业的国际著名跨国公司陆续落户新加坡，资本密集型产业获得迅速发展；技术密集型阶段（1986—1998年），国际跨国公司落户新加坡的数量超过5000家，新加坡已经成为东南亚地区的金融中心、运输中心和国际贸易中心；信息化及知识密集型阶段（1998年至今），重点推动世界级的科学、工程和生物医学领域的科研项目，培养高素质的科研人才。

（二）新加坡工业园区发展历程

新加坡经济发展思路的演进以及工业化进程梯度推进，是园区经济发展的"晴雨表"；园区经济发展也是新加坡经济发展思路的演进以及工业化进程的"试金石"。新加坡工业园区随着工业化进程的不断加快，经历了一个从无到有、从小到大、从一极到多极的发展过程。

新加坡工业园区建设的历史可追溯到新加坡国家独立之后。新加坡1959年自治，1965年与马来西亚联邦分离，成为一个独立的小国，当时经济落后、国力单薄。新加坡政府清醒地认识到，要使岛国走上富裕之路，只有进行大型工业化。进行大型工业化必须要有工业开发建设的载体。于是1961年政府在裕廊划定64.8平方公里土地发展工业园区，并拨出5亿新元（约5亿元人民币）进行基础设施建设。从1961年开始大规模拓荒动工至1968年，是裕廊工业区起步和摸索阶段，其间共开发土地14.5平方公里，兴建了一批标准厂房，同时重点建设了港口、码头、铁路、公路、电力、供水等各类基础设施。为吸引国内外资本到裕廊工业区投资，新加坡政府对投资厂商提供贷款及给予享受统一税收的优惠政策等。但由于新加坡在这一时期实行进口替代策略，再加上20世纪60年代初期政治方面的不稳定，因此当时到裕廊工业区投资的企业仅150多家，而且绝大多数是本国资本，外资所占比例很小。1968年6月新加坡政府成立裕廊镇管理局，专门负责经营管理裕廊工业区和全国其他各工业区。由此裕廊工业区的发展开始进入了新的阶段，建设速度大大加快。到70年代中期，裕廊工业区的开发面积已达50平方公里。而到80年代上半期，工业区的基础设施建设初步完成。随着宏观策略的转变和投资环境的日趋完善，外商纷纷来裕廊工业区投资设厂，许多国际知名的厂商都选择此地作为其海外生产基地，使得裕廊工业区的经济总量快速上升，企业数量由1990年的2000多家上升到2004年的7000多家。2004年完成产值2000多亿新元（约1万亿人民币），有力地拉动了新加坡整体经济的发展。在裕廊工业区快速发展的同时，新加坡相继建立了其他一些园区。到2004年，全国共有大大小小的工业园区38个，其中新加坡裕廊工业区作为综合性工业区，为全国最大的工业园区。2004年该园区对全国经济的贡献率达到了80%；其他为专业性园区，面积均不大，主要包括3个芯片园：淡滨尼、巴西立和兀兰；2个生物医药园：大士生物医药园和生物科技园；2个食品园：麦波申和大士；3个科技园：新加坡科学园、纬壹科技城、莱市科技园，涉及产业主要包括炼油、石化、造船、电子、电器、生命科技、纺织等行业，其中炼油业、电子电器制造业和石化业是新加坡工业的三大支柱行业。目前新加坡已成为世界第三大炼油中心和世界电子工业中心之一 [①]。

（三）新加坡海外工业园区发展历程[②]

新加坡海外工业园区是在国家战略经济计划下，为充分利用活跃的亚太经济和周边国家潜力巨大的资源和市场，凭借本国在资金、技术、管理等方面的优越性，

---

① 姚中华.新加坡工业园区建设的启示[J].浙江经济，2005（24）:49-51.
② 关利欣，张蕙，洪俊杰.新加坡海外工业园区建设经验对我国的启示[J].国际贸易，2012（10）:40-44.

由政府主导在关系友好的东道国选址建设的工业园区，入驻园区可享受相应优惠政策，从而吸引新加坡企业及跨国公司入驻，带动当地就业和经济发展。

20世纪90年代初起，新加坡便开始在印度尼西亚、越南、中国、印度等国家建立海外工业园区，目前已建有十余个。新加坡海外工业园区的建设始终秉承相同的设计理念和组织方式，并积极引入新加坡优质的基础设施建设标准和廉洁高效的行政管理理念，从而在东道国园区内营造出类似新加坡的适宜外商投资的商业环境，增强东道国吸引外资的能力，因此颇受东道国欢迎。新加坡海外工业园区充分发挥了国内工业园区的建设理念和成功经验，众多具备工业园区开发经验的政联公司和政府机构积极参与到海外工业园区的开发和招商引资工作中。如新加坡贸工部下属的裕廊集团，专门负责新加坡的工业园区开发和管理，新加坡国内经其管理的各类园区和标准厂房区共38个，占地总面积约70平方公里，吸引了约7000多家公司投资。目前，裕廊集团的子公司腾飞公司作为亚洲领先的创新商务空间提供者，在新加坡、印度、中国、越南、马来西亚、菲律宾、韩国等多个国家参与建设了科技园、工业园、商务园、科学园等园区设施。胜科工业园作为胜科工业集团的全资子公司，也是东南亚著名的综合工业土地和厂房的供应商，它不仅是印尼峇淡和民丹工业园、无锡新加坡工业园和越南新加坡工业园的主要股东，还为各个园区提供总体规划、开发、招商和管理。新加坡国际企业发展局（IE Singapore）是新加坡贸工部下属的促进新加坡开展海外经济合作的主要机构，其通过设在全球超过30个地区的联络点，以"3C"协助框架——培养实力（Competency）、拓展网络（Connection）和提供融资（Capital）——协助以新加坡为基地的企业提升经营管理能力、寻找海外伙伴并进入新的市场。

二、韩国产业园区在中国的发展历程[①]

由于独特的地缘优势和很强的经济互补性，韩国产业园区在中国的发展兼具了"国别"与"园区"的双重优势。自第一家韩国产业园区落户中国山东省至今，已在中国经历了20多年的发展历程。韩国产业园区在山东的发展历程就是整个韩国产业园区在中国发展的缩影，根据各个时期发展目标与任务的不同，韩国产业园区在中国的发展大致可分为三个阶段，即尝试与探索阶段、调整与壮大阶段、转型与发

① 荀克宁.韩国产业园区在我国的发展实践与经验[J].山东社会科学，2016（11）:148–153.

展阶段。

（一）尝试与探索阶段（1978 - 2006 年）

1989 年韩国第一家企业——托普顿电器落户山东青岛，山东对韩经贸合作的大幕正式拉开，韩国产业园区作为山东对韩开放的载体和平台，开始了产业合作新模式的探索与实践。这一时期的韩国产业园区建设大多由山东各市县镇自发开展，具体措施多在县市开发区中或乡镇中划出一块地方围墙建园，冠以明确的韩国工业园名号，专门用来吸引韩资企业落户，诸如威海文登的荷山镇韩国工业园、烟台牟平的韩国工业园、聊城市的韩国工业园等。

（二）调整与壮大阶段（2006 - 2012 年）

这一时期，发端于美国的次级贷金融危机，给世界经济带来了巨大的冲击，在中国的韩国产业园区的投资与出口也面临严峻的挑战，尤其是突如其来的韩资撤离潮，给园区发展带来重创。为完善园区规范发展，增强园区应对国际国内竞争新变化的能力，山东省在调整原有韩国产业园区的同时，新批复一批省级韩国产业园区，包括牟平经济开发区沁水韩国工业园、滨州经济开发区韩国工业园、临沂经济开发区韩国工业园、日照经济开发区韩国工业园、济北经济开发区韩国工业园、蓬莱经济开发区韩国工业园、胶南经济开发区韩国工业园、莱西经济开发区韩国工业园、莱州经济开发区韩国工业园、高密经济开发区韩国工业园、济南临港开发区韩国工业园等，使得园区区域布局进一步合理，管理运作进一步规范，整体实力进一步增强。

（三）转型与优化阶段（2012 年至今）

2012 年以来，中国进一步加快对外开放步伐，2013 年提出了"一带一路"倡议，2015 年6月《中韩自由贸易协定》签署，同年12月正式生效，韩国产业园区进入优化升级阶段。围绕目标任务和适应新形势的需要，山东又获批和新建了多个具有国家层面特点和中韩地方经济合作示范区概念的新型园区，包括2014 年国家批复的烟台中韩产业园、威海中韩地方经济合作示范区以及青岛中韩创新产业园、潍坊中韩产业园等，掀开了山东韩国产业园区发展的新篇章。

三、中国境外经贸园区的发展沿革

（一）中国境外经贸园区发展历程

20 世纪80 年代，中国政府开始鼓励企业进行境外投资。1994 年，中国接受埃及政府的邀请帮助埃及开发建设经济技术开发区。而境外经贸园区的雏形是1995年由浙江省商务厅所主持兴建的贝宁共和国贸易中心，该贸易中心只具有租借建筑的功能。随后，我国开始了一系列境外实地投资的尝试。1999年海尔集团在美国南卡罗来纳州卡姆登市（Camden）兴建了工业园。2000年，中国政府正式提出鼓励企业实施"走出去"战略；2001年中国企业与巴基斯坦企业共同投资拉合尔港口工业园。2002年在中国共产党的十六大报告中提出把"引进来"和"走出去"相结合战略，提高对外开放水平；2004年中国与杰伯阿里自由区在阿联酋的迪拜兴建了名为"龙市场（Dragon Market）"的贸易中心，为4000多家中国企业提供了交易场所 [①]。

2005年，中国商务部提出建立境外经贸合作区的措施，并出台了多条政策措施鼓励中国企业到境外经贸合作区开发投资。同年，"中非合作论坛"高峰论坛会议决定，到2008年底，中国将在非洲地区建设3～5个境外经济贸易合作区。2007年中国共产党十七大明确提出政府对于企业在境外的研发、生产和销售、服务等方面要给予支持与鼓励，不断加强中国跨国企业的海外生存和竞争能力，为中国建设境外经济贸易合作区指明方向。十七大会议之后，中国政府积极投身到境外经贸合作区的建设之中。2007年7月，中国商务部在北京召开了全国第一次境外经济贸易合作区工作会议，对境外经贸合作区的进一步工作任务提出了明确要求。中国政府高度关注境外经贸合作区建设的进展，数次主持召开合作区企业座谈会议，提供了境外经贸合作区建设中投资与管理运行的经验借鉴与创新的思路，并且多次亲临赞比亚经贸合作区、泰国罗勇工业园深入调研，为赞比亚经贸合作区卢萨卡分区揭牌。2009年11月，温家宝总理在埃及参加中国埃及苏伊士经贸合作区揭牌仪式；2014年，中国商务部提出在2015年推进境外经贸合作区创新工程；2016年，中国共产党十八大、十八届三中全会、四中、五中、六中全会精神均涉及"以政府引导、企业决策、市场运作"原则，积极开展中国境外经贸合作区工作；2017年中国企业继续坚持"共商、共建、共享"的合作理念与原则，根据东道国实际需要，积极开展境外经贸合作区的建设，为东道国经济、社会、技术发展做出贡献，实现互利共

---

① 　李思思. 中国境外经贸合作区发展历程与战略初探[D]. 南京：南京大学，2014:1-51

赢、共同发展[①]。

（二）发展阶段[②]

中国境外经贸园区的建设是实施中国"走出去"战略的重要途径，也是同"一带一路"沿线国家构建利益和命运共同体的重要载体。总体来看，中国境外经贸合作区经历了两个发展阶段。

1. 2005年之前，企业自发＋企业自用平台为主的探索期

自20世纪90年代末，中国企业就开始自发探索境外经贸合作园区，如1998年福建华侨实业公司在古巴创办了合资企业，2000年该公司在古巴投资占地面积6万平方米的境外加工贸易区；2000年3月，海尔集团在美国南卡罗来纳州卡姆登市设立工业园；2004年6月，天津市保税区投资公司在美国南卡州设立了天津美国商贸工业园。这个阶段的境外园区主要是为开发企业自身服务。

2. 2005年至今，政府引导＋公共平台建设为主的快速发展期

2005年底，中国商务部加快实施"走出去"战略，提出建立境外经济贸易合作区的对外投资合作举措，并相继出台多项配套政策措施，鼓励企业抱团到境外建设经济贸易合作区。2006年6月商务部发文《境外中国经济贸易合作区的基本要求和申办程序》，正式启动了扶助对象的申报和评标工作。自此，政府引导的公共型境外经贸合作园区逐渐兴起。"一带一路"倡议提出之后，合作区进入高速发展期。截至2017年底，中国企业在建初具规模的境外经贸合作区99家，累计投资307亿美元，入区企业4364家，上缴东道国税费24.2亿美元，为当地创造就业岗位25.8万个。其中，2017年新增投资57.9亿美元，创造产值186.9亿美元。

（三）中国对境外经贸园区建设的支持政策[③]

2005年底，商务部提出建立境外经贸合作区的对外投资合作举措，并相继出台多项配套政策措施，鼓励企业抱团到境外建设经济贸易合作区，目的是通过国家政策引导和扶持，在境外不同地区设立若干由中资企业控股的投资园区，吸引国内企业进入园区投资，从而为国内企业赴境外投资搭建平台，推动"走出去"战略可

---

① 王雪.中国境外经贸合作区的发展研究——中柬西哈努克港经济特区为例[D].天津：天津师范大学，2017:1-41.

② 李志鹏.境外经贸合作区的发展实践探索[J].国际工程与劳务，2016（9）:30-32.

③ 李志鹏.境外经贸合作区的发展实践探索[J].国际工程与劳务，2016（9）:30-32.

持续发展[①]。2006年，商务部将推动建设境外经济贸易合作区作为13项重点工程之一，并于下半年启动中资企业在境外建立境外经济贸易合作区，由此境外经贸合作区建设分批展开。

经过多年的发展，按照市场规则、平等互利、循序渐进、注重实效的原则，目前已形成了较为完善的境外经贸合作区政策体系，如表1-5所示。

表1-5 近年来中国出台的相关境外经贸合作区政策

序号	时间	文件名称	颁发部门
1	2010年6月	《关于加强境外经济贸易合作区风险防范工作有关问题的通知》	商务部和中国出口信用保险公司
2	2013年6月	关于印发《境外经济贸易合作区确认考核和年度考核管理办法》的通知	商务部、财政部
3	2013年12月	《关于支持境外经济贸易合作区建设发展有关问题的通知》	商务部、国家开发银行
4	2015年8月	《关于印发＜境外经贸合作区服务指南范本＞的通知》	商务部
5	2015年8月	《关于印发＜境外经济贸易合作区考核办法＞的通知》	商务部、财政部

专栏1-10 中国政府对境外经贸合作区的支持政策措施

中国政府支持有实力的中国企业到一些国家和地区开展多种形式的互利共赢合作，以促进与驻在国的共同发展。中国企业在境外投资建设合作区，要按照市场规则、平等互利、循序渐进、注重实效的原则，通过政府引导、政策支持、企业决策、商业运作的方式，注重投资实效和投资安全。中国

---

① 张广荣.中国境外经贸合作区发展政策探析［J］.国际经济合作，2013（2）:40-42.

政府按照国际通行规则，为企业到境外建设投资平台创造条件、提供支持，给予国别引导和产业指导。目前，中国政府支持境外经贸合作区的主要政策措施有以下几点：

一、企业按市场导向自主决策投资开发建设合作区，经过确认、通过验收的，纳入国家级境外经贸合作区范畴。

二、相关金融机构对符合国家政策规定和贷款条件的建区和入区企业，积极提供必要的授信支持和配套金融服务。

三、对投资到合作区的设备、原材料和散件，按政府统一规定的退税率和其他规定办理出口退（免）税。落实和完善关于企业境外所得的所得税政策。

四、简化项目审批和外汇审查手续，合作区相关业务人员出国手续一年内一次审批多次有效。

五、合作区建设所需施工器械（含配件）、工作人员自用的办公生活物资，以及其他从国内运出返回的物资免于检验；对运往合作区的原材料、全新机器设备、施工材料（包括安装设备）优先安排实施检验检疫。提供进出境通关便利。

六、通过双边途径，就合作区的土地政策、税收政策、劳工政策、基础设施配套以及贸易投资便利化措施等加强与驻在国政府的磋商，为合作区建设提供支持。切实维护好我企业和人员的合法权益，保障投资和人员安全。

七、针对合作区建设特点，研究增加保险品种，为建区和入区企业提供国别风险分析咨询、投资保险、出口信用保险和担保等一揽子保险服务。

八、对相关人员的培训工作。就合作区建设的有关知识、我对外投资合作的方针政策、驻在国法律制度、风俗习惯、企业社会责任等提供培训服务。

资料来源：商务部合作司。

1. 规避经营风险

2010年6月，商务部和中国出口信用保险公司联合发布了《关于加强境外经济贸易合作区风险防范工作有关问题的通知》，双方共同建立合作区风险防范机制。商务部依据合作区建设的统一部署，全面促进和监督合作区的风险防范工作。中国信保则积极履行国家赋予的职责，为合作区提供风险分析、风险管理建议以及保险等风险保障服务。

2. 鼓励金融机构提供授信支持和配套金融服务

2013 年 12 月，商务部、国家开发银行共同发布了《关于支持境外经济贸易合作区建设发展有关问题的通知》，其中明确指出：国家开发银行将在市场化运作、有效防范风险的前提下，重点优先支持已通过《境外经济贸易合作区确认考核和年度考核管理办法》确认考核的合作区项目；有选择地支持我国与合作区东道国政府共同关注的在建合作区项目；同时该文件还指出，除依托境内股东信用提供贷款模式外，将积极探讨依托境外金融机构信用、项目自身及其他资产抵质押、土地出让应收账款质押等模式，为合作区实施企业提供融资支持。另外，该通知也提出，国家开发银行将通过与东道国有实力的金融机构合作，以转贷款、银团贷款等方式，为入园企业提供融资服务等。

3. 出台引导合作区提供规范服务的基本范本

2015 年 8 月 4 日，商务部发布《关于印发＜境外经贸合作区服务指南范本＞的通知》（商合函〔2015〕408 号）。《范本》以扩大合作区影响力，协同发展为目标，为园区和企业的可持续发展提供了有效的指引和帮助。《范本》要求企业根据自身能力和优势提升服务质量，吸引更多优秀企业入区投资，实现共同发展，加快境外产业集聚，促进产业发展平台建设。《范本》对合作区内的四大类服务、共计15 余种服务细类进行了详细的指导。这四大类服务包括：信息咨询服务、运营管理服务、物业管理服务和突发事件应急服务。

4. 通过政府协商获得东道国政策支持

通过双边途径，有关部门将就合作区的土地政策、税收政策、劳工政策、基础设施配套以及贸易投资便利化措施等加强与驻在国政府的磋商，为合作区建设提供支持。切实维护好我企业和人员的合法权益，保障投资和人员安全。

表 1-6 部分中国境外经贸园区所获东道国的政策支持[1]

合作区名称	政策支持
柬埔寨西哈努克港经济特区	享受欧美等发达国家给予的特殊贸易优惠政策及额外的关税减免优惠；拥有东盟 10+6 零关税的大市场；根据柬埔寨王国投资法和特区管理法的规定，进入西港特区的企业可享受一系列税收优惠政策
泰国泰中罗勇工业园	在一定期限限内享受企业所得税、关税的减免；可携入外籍技工或专家及其配偶，拥有土地所有权及汇出外汇权利；园区享受泰国最优惠的第三区政策，且是享受三区政策中地理位置最好的工业区
赞比亚中国经贸合作区	赞比亚推行自由贸易政策，积极参与区域经济一体化进程，享受欧美国家赋予的产品出口的特殊优惠待遇；入区企业自经营之日起五年内免征企业所得税；对于入区企业的资本性货物、机器设备，5 年内免征进口关税；对多功能经济区的开发者或投资者进口的资本性货物、机器设备免征增值税
中俄托木斯克木材工贸合作区	俄罗斯政府给予合作区最大支持，保证完区企业的安全并对其财产和权力予以保护；投资者享受俄罗斯法律规定的一切财政及税收优惠，对投资企业或个人获得的收入汇出给予保证，为符合条件的园区企业工作人员提供工作居留申请绿色通道；我国政府为入区企业提供境外项目建设资金的贷款贴息支持，为项目立项、论证、建设方面的相关支持和优惠政策，为企业海外投资保险提供补助等

· 案例 ·

1.1 尼日利亚莱基自贸区

一、园区发展概况[2]

（一）园区概况

　　莱基自贸区位于尼日利亚拉各斯州东南部的莱基半岛，距拉各斯市区约 50 公里，南临大西洋，北依莱基湖，地势平坦，风景秀丽，拥有 5 公里

①　朱妮娜, 范丹. 中国境外经贸合作区研究[J]. 北方经济，2017,（11）:11-17.
②　资料来源：商务部合作司和莱基自贸区官网资料。

的黄金海岸线，是拉各斯正在发展中的新兴卫星城市，也是当前尼日利亚发展最快的新区之一。莱基自贸区分为四期发展，中尼经贸合作区位于第一期，面积30平方公里，离莱基港3公里，距离拟建第二国际机场10公里，总体规划为港口城市设计，含工业、物流、商业、房地产、旅游、市政设施为一体。

图 1-4 莱基自贸区远视图

2006年5月，中非莱基投资有限公司（以下简称"中非莱基"）的前身"中土北亚国际投资发展有限公司"（以下简称"中土北亚"）与尼日利亚拉各斯州政府、尼日利亚莱基全球投资有限公司在尼日利亚合资成立了莱基自贸区开发公司（以下简称"莱基开发"），进行莱基自贸区项目的开发、建设、运营和管理。根据"三方协议"，中非莱基作为中方投资主体将以现金出资，承诺出资2亿美元，占比60%；拉各斯州政府以土地入股，占比20%，对价为6700万美元；莱基全球以现金出资，承诺出资6700万美元，占比20%。

中土北亚成立于2006年3月，注册资本5000万人民币，南京北亚投资有限公司持股60%，南京江宁开发总公司持股15%，中土集团持股15%，中国铁建持股10%。2008年，在商务部等部门的协调下，中土北亚进行了股权调整及资本金增资。公司注册资本金由5000万元增至2亿元人民币。股东和股东持股比例调整为：中国铁建持股35%，中土集团持股30%，中非发展基金持股20%，南京江宁开发区持股15%。2010年4月，中非莱基完成更名及相应工商变更登记。2012年12月，在各方股东的支持下，为满足"三方协议"中方出资 2 亿美元的承诺，中非莱基完成第二次增资工作，资本金增加到 11.4 亿元人民币。各股东股比变化为：中国铁建持股 57.29%，中土集团持股 17.18%，中非发展基金持股 22.91%，南京江宁开发区持股 2.62%。

2007 年 11 月，尼日利亚莱基自贸区——中尼经贸合作区被商务部批准为国家级"境外经贸合作区"。2010 年 4 月，莱基自贸区一期（11.76 平方公里）通过了国家发改委的境外投资立项核准。2010 年 11 月，通过了商务部、财政部的境外经济贸易合作区确认考核；2011 年至 2015 年，又相继通过了商务部和财政部联合进行的年度考核。

（二）优惠政策

根据与尼日利亚联邦政府、拉各斯州政府签订的管理协议和法律文件，莱基自贸区可享有一系列优惠政策。2010 年尼日利亚出口加工区管理区（NEPZA）以政府公报方式下发了针对莱基自贸区的管理规章（GAZETTE），优惠政策如表 1-7 所示。

表 1-7 莱基自贸区主要优惠政策

序号	类别	优 惠 政 策
1	税收	尼日利亚现行的关于征纳税、关税和外汇方面的法律规定不适用于莱基自由贸易区，联邦、州和地方各级政府的相关税收均予以免除
		区内企业用于生产的原材料、制成品、机器和设备、消费品及其他与投资项目有关的物品，均免征进口关税，且不受配额限制
2	外汇	外资投资股本可随时撤出，外商投资所得利润和红利可自由汇出
3	市场准入	区内企业生产加工的所有产品，在依据尼政府有关规定交付相关税款后，可在尼国内市场销售，商品关税仅按原材料价格和零部件价格计算和征收
		货物进出口无须办理进出口许可证。由于《非洲增长与机会法案》，区内企业对欧盟和美国出口不受配额限制
		尼日利亚是《洛美协定》的缔约成员国，区内企业对欧盟市场出口享受特惠关税

续表

序号	类别	优惠政策
4	土地	合作区具有 30 平方公里土地 99 年土地使用权和 50 年特许经营权，入驻企业前六个月建设期间免收土地租金
5	安全	区内禁止工人罢工和封闭工厂，尼日利亚政府在合作区内派驻警察，合作区可组建自身的保安队
6	服务	所有手续办理实行"一站式服务"

（三）产业定位

莱基自贸区重点发展以装备制造、通信产品为主的高端制造业，以交通运输车辆和工程机械为主的产品装配业，以商贸石油仓储物流为主的现代物流业，以旅游、宾馆酒店、商业等为主的城市服务业与房地产业。莱基自贸区先导产业为商贸会展物流业，优势及基础产业为产品加工制造业，支柱产业为房地产开发业，配套产业为金融、休闲旅游等其他城市服务业，形成具有内生增长力的新产业体系，打造配套完善、运作高效、环境优美的现代化综合产业园区，以产业发展推动莱基半岛的开发和建设。

（四）基础设施建设进展

截至 2017 年 12 月园区累计完成基础设施建设投资超过 2.05 亿美元，基本实现了"五通一平"，各项配套设施日臻完善，能够满足入园企业需要。其中，建设了园区交通网络，硬化道路道 30 多公里；建成 24 兆瓦燃气发电站及 57 千米 11 千伏输配电线，保障了园区 24 小时供电；建设了"一站式服务中心"，为入园企业提供快捷高效的服务；海关清关中心也已投入运行，大大提高了园区企业设备、物资的通关效率；另外，自贸区标准厂房、会展中心、招待所、员工营地、警察局、医院等基础配套服务功能均已完备，投资环境逐步改善。2018 年，在建的总建筑面积约 1.7 万平方米的自贸区综合办公楼（12 层主楼和两层裙房）即将落成并投入使用。另外，自贸区房地产开发项目、湿地保护公园项目、商贸物流园四星级酒店项目等大批项目均将开工或启动，莱基自贸区已迈上快速发展的通道。

（五）招商进展

截至 2017 年 12 月，园区已有 119 家注册企业，拟投资额达 14.1 亿美元。其中，55 家企业正式签署投资协议并投产运营，实际完成投资 1.80 亿美元，累计实现总产值超过 1.34 亿美元，涉及石油天然气仓储、家具制造、服装生产、贸易物流、工程建设服务、工业房地产、汽车装配、钢结构加工制造、钢管生产等行业。入园企业有 49 家，其中租赁土地并已实际开工建设的企业有 12 家，分别为 CANDEL 农药厂、CORAL BEACH 房地产、CNSS 手机厂、RWE AFRICA LPG 容器厂、RAINFIELD 沙拉酱厂、玉龙钢管、华创钢构、亚非红岩重卡、大连九华家具厂、金梦日用品、华鼎电源、华为 Bollore 联合体。租赁标准厂房的企业有 8 家，分别为中国重汽、华为 Bollore 联合体、H&Y 假发、爱家家居、大步水泵、MC LIGHTING、博顿开关和 Crownature 衣帽厂。

二、园区成功经验借鉴

（一）优越的市政基础设施条件

近年来，莱基自贸区重点投资建设基础设施、市政设施和投资商所需要的服务配套设施，让每个投资企业都能看得到、摸得着，为投资企业的落地提供了信心和欲望。例如，尼日利亚是一个严重缺电的国家，莱基自贸区为了解决电力问题，投资建设了 12 兆瓦天然气发电站和配套输电线路，并已经实现了区内 24 小时不间断供电。

（二）为区内企业提供透明、高效、规范的服务

莱基自贸区开发公司和尼日利亚政府各驻区机构合作，为区内投资企业提供透明、高效且规范的服务。莱基自贸区为投资企业提供最大限度的便捷和服务，所有投资商提出的要求都会尽可能地满足。通过设立海关清关中心，大大缩减了区内企业的清关速度，提高了效率。以前要将近一周才能完成的清关工作，现在缩减到一天，华为甚至做到了当天处理、当天放行、即到即走。

（三）透明规范的园区运营管理

良好的企业服务需要有严格规范的管理作为基础，莱基自贸区不论在市

政管理、招商管理、土地管理、规划管理还是在施工管理、安全生产、环境保护等方面都做到了有章可循，有法可依，而且对所有区内企业和机构都是透明公开的。

（四）良好的园区治安环境

众所周知，尼日利亚是一个安全环境严峻的国家。为了应对安全挑战，莱基自贸区加大了治安管理的力度和手段，雇用了40多名警察和50多名保安，进行24小时不间断巡逻。为了确保巡逻质量，莱基开发还专门购置了巡更仪。区内还建立了警察局，近期联邦警察署将进驻。同时敦促各区内企业加大安全管理。2017年，莱基自贸区将与华为合作，实施"安全莱基"项目，实现区内重点地块、道路和路口的24小时全方位监控。

（五）妥善处置社区矛盾

以前莱基自贸区周边的社区问题是一个很头疼的问题，但到了2016年莱基周边的社区问题大为缓解。莱基自贸区开发公司妥善处理社区矛盾，积极承担企业责任，让利于民。尽量将自贸区内的土地清表和回填工程，交给周边社区实施。与此同时，莱基开发给当地社区学校捐款捐物，数次接待当地中小学参观莱基自贸区，积极履行了企业的社会责任与义务。

·案例·

1.2 中新天津生态城[①]

一、园区发展概况

（一）园区概况

中新天津生态城是中国、新加坡两国政府战略性合作项目，是继苏州工业园区之后两国合作的新亮点，将建设成为一座资源节约、环境友好、社会和谐的城市。生态城选址于自然条件较差、土地盐渍、植被稀少、环境退化、生态脆弱且水质型缺水的天津滨海新区内。生态城距天津中心城区45公里，距北京150公里，距唐山50公里，距滨海新区核心区15公里，

---

① 中新天津生态城官网。

距天津滨海国际机场 40 公里，距天津港 20 公里，距曹妃甸工业区 30 公里，便于利用各种城市资源，区位优势显著，总面积约为 31.23 平方公里，规划居住人口 35 万。按两国协议，中新天津生态城将借鉴新加坡的先进经验，在城市规划、环境保护、资源节约、循环经济、生态建设、可再生能源利用、中水回用、可持续发展以及社会和谐等方面进行合作。

在组织结构上，两国政府成立了副总理级的"中新联合协调理事会"和部长级的"中新联合工作委员会"，且新加坡国家发展部专门设立了天津生态城办事处，天津市政府亦于 2008 年 1 月组建了中新天津生态城管理委员会。生态城实行中新合作、政企分开、企业运作、政府监管、规划控制、指标约束的开发建设模式，预计于 2020 年全部建成，届时将可容纳约 35 万居民。

（二）园区总体规划

中新天津生态城总体规划由中国城市规划设计研究院、天津城市规划设计研究院和新加坡市区重建局设计团队分别编制，经过综合汇总后形成并于 2008 年 4 月审议通过。该总体规划主要包括生态经济、生态社会、生态环境、生态文化等内容，突出了生态优先、以人为本、新型产业、绿色交通等特点，形成"一轴三心四片，一岛三水六廊"的空间布局。该规划以生态城市指标体系作为城市规划建设的量化目标和基本依据，包括生态环境健康、社会和谐进步、经济蓬勃高效、区域协调融合 4 个方面的 22 条控制性指标和 4 条引导性指标，并分解为 51 项核心要素、129 项关键环节、275 项控制目标、723 项具体控制措施。

1. 发展定位与主要建设指标

天津生态城有 5 个定位以分别是"生态环保技术研发创新和应用推广平台"、"国家级生态环保培训推广中心"、"现代高科技生态型产业基地"、"参与国际生态环境建设的交流展示窗口"和"资源节约型、环境友好型宜居示范新城"；主要建设指标 10 项，分别包括：绿色建筑比率 100%、再生能源使用率 20%（2020 年）、非传统水资源利用率 ≤ 50%（2020 年）、绿色出行率 ≤ 90%（2020 年）、单位 GDP 碳排放强度为 150 吨碳 / 百万美元、自然湿地零损失、人均公共绿地 <120 平方米 / 人、日人均垃圾产

生量 <0.8 千克 / 人、垃圾回收利用率 ≤ 60%、保障性住房占本区住宅总量的比例 ≤ 20%。

2. 主导产业

产业发展策略为"以科技创新为引领，将生态城建设成为国际生态环保技术的策源地、总部基地，积极参与国际合作与分工，建立新型的国际技术和经贸合作机制，构筑与生态城适应的产业结构，形成国际一流的生态型产业体系，提升服务能力，增强综合实力和国际竞争力"，重点发展生态环保科技研发转化产业、绿色建筑产业和生态型新兴服务业（包括文化创意、特色旅游、康体休闲等现代服务业）。其中，生态环保科技研发转化产业为自主创新型产业，以开发和推广节能减排、节约替代、资源循环利用、生态修复和污染治理等先进适用技术为主业，绿色建筑产业为产业化的节能环保型建筑业，生态型新兴服务业包括以生态技术研发和应用的投融资为主的现代金融业、生态型会展、文化创意、服务外包、特色旅游和康体休闲等现代服务业。

二、园区成功经验借鉴

改革开放 30 多年来，中国的社会经济获得了巨大的发展，但同时也伴随着环境污染、生态破坏、资源严重消耗等问题，特别是近年来城市雾霾的普遍发生，再次提醒人们城市科学发展的重要性。当前，中国缺少寻求社会、经济、环境和谐发展的探索实践，而中新天津生态城的建设则是在这方面最为突出的案例。按照中新两国的协议，中新天津生态城将借鉴新加坡的发展经验，在城市规划、环境保护、资源节约、循环经济、生态建设、可再生能源利用、中水回用、可持续发展以及社会发展等方面进行合作，生态城将实现"人与人""人与环境"和"人与经济活动"的和谐共存，并且中新生态城在建设上具有可推广性，为中国城市的社会经济建设提供参照。

目前中新天津生态城的起步区已基本建成，已能满足生态城居民的日常生活，生态城预计到 2020 年基本建成。生态城以指标体系作为城市规划的依据，指导城市开发和建设，中新双方制定了中新天津生态城指标体系，包括生态环境健康、社会和谐进步、经济蓬勃高效和区域协调融合等 4 个方面，共 22 项控制性指标和 4 项引导性指标，并按国际环保标准设置。生态城的另一亮点是产城和谐，生态城引进的产业项目基本是节能环保型产业，重点发展符合节能环保、循环经济要求的科技研发、服务外包、金融、创意、商贸、会展、旅游、物流等产业及相关服务业，拥有国家动漫园、国家影视园、信息技术园、生态科技园、环保产业园 5 个产业园区。

第二章 中外境外经贸园区开发建设方式

境外经贸合作区本质上是一种"跨国界园区"，是跨越主权边界的跨国合作，它既有国内园区建设模式的共同特征，也具有境外投资的独特性。本章主要比较分析中外境外经贸园区的建设模式以及建设主体的功能特征，为中国企业走出去提供经验借鉴。

第一节 中外境外经贸园区的开发建设模式

一、境外经贸园区建设模式

（一）跨国界园区发展动因 [①]

随着全球化进程加快，全球市场体系逐渐形成，国际合作日益频繁，跨国产业合作项目不断增加，境外经贸园区作为跨国产业合作的重要载体日益受到各国的青睐，具体原因主要有以下三个方面：

一是全球地方产业转移的需要。当前正值全球第四次产业转移潮，中国也在经历劳动力密集型、资源密集型产业向"一带一路"沿线国际转移的历程，建立跨国合作园区不仅延长了中国相关产业的盈利期和生命周期，而且为中国企业规避国内饱和市场、消耗过剩产能提供了一个潜在的市场，缓解了国内过度的竞争压力，有

---

① 王兴平等.中国开发区在非洲：中非共建型产业园区发展与规划研究[M].南京：东南大学出版社，2015.

利于中国内产业的优化升级。同时，跨国合作园区则提供一个现实的解决方案，降低制度性交易成本：在园区有限的空间点提供有利条件，实行降低关税、减少官僚主义等新制度，创造新的经济环境。

二是国际资本投资的需要。跨国合作园区的建设受资本逐利驱使，跨国园区所在地具有生产成本优势，如资源丰富、产品需求大、运输距离小等，还可在一定程度上规避贸易壁垒，减少贸易争端和贸易摩擦，与此同时还可享受东道国的优惠政策，如柬埔寨、老挝等国家尚未遭遇发达国家"双反"等贸易壁垒阻碍，并且可享受欧美等发达国家给予的特殊贸易优惠政策及额外的关税减免优惠。

三是所在国的发展需要。对于东道国而言，这些跨国合作园区吸引了更多的外资企业前来投资建厂，不仅在增加就业、提高税收、扩大出口创汇等方面发挥了重要作用，还有力地推动了其工业化进程并促进了相关产业的升级。

（二）境外经贸园区建设模式

境外经贸园区的建设模式主要采取"政府推动与管理、企业开发与招商、产业升级、市场运作"。政府推动与管理，就是在政府的指导下，由投资国企业配合当地政府具体制定符合当地实际的产业园建设方案，并利用双方资源，促进方案实施。企业开发与招商，就是政府不直接介入产业园的具体建设经营，而是由企业帮助招商及投资开发物业，由愿意并有实力和信誉的大型公司或企业联合体负责规划建设和经营等工作。

由于境外经贸园区发展动因不同，园区的建设模式也存在不同，综合各国建设的各类跨国合作园区，主要有三种典型的园区建设模式，如表2-1所示。

表 2-1 境外经贸园区建设模式分类

建设模式	内涵	典型国家	典型园区
投资国企业主导模式	由投资国企业主导建设的园区	中国、日本	泰中罗勇工业园、越南德龙工业园区
投资国政府主导模式	由投资国政府主导建设的园区	新加坡	中新苏州工业园、印尼峇淡印都工业园、越南新加坡工业园

续表

建设模式	内涵	典型国家	典型园区
东道国政府主导模式	由当地政府为投资国企业建设的园区	美国、日本、德国、韩国等发达国家	白石山国家中美科技国际创新园、江苏省太仓德资工业园

1.投资国企业主导模式

一些国家为了实现国内产业转移的需要，由本国企业在东道国主导建设境外经贸园区，吸引国内企业抱团走出去，降低风险，同时还可以降低成本获取规模经济。该模式主要包括投资国单个企业主建、投资国多个企业主建以及投资国企业与东道国政府或企业共建三种类型，典型国家主要有中国、日本。

（1）中国企业主导建设的境外经贸园区

中国企业在1998年后就开始在海外开展产业园区的探索和建设，2006年商务部推出了境外经济贸易合作区建设工程，建设原则是"政府引导、企业决策、市场化运作"，以企业为主体，以商业运作为基础，以促进互利共赢为目的。因此，中国境外经贸合作区主要采取依靠主导企业投资、吸引中国企业入驻、政府支持推动的工业园区建设模式。由于中国境外经贸合作区的基础是先期"走出去"的企业所建设的供本企业使用的生产和贸易园区，所以主导企业在合作区规划和建设过程中与东道国政府谈判、获取优惠政策、签订合作协议、筹集资金建设等方面发挥了重要作用。主导企业通过自建、与中国企业共同投资或与东道国企业合作等方式，按照中国国内工业园区的建设标准和管理经验，在东道国开辟土地进行基础设施建设，并根据当地情况将园区定位为工业园区、出口加工区、科技园区、境外资源开发合作园或自由贸易区等形式，主导企业既经营实业，又负责园区的日常管理[①]。典型的园区有中埃苏伊士经贸合作园、埃塞俄比亚东方工业园和毛里求斯晋非经贸合作园等，如表2-2所示。

---

① 关利欣.中新境外工业园区比较及启示[J].国际经济合作,2012（01）:57-62.

表 2-2 中国境外经贸合作区投资主体的股权比例构成

园区名称	投资主体	股权比例（%）
中埃苏伊士经贸合作园	天津泰达投资控股有限公司	45
	中非发展基金有限公司	30
	中埃投资公司	20
	天津开发区苏伊士国际合作和有限公司	5
埃塞俄比亚东方工业园	江苏永钢集团有限公司	70
	中非发展基金有限公司	30
毛里求斯晋非经贸合作园	太原钢铁集团有限公司	50
	山西省天利实业有限公司	20
	山西焦煤集团有限责任公司	30

①中埃苏伊士经贸合作区

中埃苏伊士经贸合作区是中国"走出去"战略的重点项目，中国商务部确认的国家级境外经贸合作区，合作区由国家商务部指导、天津市政府推动、天津开发区和天津泰达投资控股有限公司主导运营。园区位于埃及苏伊士湾西北经济区，紧邻苏伊士运河，规划面积10平方公里，起步区面积1.34平方公里，扩展区6平方公里，旨在为中国企业赴埃及投资搭建良好平台，园区建设独具特色。

第一，以中埃合资方式形成合作区投资主体，形成双方"利益捆绑"机制。2008年7月，由天津泰达投资控股有限公司（持股75%）、天津开发区苏伊士国际合作有限公司（持股5%）和埃及埃中合营公司（持股20%）合资组建了埃及泰达投资公司，作为合作区项目开发、建设、招商和管理的实施主体。埃及泰达注册资本金为8000万美元，中方持股80%，埃方持股20%。为加快推动合作区建设步伐，天津泰达控股投资公司与中非发展基金合作于2008年10月成立了中非泰达投资股份有限公司，其中中非发展基金投资2400万美元，并由中非泰达替换泰达控股，成为埃及苏伊士经贸合作区的境内投资主体。这种投资方式既可以壮大合作区承办企业的资金实力，又可以使中埃双方共同承担经营风险，实现互利共赢。

第二，形成从购买土地到完成建设的开发建设的自身发展与盈利模式。基于埃及国情和天津开发区经验双重考虑，中非泰达投资公司在合作区开发建设方法和途径方面，既未采取埃及其他工业区直接出售工业用地的开发方式，也摒弃了中国开发区惯常实行的"资本循环模式"，而是借鉴了该公司在天津开发区较为成熟的建设、运营与管理经验，探索海外经济特区开发的盈利模式，即合作区开发建设的顺序是：通过购买土地—实现七通一平—建设能用工业厂房孵化区—建设区域的生态景观—建设综合服务配套设施，将荒芜的戈壁滩建设成生态化、生活化、工业化的围合式工业新城。这种做法实际上有效解决了埃及投资环境方面基础设施薄弱的问题，合作区承办企业通过前期投资建设提供的优质服务，提升了区域价值。例如，合作区除为入区企业提供保洁、保安、绿化、维修等基本物业服务外，还提供包括法律咨询、证件代办、招聘代理等软性服务。目前，合作区内共有中外方的配套服务机构12家，其中包括苏伊士运河银行、法国兴业银行、中海运公司、韩进物流、阳明海运、苏伊士运河保险公司等机构。此外，合作区内还设有中餐厅、面包房，并修建了体育馆、健身房、员工俱乐部和图书馆等设施，丰富了入驻企业员工的业余文化生活。合作区与埃及苏伊士运河大学孔子学院成立了联合培训中心，面向合作区企业，为埃及员工开展公共汉语、专业汉语和中国文化培训等。在建成上述相对完备的配套设施后，通过租赁厂房、商务办公楼宇、出售工业用地的方式进行招商引资，使有意向在区内投资的企业可立即入驻并开展经营活动。在招商引资时，注重将合作区与高成长、高盈利性项目相捆绑，从而实现资金的良性循环，实现合作区建设的可持续发展 [1]。

②埃塞俄比亚东方工业园

工业园的投资主体是江苏永元投资有限公司，于2007年11月在商务部境外经贸合作区招投标中中标，工业园遵循"政府指导、依法管理、市场运作、企业经营"的运管模式。截至2016年12月底，成功引进大小企业62家，分别从事钢铁、制鞋、塑料产品、食品加工、木材加工、建材、医药等行业，实现累计投资额25463.48万美元，入园企业总产值61415.19万美元，上缴东道国税费总额4934.89万美元。园区从业人员7902人，其中为东道国解决就业7272人。在建设过程，园区也遇到一些困

---

[1]　安春英. 浅析中国埃及苏伊士经贸合作区[J]. 亚非纵横，2012，(12)：1-6.

难和问题，主要表现在以下几个方面：

第一，国外资产难以盘活。工业园的开发建设资金，主要由国内公司抽取提供。由于园区资产在埃塞，难以资产抵押方式获取国内银行融资，严重影响国内公司的进一步发展，甚至成了国内公司的包袱资产。同时，汇率损失引起国外资产缩水，尤其是近年来埃塞货币贬值幅度较大。

第二，争取优惠地位不对等。尽管埃塞政府极为重视工业园的开发建设，也对中国民营企业给予了足够礼遇，但作为一家民营企业，在赢取埃塞政府的支持尤其是在争取优惠政策方面，显然缺乏相应的对等地位和协商筹码。

第三，中国技术工人工作证及ID办理困难。工业园每年都有新的建设项目开始施工也有一些项目竣工，中国员工更替频繁且人数不确定。按目前埃塞劳工部的规定，办理外方技术人的工作许可和ID成了工程进度的一大障碍，同时也给要来工业园参观考察的投资者办理签证设置了不必要的障碍。埃塞移民局和劳动局政策变更频繁，人员办事效率低下，没有完善的档案系统，对工作造成困难，特别是已经在埃塞工作满3年的中国员工的工作许可更新受到很大阻碍。

第四，二期土地获取困难。工业园已经于2008年与埃塞相关政府部门达成协议，一期2.33平方公里土地完全开发完成后，相关政府部门将颁发二期1.67平方公里土地证，但迄今为止，埃塞政府依然不肯给予土地证，土地赔偿僵持不下，多次协商至今无果，严重影响工业园招商进程。

专栏2-1 毛里求斯晋非经济贸易合作区

合作区是2006年中非合作论坛北京峰会上提出的在非洲建立的3~5个合作区之一，是国家商务部首批批准投资建设的境外合作区，计划投资约6000万美元。园区位于毛里求斯西北部，距离毛里求斯首都路易港3.5公里，距离港口2公里。规划面积2.11平方公里。合作区由山西晋非投资有限公司，由太原钢铁（集团）有限公司、山西焦煤集团有限责任公司及天利集团有限公司共同出资设立。

（2）日本企业主导建设的海外工业园区

随着越来越多的日本制造企业在海外拓展业务，对日本海外工业园区的需求也日益增长。近年来，日本双日株式会社在越南同奈省、印度尼西亚雅加达郊外和印度金奈郊外等国家主导建设了一批日本海外工业园区，而越南德龙工业园区就是其比较典型的日本海外工业园区。

①建设背景

近年来，越南在市场需求旺盛的背景下，GDP增长率保持约6%的高水平，而且，40岁以下的国民占人口的75%，是劳动力极为丰富的国家。随着外国投资的增加，越南的工业园区数量不断增加。截至2016年9月，全国共有325个工业区，其中220个已经投入使用，总面积为60900公顷。2017年，政府计划在北部，中部和南部的主要经济区开设三个经济特区。这些公园占地约8.5万公顷，其中约66%的土地面积被指定为工业用地出租。总体入住率达到51.5%，经营性工业园区的入住率达到73%[①]。

同时，越南有一系列鼓励国内和国外投资的激励措施。税收优惠包括免除或减少特定时期的企业所得税（CIT），增值税（VAT）和进口关税，并根据外商投资企业的业务范围和地点授予。受监管的鼓励类行业包括教育、医疗保健、体育、文化、高科技、环保、科研、基础设施建设和软件制造。具有投资激励措施的行政区或地点包括处于不利地位或极度不利地区的工业园区、出口加工区、高新区和经济区。截至2016年1月1日，企业所得税（CIT）税率降至20%。对于社会经济条件困难的地区，经济区的新投资项目优惠税率为10%，为期15年。优惠企业所得税适用于在教育和培训、职业培训、医疗保健、文化、体育和环境等部门经营的整个运营期。其他减少的CIT板包括涉及农业、养殖、农业加工和水产养殖产品的企业的15%和17%。大型制造项目投资资本为6000亿越南盾或以上，最低营业额为10000亿越南盾，为期至少3年，运营第一年或雇用至少3年。此外，还向投资者提供豁免进口税和土地租赁奖励。这种激励和豁免取决于行业和投资地点。

近年来，众多企业在欧美及日本经济停滞的背景下纷纷看准亚洲及其他国家的成长势头，正在逐步向越南投资建厂，截至2016年年中，220个运营工业区和16个经济区共吸引了约1500亿美元的外国投资，约占该国累计吸收外国直接投资总

---

① 资料来源：根据http://www.vietnam-briefing.com/网站整理编译。

额的一半。

②越南德龙工业园区建设模式

德龙工业园区由双日株式会社、大和房屋工业株式会社、神钢环境舒立净株式会社3家公司联手共同在越南南部同奈省设立的。3家公司在工业园区内设立的事业公司Long Duc Investment Joint Stock Company占股份的88%，其余由越南当地合作伙伴DONAFOOD公司（Dong Nai Import Export Processing Agricultural Products and Foods Company）取得。拥有股份的4家公司的出资比率分别为：双日57.3%，大和房屋工业22%，神钢环境舒立净8.7%，DONAFOOD 12%。该园区位于胡志明市以东约40公里的同奈省长城区，总占地面积达270公顷。园区于2007年获得投资许可证，2012年开始施工建设，2013年7月完成基础设施建设。

③园区建设经验

隆德工业园的优势包括日本公司的建设和运营所带来的安全性以及从启动到运营的一体化支持系统。双日公司员工总是驻扎在工业园区，以日本的方式迅速而准确地满足客户的需求，日本员工能够以日语对日本租户做出正确回应的系统，就像海外医院有日本医生一样，这是隆德工业园的一大魅力，也获得园区企业的认可。

2. 投资国政府主导模式

一些国家为了引进投资国的资金和先进管理经验，由投资国政府主导建设境外经贸园区，通过投资国政府的招商，吸引全球知名企业前来投资和落户。该模式主要包括投资国政府单独建设、投资国政府与东道国地方政府合资共建两种类型，典型国家如新加坡。

（1）中新苏州工业园区

①园区概况

苏州工业园区是中国和新加坡两国政府间的重要合作项目，1994年2月经国务院批准设立，同年5月实施启动，行政区划面积278平方公里。其中，中新合作区80平方公里，下辖四个街道，常住人口约80.78万。中新苏州工业园区开发股份有限公司注册资本1.25亿美元，股东5家，持股比例为中方财团52%、新方财团28%、港华投资10%，新工集团、苏州高新各持股5%。作为中新两国政府间重要合作项目，苏州工业园由小到大、由弱到强，一跃成为中国发展速度最快、整体水平最高、最具竞争力的开发区之一，被誉为中国对外开放的重要窗口、中新友好合作的成功范例。2017

年,园区实现地区生产总值2350亿元,占苏州市GDP比例达13.5%;进出口总额858亿美元;实际利用外资9.3亿美元、固定资产投资476亿元;R&D投入占GDP比重达3.48%;社会消费品零售总额455亿元,增长12%;城镇居民人均可支配收入6.6万元,增长7.7%。在全国经开区综合考评中位居第一,在全国百强产业园区排名第三,在全国高新区排名上升到第五,均实现历史最好成绩[①]。

②园区组织管理

中国与新加坡双方针对苏州工业园区的管理建立了三个层次的领导和工作机构。第一个层面是中新两国政府联合协调理事会,负责协调苏州工业园区的开发建设和借鉴新加坡经验工作中的重大问题,由两国副总理担任理事会共同主席。第二个层面是中新双边工作委员会,由苏州市市长和新加坡廊裕镇管理局主席共同主持,参与的部门包括中国商务部、外交部、国家发展和改革委员会、科学技术部、财政部、国土资源部、住房和城乡建设部、海关总署、国家税务总局、江苏省人民政府和苏州市人民政府等,以及新加坡的内政部、贸易与工业部、总理公署、教育部、国家发展部、财政部、交通部等。双方定期召开会议,就开发建设中的重要问题和借鉴新加坡经验工作进行协商,向理事会双方主席报告工作。第三个层面是联络机构,由新加坡贸易与工业部软件项目办公室和苏州工业园区借鉴新加坡经验办公室负责日常联络工作。

③园区运营管理

在园区运营管理上,苏州工业园区的行政管理主体和园区开发主体相分离。行政管理主体是园区管委会,它作为苏州市政府的派出机构在行政辖区内全面行驶管理职能,享有省一级的项目审批权限,园区在一定程度上承担了一级政府的社会管理职能。中新苏州工业园区开发集团股份有限公司(CSSD)是园区的开发主体,由原外经贸部和国家工商行政管理局批准设立,CSSD是中新两国合作的载体和苏州工业园区早期的开发主体。CSSD由中新双方财团组成,中方财团由中粮、中远、中化和华能等14家国内大型企业集团出资组建,新方财团由新加坡政府控股公司、部分私人公司和跨国公司联合组成。1994年成立时中方占股35%,新方占股65%;2001年调整后,中方占股65%,新方占股35%。在股权比例调整后,中方担负园区的主

---

① 资料来源:苏州工业园区管委会.http://www.sipac.gov.cn/zjyq/yqgk/201801/t20180120_677084.htm.

要管理职责。CSSD 的主要职责是园区土地开发与经营、物业管理、项目管理、咨询服务、产业与基础设施的开发等。在园区开发的不同阶段，管委会和开发公司CSSD各自发挥不同的功能，两者相辅相成，为入园企业提供高效的服务。

（2）越南新加坡工业园 [①]

越新工业园（Vietnam–Singapore Industrial Park，简称VSIP）在越南与新加坡两国领导人的建议下诞生，工业园得到了两国政府的大力支持。VSIP 由新加坡胜科工业旗下的胜科城镇发展公司（Sembcorp Development）与越南国营企业Becamex IDC联合建设开发和运营管理，双方成立VSIP 合资公司，其中胜科城镇发展公司在合资公司持有51％股权，Becamex IDC 持有49％股权。VSIP 合资公司自1996 年在越南平阳省投资建设首个大型工业园以来，目前在越南共设立七个越新工业园，1996 年和2006 年在平阳省（Binh Duong）推出第一和第二座越新工业园，2007 年在北部的北宁省（Bac Ninh）推出第三座工业园，第四座建在海防（Hai Phong），第五位于广义省（Quang Ngai），第六座位于胡志明市的平阳，第七座建在义安省。据不完全统计，新加坡已累计对越南投资约300 亿美元以上，投资项目达1300 多个，新已成为越南的第三大外资来源地，仅次于日本和中国台湾。目前入驻VSIP 的企业超过630 多家，来自26 个国家和地区，共创造了90 多亿美元的总投资额、1500 多亿美元的出口额和18 万个员工就业岗位。

VSIP I 园总面积500 公顷，于1996 年开始建设，位于平阳市。现园区土地已全部租出，安置了来自22 个国家和地区的242 个项目（企业）。

VSIP II 园一期工程成立于1997 年，面积345 公顷，坐落于平阳镇区中心位置，距 I 园区以北15 公里处，吸引了来自20 个国家和地区的121 个投资项目，现已租出95％的园区土地，总注册资金投入约10 亿美元，并创造了数千个就业岗位。

VSIP II 园二期工程，包括1000 公顷的工业园和700 公顷的镇区城市开发，共计1700 公顷，现土地移交已准备完毕。其所在的平阳市占地4200 公顷，为越南南方第二大城市。

VSIP III 园位于北宁省，占地700 公顷，邻接河内Gia Lam 区，距首都市中心18公里。总面积中的500 公顷为工业区，200 公顷为商业区和生活配套设施，现已准备好可立即移交土地。

---

① 资料来源：根据VSIP 网站编译。

VSIP IV 园位于海防市，占地1600公顷，其中1100公顷为城市开发，500公顷为工业开发及其相关服务。

3. 东道国政府主导模式

一些国家为了吸引外商前来投资，由东道国当地政府为投资国企业建设专门园区，吸引投资国企业前来投资，并形成产业集群发展。该模式主要包括东道国政府单独建设、东道国政府与投资国企业联合建设两种类型，典型国家如中国和韩国。

（1）中德（蒲江）中小企业合作园 ①

①园区概况

2014年2月28日，蒲江县和国家工信部中小企业发展促进中心签订合作备忘录，在蒲江寿安新城建立"中德中小企业合作园"，旨在吸引德国中小企业落户蒲江。蒲江是继江苏太仓之后西部首个"中德中小企业合作园"，中国第二家中德中小企业合作园落户地。2017年，园区被工业和信息化部授予"中德（蒲江）中小企业合作区"，是西部唯一一家国家级中德中小企业合作园区。园区位于蒲江县寿安镇和鹤山街道，规划面积18平方公里，后备空间12平方公里，总规模30平方公里，属成都半小时经济圈，距双流机场50公里、成都天府国际机场60公里。园区具备生态基础较好、对外合作紧密、职业人才突出三大优势，是成都承接德资、欧资等国际产业发展的核心载体。园区能源、污水处理、仓储物流等生产性基础设施完善，教育、卫生、公交等生活性服务设施配套齐全。目前，已入驻世界500强博世集团及其他核心配套企业共162家，中德（成都）AHK职教培训中心、德国库卡机器人西南大区教育研究院落户园区。合作区紧抓成都制造强市战略机遇，布局德（欧）高端制造业集群，以世界级"国际生态精工新城"为愿景，建立"亚太智造联动点，中德合作新典范"城市功能定位，力争到2022年实现园区总产值330亿元，园区面积达到18平方公里，规上企业170户，实现就业人数1.2万人。

②园区建设模式

园区采取"政府投入、学校运营、园区承载"的方式，引进和吸收德国职教体系，建成全国第三家、西部首家AHK考试中心和"中德（成都）AHK职业教育培训中心"，探索一条以产教结合的新发展模式。园区由四川省蒲江县政府主导开发，德国政府和企业不参与开发建设，园区将根据《中德（蒲江）中小企业合作区域建设方

---

① 资料来源：2017年成都市产业发展白皮书。

案》中的总体思路、发展目标、合作方向和重点任务，全面对接"中国制造2025"和"德国工业4.0战略"，加强与德国在装备制造、精密机械、生物医药、节能环保等先进制造业领域的合作，加快推动中小企业的产业升级和结构调整。目前，中德（蒲江）中小企业合作区已累计完成基础设施投资约25亿元，建成11万平方米的德系标准化厂房，落户企业143家（其中德资企业10家、协议总投资约22亿元）。

③园区发展启示

第一，蒲江中德中小企业合作园将成为一个德资企业投资西部的平台和孵化器，加速德国先进技术、先进管理经验融入本地发展，转化为蒲江产业转型升级的动力，提升蒲江工业跨越发展的效率。

第二，蒲江因合作园区的建设将成为德国中小企业了解中国西部的一个窗口，这不仅是蒲江的机会，而且同样是德资企业落户中国西部、扎根中国西部发展的历史机遇。

第三，蒲江中德中小企业合作园不仅承担着引领蒲江本地企业转型升级的重任，而且承担着蒲江工业与国际接轨的使命。德国企业的到来给当地中资企业带来的影响和提升已经显现。据蒲江经信局介绍，以前一家校办工厂级别的小微企业通过跟德国的包装机械公司做配套，它的生产水平、管理水平和产品质量在德企的严格标准下飞速提高，这家企业现在可以接到很多海外的高端订单，英国、马来西亚、日本的很多企业都看上了它的生产技术。

（2）中韩产业园 ①

2017年12月15日，中国国务院同意在江苏省盐城市设立中韩（盐城）产业园，在山东省烟台市设立中韩（烟台）产业园，在广东省惠州市设立中韩（惠州）产业园。上述3个产业园是由当地政府主导建设，依托现有经济技术开发区、高新技术产业开发区建设，具体实施方案分别由所在地省级人民政府制定。

①中韩（烟台）产业园

中韩（烟台）产业园是中韩两国政府确定的合作共建产业园，分核心区、扩展区和联动区。核心区位于烟台市区两翼，划分为先进制造产业区、现代物流区、现代服务业聚集区三个功能区。为加快产业园开发建设，在中韩（烟台）产业园规划

---

① 资料来源：中国国际贸易促进会驻韩国代表处。http://www.ccpit.org/Contents/Channel_4112/2016/1107/714841/content_714841.htm

范围内确定起步区，起步区分为东区和西区，总用地面积32平方公里。东区总用地面积10平方公里，重点发展生活性服务业；西区总用地面积22平方公里，重点发展先进制造业和生产性服务业。

在政策支持方面，中韩（烟台）产业园将努力实现投资便利化、贸易自由化、金融国际化、管理法制化，为韩国企业在园区内的发展创造有利条件。中韩两国已建立副部级产业园合作机制，协调支持园区内企业的发展。园区将复制推广中国（上海）自由贸易试验区等有关政策，打造国际化一流营商环境。并将搭建科技研发、金融服务、信息咨询等公共服务平台，并提供医疗、教育、购物、休闲、娱乐等配套服务。

②中韩（盐城）产业园

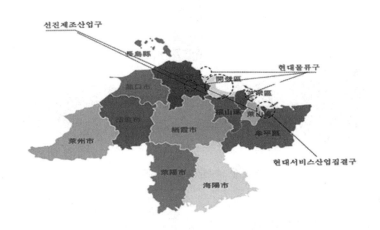

图2-1　中韩（烟台）产业园规划范围

盐城作为江苏韩资密集区，拥有现代起亚、摩比斯、现代制铁等韩资企业近1000家，总投资超50亿美元，韩国已成为盐城最大的外资来源国和贸易伙伴国。盐城市政府正按照第四代中外合作园区的建设理念，着力营造一流环境，集聚一流项目，打造一流园区，加快推进中韩盐城产业园区规划建设。盐城市的"一园三区"的发展格局基本确定，"一园"：中韩盐城产业园区，"三区"：核心区、主体区、联动区。"核心区"为国家级盐城经济技术开发区，规划面积100平方公里，启动区20平方公里。"主体区"为国家级盐城经济技术开发区、城南新区和大丰港经济区，其中经开区规划面积为210平方公里，启动区45平方公里；城南新区规划面积40平方公里，启动区10平方公里；大丰港经济区规划面积70平方公里，启动区15平方公里。"联动区"为市域10个省级以上开发区或平台载体，集聚全市最优质资源，着力打造对韩经贸合作新高地。中韩盐城产业园区"一园三区"的发展格局基本确定。

中韩盐城产业园区充分发挥盐韩双方的基础和优势，以中国沿海汽车城、韩资工业园、盐城综合保税区、盐城未来科技城、韩国社区、国际美容健康城、生态智慧康居城、盐城海港、盐城空港、韩国风情园为十大功能平台，重点发展十大合作产业。

③中韩（惠州）产业园

图2-2 中韩盐城产业园园景

中韩（惠州）产业园是继烟台、盐城之后的中国第三个中韩产业园，也是广东唯一一个，中韩（惠州）产业园将以高端电子、智能装备为核心产业，发展高端业态和优势产业。在空间布局上，中韩（惠州）产业园分为核心组团和联动组团。核心组团规划面积约41平方公里，包括珠三角（仲恺）国家自主创新示范区、仲恺高新区高端制造集中区、潼湖生态智慧区内创新和总部经济区、中韩科技合作园区、大亚湾化学工业合作区（含A、B两片区）、"两港"综合保税区等7个片区；联动组团包括惠东县稔平半岛环考洲洋经济带、惠阳区的空港经济区和产业联动区、惠城区的高新技术开发区有关区域以及仲恺高新区和大亚湾开发区除纳入核心组团的其余部分。

在产业合作上，重点在先进智能制造、化学工业、汽车与装备制造、"互联网+"、节能环保、现代物流、海洋产业、文化创意、健康养生、现代服务业等10

个领域加强与韩国产业合作。

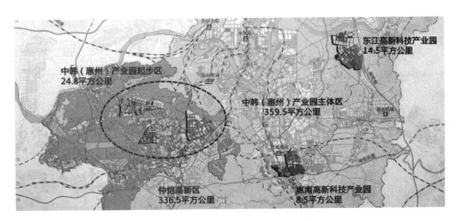

图 2-3　中韩惠州产业园规划示意图

三、境外经贸园区开发建设模式 ①

中国境外经贸园区既有在发达国家基于市场目的建设的企业主导的制造园区，如海尔在美国建设的园区，也有在欠发达国家和地区建设的产业园，如在东南亚、非洲建设的园区。在园区开发模式上，既有国企主导、政府支持、合作共建的园区，也有一批民营企业在境外建设的企业园区。中国园区"走出去"总体上有三种实现模式：一是企业在国外自建自用的园区，一般规模较小，主要满足企业自身扩张发展的需要；二是企业在国外建立但面向社会招商的园区，规模中等，如园中园；三是园区在国外综合开发的独立园区，一般规模较大。

（一）产业主体企业引导模式

该类园区开发模式是指某个产业领域内具有较强实力的企业，为实现企业自身发展目标，通过获取工业土地营建一个相对单一产业的工业园区，并在自身企业入驻且占主导下，发挥企业在产业内部及产业上下游的吸引力，通过园区的物业出租、出售等方式，引进企业聚集于产业园中。典型的这类园区包括：以青岛海尔为主体企业，聚焦于家电、电子产业的巴基斯坦海尔—鲁巴经济区；以中国有色集团为主体企业，聚焦于采矿、勘探、冶炼的赞比亚中国经济贸易合作区。

产业主体企业引导模式对于所在地区的政府来说通常很具有吸引力，起步阶段实施起来也更为容易，这种模式的优势是一次性地解决了园区基础设施和招商引资

---

① 张崴."一带一路"背景下海外产业园区开发运营模式[J]. 2017,8（16）:17-19.

两个层面问题。以中国有色集团主导开发的赞比亚中国经济贸易合作区为例，该园区于2007年开始建设，是中国政府宣布在非洲建设的第一个境外经贸合作区，经过10年的发展，在中国有色集团的主导开发、运营、管理下，园区基础设施投资1.9亿美元，带动包括谦比希铜冶炼公司等60多家相关企业，园内企业总投资超过16亿美元，销售收入超过110亿美元。这种模式的缺点也明显，由于以单独的产业企业作为主导，因此往往此类园区更多的是服务于此优势企业，所引进园区的也大多是配套企业，产业结构较为单一，园区综合性发展及土地价值提升的后劲不足，一旦园区主导企业或主导产业出现问题，容易造成园区的整体衰落。

专栏 2-2 巴基斯坦海尔—鲁巴经济区

"巴基斯坦海尔—鲁巴经济区"是中国商务部批准建设的首个"中国境外经济贸易合作区"，也是巴政府批准建设的"巴基斯坦中国经济特区"。经济区位于巴基斯坦旁遮普省首府拉合尔市，经济区一区规划面积33万平方米，二区启动2万平方公里。主导产业为家电、汽车、纺织、建材、化工等。

经济区以现有的巴基斯坦海尔工业园为基础进行扩建，由海尔集团与巴基斯坦 RUBA 集团合资开发建设，计划投资1.29亿美元，中巴双方投资比例为55:45，双方均以现金方式出资，共同购买土地、进行园区建设。

（二）专业工业地产商开发模式

此类开发模式是由专业的工业地产开发企业进行产业园区的总体建设和运营，开发企业通过对园区道路、绿化、水电等基础设施的投资建设，再通过对部分办公、厂房、仓库、研发等房产项目的兴建，最终以租赁、转让、合作等方式进行园区地产的经营获取利润。

典型的这类海外园区包括柬埔寨西哈努克港经济特区、泰中罗勇工业园等。不同于产业主体企业引导模式，专业化的工业地产开发企业对于地理位置优越、园区商业价值大、综合配套需求强的产业园区更具有优势。包括招商局、华夏幸福等以产业园区开发为主业的大型企业拥有较强的相关资源的整合、配套能力和资金实力，这些无疑是产业园区能够成功运营的保证。从国内的经验上看，建设体量大、运营水平高、综合价值提升大的产业园区如蛇口工业区、张江科技园区、苏州工业园区等也都由专业化的工业地产开发企业负责建设开发。需要注意的是，如果专业的园区开发企业本身实力不足，资源整合能力较弱，也会造成开发进度慢、后续企业入驻率低、经济效益实现慢等弊端。

专栏2-3 柬埔寨西哈努克港经济特区

柬埔寨西哈努克港经济特区是由江苏红豆集团为主导，联合中柬企业在柬埔寨西哈努克省共同开发建设的国家级境外经贸合作区，是"一带一路"上的标志性项目，园区是柬埔寨最大的经济特区，总体规划面积11.13平方公里，首期开发面积5.28平方公里，以纺织服装、箱包皮具、五金机械、木业制品等为主要发展产业。全部建成后，将形成300家企业（机构）入驻，8万~10万产业工人就业的配套功能齐全的生态化宜居新城，成为柬埔寨的"深圳"。

（三）综合开发模式

此类开发模式是产业主体企业引导模式和专业工业地产商开发模式结合，一些超大型企业既有产业背景又有房地产开发专业能力，能够为园区开发提供综合的解决方案，实现产业主体带动和专业地产运作的有机统一。此类开发模式充分利用了上述两种模式各自的优势，对当地政府极具吸引力，但难点就是对开发企业要求极高，一般是国家级重点项目或地理位置优越、利润非常可观的项目，否则很难实现。

综合目前中国企业海外产业园区的投资发展情况来看，与国际上类似美国硅谷、新加坡裕廊等一流的产业园区、高科技园区相比差距显著，即使与国内较为成熟的产业园区相比差距也较大。从开发模式上看，经过商务部认证的10家较大的海外产业园区中，有4家基本属于产业主体企业引导模式，有5家属于专业工业地产商开发模式，有1家接近于综合开发模式。走综合开发模式的产业园是尼日利亚莱基自由贸易区，该园区运营方是中国铁建、中国土木、中非发展基金组成的联合体。总体来看，现阶段中国企业投资的海外园区大都还处于开发建设的初期，以主办企业为主进行投资，资金到位有限，企业入驻量也不大，经济效益远未充分体现，未来还有巨大的发展潜力和发展空间。

专栏2-4 尼日利亚莱基自由贸易区

尼日利亚莱基自由贸易区位于尼日利亚拉各斯东南部的莱基半岛，自贸区占地30平方公里，成立于2006年5月，2007年11月经商务部批准成为中国境外经济贸易合作区之一。莱基自贸区由中国铁建股份有限公司、中非发展基金有限公司、中铁建中非建设有限公司和南京江宁经济技术开发总公司组建成立的中非莱基投资有限公司，与拉各斯州政府和莱基全球投资有限公司合资的莱基自贸区开发公司负责投资、建设、运营和管理，中方控股60%。

莱基自贸区先导产业为商贸会展物流业，优势及基础产业为产品加工制造业，支柱产业为房地产开发业，配套产业为金融、休闲旅游等其他城市服务业，形成具有内生增长力的新产业体系，打造配套完善、运作高效、环境优美的现代化综合产业园区，以产业发展推动莱基半岛的开发和建设。

近年来，境外经贸园区发展迅速，但是园区的可持续发展也引起了很大关注。据统计，当前境外经贸园区的盈利模式基本以开发矿产资源和出租开发土地、厂房为主，并且大部分园区选择了后者。商务部国际贸易经济合作研究院副研究员路红艳指出，两种模式都是不可持续的，须在招商引资时注重将合作区与高成长、高营利性项目相捆绑，实现资金的良性循环。此外，一些园区的建设存在定位不明确，追求产业多而杂的现象，这不仅增加了成本，不可避免地产生浪费，并且产业优势也没能突出，定位不清也导致了大量的重复建设。

四、园区融资模式

境外经贸园区建设初期投入较大，园区在资金投入方面压力较大，因此，对于一些企业主导的园区开发商会采用多种融资模式来开发建设园区，包括在东道国当地融资等。

（一）园区融资模式分析 [1]

纵观全球园区开发建设现状，国际上园区融资模式主要包括政府投资模式、引导民间资本模式、吸引外商投资模式、国际组织资金援助模式和风险投资模式5种类型。

1. 政府投资模式

该模式主要包括直接投资和间接投资两种方式，就绝大多数发达国家的科技园区而言，目前使用直接投资方式的并不多见，更多的是使用间接投资方式，即政府通过一系列政策和措施间接支持园区及园区企业发展。具体方式包括：实施政府采购计划，政府与园区企业、科研机构签订合同，以政府采购形式收购其科研成果或高科技产品；给予财政补贴与奖励，政府对园区企业研发项目实施配套的财政补贴和额外奖励计划；发放低息贷款，政府通过优惠利率或贴息等政策支持园区企业的发展；设立专项开发基金，政府部门设立科技发展基金、城市发展基金和建设基金等支持园区发展；允许发行债券，如日本政府通过发行高利率债券的方法，鼓励私人企业到园区投资；提供"种子基金"，如鉴于自由市场机制在发展风险投资方面的缺陷，以色列政府于1992年拨款1亿美元设立了10个风险投资基金；鼓励政府研究机构入驻，发达国家为提升园区的科技创新能力，通常将政府研究机构直接设置到园区，如日本仅筑波科技城一个园区就聚集了日本27%的国家研究机构、40%的研究人员以及40%的国家研究预算。

2. 引导民间资本模式

来源于大公司、私人银行、保险公司、富有家庭、大学及慈善事业基金的民间资本是发达国家园区开发的主要经费来源，这其中又以私人银行资金占据重要地位。例如，日本民间设立了1023家专门针对中小企业的金融机构，向中小企业贷款占全部贷款额的70%～80%。美国由银行建立小企业投资公司，在全部小企业投资公司承诺的投资总额中，银行所属小企业投资公司约占50%。在英国著名的科技园区发展中，私人银行也提供了早期的资金来源，如英国剑桥地区的巴克莱银行把对当地高技术风险企业的贷款作为主要业务。

3. 吸引外商投资模式

---

[1]　马强. 国外科技园区：政府搭台　企业唱戏[N]. 中国高新技术产业导报，2011.7.11（A08）.

根据外资流向又可分为三种类型：一是下行流，即发展中国家和地区的科技园区吸引发达国家投资；二是平行流，即发达国家相互之间在对方的园区投资，主要目的是开拓对方市场，或者是监督竞争对手的科技发展状况；三是上行流，即发展中国家和地区到发达国家园区开展投资，以追踪国际技术发展前沿，掌握先进技术奥秘。

4. 国际组织资金援助模式

一些园区还通过争取国际组织的资金援助来支持科技创新。如比利时的SOCRAN 创新中心每年经费的60% 来自欧盟的地区开发基金，英国阿斯顿科学园利用欧盟的伙伴资金发展园区，意大利的里雅斯特科学园区则积极从联合国工发组织争取资金。

5. 风险投资模式

发达国家的实践表明，风险投资是科研成果向生产转化的主要推动力，是经济对科学技术牵引的具体执行者，是科技园区和高新技术产业发展的生命线。目前，世界风险投资活动主要集中在美国、西欧、日本三个地区，其发展模式主要包括：

（1）美国模式。美国的风险投资机构以私营风险投资公司为主，风险资本主要来源于退休金、私人投资者、保险公司。投资对象集中于高科技企业，在计算机硬件、生物科技、通信、医药等行业的投资占总投资的90% 左右。在投资阶段上以创业期为投资重点。

（2）西欧模式。西欧各国政府在风险投资中占有重要地位，形成以国家风险投资行为为特征的模式。风险资本通常来源于政府和银行资金，其中银行资金占有较高比重。相对于退休金、保险金而言，银行资金投资的短期行为较为明显，投资项目中主流工业占了很大比重，对高科技产业的投资不足20%。

（3）日本模式。日本的风险投资公司大多为银行、保险公司和大企业控股，形成了以大公司、大银行为主体的独特模式。投资的资金中约有3/4 属于自有资金，以基金方式募集的资金仅占投资资金的1/4。投资对象倾向于风险较小的项目，对设立10 年以上企业的投资比例高达63%，主要原因之一是因为日本企业股票在公司成立平均30年后才上市，风险投资的流动性不强。

（二）中国境外经贸合作园区投融资模式

境外经贸合作园区初期建设主要是基础设施建设，具有建设周期长、资金需求巨大的特点，由于中国境外经贸园区多分布在"一带一路"沿线国家，融资渠道有限，同时面临东道国政治、经济、宗教、文化等各方面差异而形成的风险，投资者希望隔离风险，将债务屏蔽于自身之外。因此境外贸易和生产基地在升级为国家级经贸合作区后，原来由国内母公司直接包揽境外公司投资建设、经营管理的做法已不适应未来境外合作园区的新要求 ①。为推进境外经济贸易合作园区建设，2013年12月，商务部、国家开发银行专门出台了《关于支持境外经济贸易合作区建设发展有关问题的通知》，尽管商务部和国开行为境外经贸合作园区的建设提供了投融资等方面的政策支持，但还是远远不够的。随着"一带一路"建设的推进，很多中国企业需要走出去，在东道国金融支持不足的情况下，企业需要采取多种融资模式来满足境外园区的开发。

专栏 2-5 商务部 国家开发银行关于支持境外经济贸易合作区建设发展有关问题的通知

商合函〔2013〕1016 号

各省、自治区、直辖市、计划单列市及新疆生产建设兵团商务主管部门，各中央企业：

为进一步贯彻落实国务院关于推进境外经济贸易合作区（以下简称合作区）建设的有关精神和《国务院办公厅关于金融支持经济结构调整和转型升级的指导意见》（国办发〔2013〕67号），创新合作区的发展模式，支持国内企业"走出去"，更好地发挥金融对经济结构调整和转型升级的支持作用，商务部、国家开发银行将加强合作，支持合作区建设，现就有关问题通知如下：

一、商务部和国家开发银行共同建立合作区项目协调和信息共享等联合工作机制，为符合条件的合作区实施企业、入区企业提供投融资等方面的政策支持。具体措施包括：

（一）商务部对企业投资建设的合作区进行宏观指导，在国别和产业指引、资本投资便利化、境外投资保障等方面提供支持。

（二）国家开发银行根据国家对外发展战略的需要，支持国内产业集

---

① 刘琦.境外经贸合作区融资模式思考[J].商务财会，2013（8）:64-65.

群"走出去"，为合作区建设提供投融资等服务。

（三）商务部和国家开发银行将支持或共同开展合作区布局和发展规划等研究工作。

（四）商务部与国家开发银行将建立有关合作区信息共享机制，加强信息交流，相互通报关于合作区确认考核、年度考核及投融资进展情况，引导企业有序赴合作区投资经营。

（五）根据合作区推动工作的需要，商务部、国家开发银行将不定期对合作区项目融资中存在的重要问题进行协调。

二、国家开发银行将依据商务部、财政部《境外经济贸易合作区确认考核和年度考核管理办法》（商合发〔2013〕210号）的要求，明确合作区优先融资的基本条件，针对合作区的特点和需求，对合作区提供融资服务。具体工作包括：

（一）国家开发银行将在市场化运作、有效防范风险的前提下，重点优先支持已通过确认考核的合作区项目；有选择地支持我与合作区东道国政府共同关注的在建合作区项目；积极跟踪规划中的其他合作区项目。

（二）在信用结构上，除依托境内股东信用提供贷款模式外，积极探讨依托境外金融机构信用、项目自身及其他资产抵质押、土地出让应收账款质押等模式，为合作区实施企业提供融资支持。

（三）通过与东道国有实力的金融机构合作，以转贷款、银团贷款等方式，为入园企业提供融资服务。

（四）国家开发银行及其下属的中非发展基金可通过投贷结合方式为非洲地区合作区提供投融资服务，并为入园企业提供非洲中小企业专项贷款服务。

三、商务部、国家开发银行共同加强合作区建设的指导，为合作区企业提供投资咨询和融资方案设计等服务工作，引导我国企业有序开展合作区建设工作。

商务部　国家开发银行股份有限公司

2013年12月13日

1. 中国境外经贸园区在投融资模式

主要采用三种模式：开发企业直接投资、资本市场融资、项目融资 [①]。第一种方式对企业来说直接投资风险较大，加之海外市场本身存在较大不确定性，因此，企业直接在海外投资的模式一般较少被采用；第二种方式对资本市场的运行效率和金融产品的种类要求较高，而中国在海外投资建设的产业园区多地处发展中国家，当地金融体制不健全，同时国内企业也缺乏海外资本市场融资的经验；因此，第三种方式项目融资是解决海外产业园区建设融资问题的首选模式。项目融资是以项目本身的资产和未来收益作为抵押来筹措资金的融资方式，较常见的方式包括BOT（建设—经营—转让）、TOT（移交—经营—移交）和PPP（公—私—合作）等。对园区牵头企业来说，项目融资可以使其获得政府的政策保障以及长期稳定的投资收益；对园区来说，项目融资方式可以提高基础设施的建设和运营效率。项目融资的操作方式见图2-4。

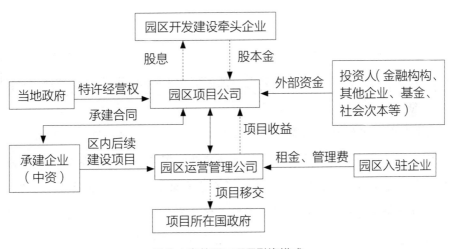

图 2-4 海外园区项目融资模式

在项目融资模式中，核心影响要素是园区项目公司、投资人（利益相关方）和园区运营管理公司。通常来说，园区开发建设的牵头企业以控股的形式成立园区项目公司，并且从当地政府获得特许经营权，其他投资人（金融机构、其他企业、基

① 郝旭,刘健,陈宇倩,王海霞."一带一路"背景下海外产业园区开发运营模式[J].水运工程,2016（10）:1-6.

金、社会资本等）作为外部资金，参股项目公司。项目公司与工程承建企业（主要是国内的基础设施开发建设企业）签订承建合同，进行园区建设。

一般来说，项目融资模式下可能存在特许经营期后将项目移交给当地政府的情况。但是与其他基础设施建设项目不同的是，园区建成后的产业入驻和运营管理是海外经贸园区建设的初衷，也是当前在"一带一路"倡议下开展国际产能合作、促进产业转型升级的最终目的。因此，基于传统的BOT模式，建议经贸园区采用BOO（建设—拥有—运营）模式，投资建设企业与投资目的国政府签订产业园区建设协议，约定项目建设完成后，可以持续经营，并且不涉及园区移交问题。相对于BOT模式，BOO模式有助于鼓励中资企业参与园区的后期运营，吸引国内产业入驻，对贷款银行来说，风险也相对较小。

项目融资的外部资金来源渠道较多，从资金的稳定性和可靠性来考虑，我国海外经贸园区外部资金来源应首选开发性、政策性金融机构的资金，开发性金融机构区别于其他商业性金融机构最显著的特点是以国家信用为依托，有利于确保项目顺利实施。

专栏 2-6 柬埔寨西哈努克港经济特区项目融资案例[①]

首先由江苏红豆集团等四家民营企业出资，在中国注册成立柬埔寨西哈努克港经济特区投资有限公司，柬埔寨西哈努克港经济特区投资有限公司作为项目发起人，与柬一家私人公司合资在柬埔寨注册成立项目公司"柬埔寨西哈努克港经济特区有限公司"，特区有限公司在项目融资中承担借款人角色，项目融资还有贷款银行、经济特区工程承包商、设备和原材料供应商、入园企业、柬埔寨政府、国际金融机构、中介机构等共同参与，通过严格的法律合同可以依据各方的利益，把责任和风险合理分担，从而保证项目融资顺利实施。

① 刘琦.境外经贸合作区融资模式思考[J].商务财会，2013（8）：64-65.

2. 中国境外经贸园区投资建设注意事项[①]

中国企业境外经贸园区的投资建设，无论采用何种模式，也无论投资主体的所有制形式，除了个别有非商业化因素的考量以外，绝大多数投资是商业行为，中国企业境外经贸园区投资运营需关注以下几点：

（1）注重政企协作与产城融合

参考国内产业园区建设企业的成功开发经验，如业内领先的包括华夏幸福、招商蛇口、外高桥等，在其对公司战略定位的论述中都反复强调了产业园区开发过程中与城市、与政府的协同关系。产业园区的建设是多目标的，总体上需要通过产业园区的建设以点带面，促进区域经济的发展和城市升级革新，实现人民经济、文化生活水平的提高，而这些目标的实现都与政府的支持与协助有着非常重要的关系，同时这些目标也与政府对区域经济、社会发展目标高度吻合，可以说产业园区开发商与运营商是区域政府最为亲密的合作者。

与国内的产业园建设类似，境外经贸园区的建设也与当地政府有着紧密的联系，这也是园区能否成功的关键因素。典型的比如中白工业园、柬埔寨西哈努克港经济特区等，在所在国的国家层面都受到高度的重视和支持，给予了大量的优惠政策，有效促进了相关企业的入驻与投资，提升了经贸园区自身的价值，企业、园区与政府实现了良性的互动与发展循环。

（2）明确园区定位，发挥国际比较优势

从地理层面看，经贸园区是一个区域性的概念，园区的成功与区域经济的成功有着密不可分的联系。单一的产业园区比较优势的理论研究相对有限，但有关区域经济比较优势的研究汗牛充栋。海外经贸园区的比较优势要素可以归纳为六个方面，包括生产要素优势、内部需求情况、支持性产业情况、园区企业质量、政府能力和市场机遇六个方面，这六个方面的内涵如表2-3所示。

---

① 张崴. "一带一路"背景下海外产业园区开发运营模式[J]. 2017，8（16）：17-19.

表 2-3　境外产业园区比较优势要素

要素名称	要素内涵
生产要素优势	包括自然资源、地理位置、人力资源、科技水平、文化历史、知识储备等
内部需求	包括园区所在国家或地区的内部的市场规模、需求、发展潜力等
支持性产业	包括为园区主导产业、主导企业提供支持上游、下游相关产业的竞争优势
园区企业质量	包括园区内部或与园区相关的企业竞争优势、企业活力、创新能力、企业家能力等
政府能力	包括为园区提供管理和服务的政府的能力，能否提供稳定、优质、公平、高效的外部环境等
市场机遇	园区主导产业、主导企业是否能够定位准确，抓住市场机遇等

在分析园区的比较优势时，并不是说各项要素优势必须都具备，从历史经验看，要关注以下两方面：第一，成功的园区发展或者区域经济发展拥有几项极具竞争力的比较优势即可；第二，要看目前优势的存量，更要看未来优势发展的增量。企业进行海外产业园投资时，首先要分析园区在世界范围内是否存在的比较优势，分析这优势是地理位置还是人力成本，是自然资源还是技术水平等。从目前我国企业投资的海外经贸园区看，主要还是利用了所在国家和地区的生产要素优势。

（3）紧跟国家发展战略，形成出海合力

境外经贸园区的投资与运营切忌散兵游勇、无序竞争。各投资主体既要做到尊重市场经济规律，充分分析投资经营风险和收益；也要有国家意识、大局意识、战略意识。经贸园区的建设，无论是产业主体企业引导型还是专业地产商开发型抑或是综合型，都不是简单的房地产开发或是基本建设。从国家总体发展层面看，针对海外经贸园区定位，有不同的战略要求，引进吸收技术、提升国家综合竞争优势抑或带动落后产能出境三个层次的综合目标。商务部推动境外经济贸易合作区的建设引导工程具有非常强的现实意义，国内企业的海外园区投资、建设与运营企业应该充分发挥协同作用，既要立足自身发展，也要有序落实国家总体战略目标，实现相关企业、所在国家和地区、我国经济社会发展多方共赢的良好局面。

第二节 中外境外经贸园区建设主体的作用

一般来说，境外经贸园区的建设主体主要有两类，分别为政府和企业。由政府投资兴办的园区一般都采用政府主导型管理模式，政府对园区建设和发展起着主导作用，给园区发展提供大量投资、土地，主管其日常运营，负责园区基础设施和服务设施建设，还提供园区的基础研究和培训设施，制定一系列政策吸引企业到园区投资发展。该模式的优势在于政府为园区发展提供了较为宽松的物质环境、智力环境和政策支持，缺点在于政府行政色彩过于明显，企业的依赖性较强，可能导致企业创新精神缺乏，不利于企业和园区的可持续发展[①]。在企业主导开发的园区中，企业担负着管理与开发的双重职能，包括园区的规划建设、基础设施建设、招商引资，土地征用、园区管理等方面。由于企业过于以经济效益为目标，有可能偏离园区设立的初衷，同时，由于企业缺乏必要的行政权力，在承担部分社会管理职能方面会比较欠缺。

不管是企业主导开发建设的还是政府主导开发建设的境外经贸园区，大部分建设主体既是开发者，又是园区的运营管理者，有的主导企业既经营自身的实业，又负责园区的日常管理，因此，园区建设主体对园区的发展至关重要，关乎园区的成败。园区建设主体除了开发建设外，还在园区的规划定位、运营管理、投融资、招商引资以及国内外政府对接等方面发挥重要的作用。

一、园区规划定位

境外经贸园区的开发建设是一项系统工程，涉及方方面面，并且对东道国当地的产业走向、经济发展、城市建设都将产生重要影响，也直接关系到投资企业未来能否在东道国持续发展和获得经济效益。因此，园区的规划定位除考虑现实可行性外，更应着眼未来，要具有前瞻性和统一性。中国和新加坡在境外经贸园区规划定

---

① 马强.国外科技园区：政府搭台 企业唱戏[N].中国高新技术产业导报，2011.7.11.

位方面存在一定的差距。

（一）新加坡海外工业园重视规划定位

新加坡海外工业园区注重规划的科学性、全局性、指导性和严肃性，园区的建设在很大程度上体现了国家对经济发展方向的战略决策，并使政府部门和政联公司在对外投资中充当先锋，通过区域经济合作等方式与东道国商定贸易、投资等方面的优惠政策，从而为新加坡企业的海外投资保驾护航。新加坡已与 23 个国家签订自由贸易协议（FTA），与 32 个国家签订投资保证协议（IGA），与 60 个国家签订避免双重征税协议（DTA），基本涵盖了世界主要经济区，这无疑为新加坡企业的全球化发展奠定了基础 [①]。

新加坡海外工业园区注重园区的产业定位，虽然海外工业园产业覆盖范围较广，但还是有所侧重，注重资本密集型、技术密集型产业的引进，母国企业投资以服务业为主。一方面，新加坡海外工业园区的建设不仅涉及制造业及与其配套的生产性服务业（如仓储、运输、金融、保险等），还涉及商店、超市、餐厅等生活服务业和银行、寺庙、医院等公共设施。在一些基础条件较差的地区，开发商还投入巨资建设园区专属的电力系统、水处理厂、下水系统、通信设施等，将园区建成能够自给自足的城市综合体，这些都需要有各个行业的企业入驻。另一方面，新加坡海外工业园区引进的制造业普遍高于东道国水平。譬如，中国苏州工业园区将资本密集、技术密集、基地型、旗舰型项目作为招商重点，园区能够发挥带动东道国产业升级的作用。此外，新加坡本土企业对海外工业园的投资也从制造业为主转向服务业为主。随着国内产业结构的不断升级，服务业成为新加坡最具竞争力的产业，也成为海外投资的主力军 [②]。

（二）中国境外经贸园区在规划定位 [③]

目前，中国境外经贸园区涉及的产业领域较广，既有纺织轻工、电机电器等制造业，也有金融保险、仓储物流等服务业，还包括生物制药、信息处理、节能环保等现代产业，但相对集中在轻纺服装、建筑材料、机械电子等中国具有比较优势的

---

① 关利欣,张蕙,洪俊杰.新加坡海外工业园区建设经验对我国的启示[J].国际贸易,2012（10）：40-44.

② 关利欣.中新境外工业园区比较及启示[J].国际经济合作,2012（1）：57-62.

③ 刘英奎,敦志刚.中国境外经贸合作区的发展特点、问题与对策[J].区域经济评论,2017,（3）：96-101.

传统产业和农业及农产品加工、森林采伐及木材加工业以及石油、金属冶炼等资源密集型产业。

虽然近年中国也积极参与到国际经济合作中来，但自由贸易协议、投资保证协议的签署并没有与境外经贸合作区的建设紧密联系起来。中国境外经贸合作区建设缺少国家层面的战略布局，也因此显现出较强的滞后性。如在中国政府批准建设境外经贸合作区之前，中国企业已经自主向韩国、俄罗斯、墨西哥等国家进行直接投资，境外经贸合作区的选址更多基于主导企业已有的投资，而不是基于国家战略。

中国一些境外经贸园区规划布局存在一些不合理现象，主要表现在：一是缺乏整体规划。园区大多是企业自主开发，由于前期可以取得政府补贴和贷款，容易造成过度开发和建设，致使合作区开发规模过大和一次性投入过多，一旦东道国投资环境恶化或是市场需求未达到预期目标，将导致入园企业数量减少，合作区经营出现困难。二是区域布局不均衡。经商务部批准的合作区大部分集中于政治、政策环境波动较大的国家，而未进入经济、科技水平较高的西欧和北美地区。三是存在一定程度的重复建设。在同一个区域存在合作区扎堆现象，产业趋同和重复建设问题凸显，例如在东南亚的柬埔寨、越南、泰国，中国都建立了合作区，三国彼此相邻，而且越南和柬埔寨的发展水平相近，容易造成合作区之间的相互牵制与过度竞争。

从实际运营情况来看，由于缺乏总体规划，中国境外经贸区产业特色不突出，具体表现在：一是产业定位不明确。虽然多数合作区在规划初期都确定了主导产业和功能定位，但在建设过程中逐渐成为一个集加工制造、商贸、物流、服务、休闲等功能于一体的"综合性服务园区"，缺乏产业特色和功能定位，也容易忽视东道国的国情和实际需要。二是产业相对单一，主要是国内具备优势的劳动密集型和资源密集型产业，比较低端且产业之间的关联度不强。

二、园区运营管理

科学、规范的园区运营管理模式是园区产业健康发展的重要支撑和保证。园区运营管理涉及园区的日常管理、政策咨询、配套服务等方方面面，关于园区运营管理模式的具体内容第三章将详细论述。

新加坡海外工业园区的产业地产开发模式为境外经贸园区的开发和运营管理提供了宝贵经验。所谓产业地产是指园区开发商获取园区建设的土地之后不只投资进行基础设施建设,而是集中定位研发、策划招商、规划、融资、建设、营销、物业管理、生产性服务等多种功能,为入驻企业提供一站式的综合产业服务,通过配套服务提升园区竞争力并促成产业集聚,使地方政府增加税收、扩大就业、吸引更多资金和项目[①]。新加坡的裕廊集团开创了海外工业园区"一站式"服务模式,简称为裕廊模式。

新加坡园区以为客商服务为最高宗旨,把亲商思维融合在招商引资、日常管理服务的态度和价值观中,建立无微不至的客户服务体系,积极创造亲商重商的服务环境、法制透明的政策环境、开拓创新的人才环境、生活舒适的自然环境。如裕廊集团经常以登门拜访、年度聚会、客户讨论会等多种形式,征求企业意见,切实解决企业的困难。裕廊模式注重"亲商"理念,首创"一站式"服务,有效提高科技园区内部要素的运作效率;"一站式"服务的硬件基础在于工业园区前期的科学规划,软件基础在于"亲商"管理。裕廊模式在中国的应用过程中,"一站式"服务也注入到了中国科技园管理。苏州工业园区结合苏州山水城的特点,划分产业、科技、教育和休闲四个功能载体;坚持"需求到位,基础设施先行",高规格完成重大基础设施建设,并积极推进周边路网及科学文化馆建设,是协调发展的综合城市规划。苏州工业园区针对重点发展产业——软件、集成电路、生物医药、动漫与游戏、纳米技术、下一代通信等,投资超过5亿元打造20余个科技公共服务平台和30余个开放实验室等基础设施建造为初创企业提供技术支持,借助园区科技公共服务平台协助共享网,形成了产业技术服务平台、开放实验室、支撑服务平台的三大公共服务体系[②]。

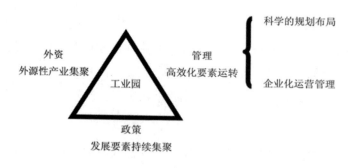

图 2-5 裕廊模式在中国的应用特点

① 关利欣,张蕙,洪俊杰.新加坡海外工业园区建设经验对我国的启示[J].国际贸易,2012(10):40-44.

② 卫平,周凤军.新加坡工业园裕廊模式及其对中国的启示[J].亚太经济,2017(1):97-102.

专栏 2-7 园区一站式服务平台

园区一站式服务是由新加坡裕廊工业园区首先创建，其核心思想在于通过快速高效的企业服务，建立起高度"亲商"的发展理念，向投资企业展现其对外资的尊重和诚意。新加坡裕廊工业园区的一站式服务中心是由裕廊政府各部口授权成立的，裕廊一站式服务内容主要有：

（1）办理投资者申请项目等需要审批核发的批准文件及项目登记备案的表格、证照。

（2）办理工业项目基础设施使用权方面的审批事项。

（3）办理各类经济组织申领及外国人就业的有关证照化及相关资质的认定。

（4）受理各类投资和税收政策等各种证照申领的咨询释疑、资料发放、信息发布等。在裕廊工业园一站式服务中也成立过程中，各部门给予了行政授权，其中，贸工部门给予了投资项目的审批权、企业规划审定、备案权；经济发展部门给予了营业证照的 办理权；社会发展部门给予了员工劳动就业证件办理权；海关部门给予了进出口业务办理权。

在裕廊工业园区实施了一站式服务之后，其行政审批管理效率提高，85%的事务实现了当场办理，10%的业务在 1～2 日内办理完成，5%的业务在 3～5 日内办理完成，企业服务效率明显提高。

三、招商引资

通过招商引资吸引各国企业入驻是境外经贸园区产业发展的重要推动力量，各园区都将招商引资作为园区基础设施建设后期各项工作的重中之重。中新两国在境外经贸园区的招商引资方面各有特色。

（一）政府主导的新加坡招商引资模式

新加坡政府一开始就明确外资对新加坡经济发展的重要作用，招商引资不仅作为国家经济管理部门的基本职能，更将其上升至每个国民需要积极履行经济发展的职责，新加坡几乎整个政府机构都是为招商引资服务，政府经济管理部门也由通晓国际经济贸易运行规则的人负责，举国共同营造开放的投资环境。新加坡政府机构和政联公司（Government-Linked Companies）积极参与到海外工业园区的开发和招商引资工作中，如经济发展局（EDB）、新加坡胜科工业集团（Sembcorp Industries）和裕廊集团（Jurong Town Corporation）等[1]。

新加坡海外工业园的招商引资都是面试全球范围内集中招商。裕廊工业区的招商工作由新加坡经济发展局统一负责，打造了一支招商精英团队，在世界各地均设有招商分支机构，并根据本国经济发展实际，选择适宜客户群。经济发展局重点引进三类客户群体：战略性公司的市场、财务等重要部门，技术创新型公司的研发部门，生产型企业的先进生产技术部门。现在，有7000多家跨国公司在新加坡设立机构，部分将其总部设在新加坡，"总部经济"蔚然成风。对这些客户群的有效把控也将研发机构、先进技术和高端服务业引入了园区，促进落后产能的淘汰，不断提升裕廊工业区的定位，裕廊工业区也成为各大公司进行战略运作的长期基地[2]。

（二）中国境外经贸园区的招商引资模式

中国境外经贸园区的招商引资也是采用"政府支持、企业主导"的模式，招商引资的主体主要是开发建设企业。从目前我国境外经贸园区的建设情况来看，园区主要停留在传统的工业园区"五通一平"的基础设施建设上，仍然面临招商难、承诺兑现难、土地闲置多、服务跟进难等问题。通常中国境外经贸园区的招商引资模式主要采用以下两种模式[3]：

1. 会展招商

大部分中国境外经贸园区利用建设企业在中国国内的品牌效应和政府的大力扶持，经济组织参与境外经贸合作区投资洽谈会和推介会等招商引资平台，吸引国内企业入驻园区。例如尼日利亚莱基自贸区自2013年起已先后在国内举办了10多场投资推介会。

2. 产业链招商

产业链招商是目前中国境外经贸园区普遍采用的招商引资模式，依托龙头企业入驻带动产业链上下游相关企业的入驻，最终在园区内形成有影响力的产业发展集群。赞比亚中国经贸合作区是产业链招商的典型代表。合作区依托中国有色矿业集

① 关利欣.中新境外工业园区比较及启示[J].国际经济合作，2012（01）：57-62.
② 卫平,周凤军.新加坡工业园裕廊模式及其对中国的启示[J].亚太经济，2017（1）：97-102.
③ 王兴平等.开发区与城市的互动整合：基于长三角的实证分析的实证分析[M].南京：东南大学出版社，2013.

团有限公司在铜矿开采、冶炼加工领域的龙头地位，重点打造形成铜循环经济产业链（如图2-6），围绕该产业离岸的上下游环节，吸引包括中色非洲矿业有限责任公司、赞比亚谦比希湿法冶炼公司等在内的多家企业入驻。

中国印尼综合产业园区青山园区定位于建设以"镍铁+不锈钢"一体化为主体的镍、铬、铁矿资源综合开发利用型产业园区，就地将镍资源优势转化成经济优势，逐步形成从不锈钢上游原料镍矿开采、镍铁冶炼、不锈钢冶炼到下游棒线板材加工、钢管制造、精线加工及码头运输、国际贸易等完整产业链。目前，已有苏拉

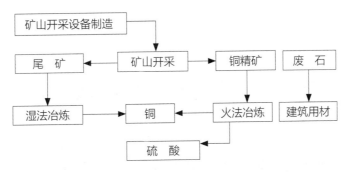

图 2-6　赞比亚中国经贸合作区循环经济产业链

威西矿业投资有限公司（SMI）、印尼广青镍业有限公司（GCNS）、印尼青山不锈钢有限公司（ITSS）和博利镍业有限公司等大型企业入驻园区。

三、对接政府

境外经贸园区能否成功的关键是处理好双边政府的关系，因此园区建设主体的一项重要工作就是对接双边政府，新加坡在东南亚国家和中国建设的海外工业园区都获得了两国政府的支持，新加坡政府在国家层面针对海外工业园出台专门的扶持政策，使其持有政策优势成为特区。譬如中新苏州工业园区建立了三个层面的沟通协调机制，成立了中新两国政府联合协调理事会、中新双边工作委员会和园区联络机构，其中由中新两国副总理担任主席的中国新加坡联合协调理事会，作为最高层级管理机构，为园区创造了"不特有特、比特更特"的发展环境。

由于中国境外经贸合作区的基础是先期"走出去"的企业所建设的供本企业使用的生产和贸易园区，所以园区建设主体企业在合作区规划和建设过程中与东道国政府谈判、获取优惠政策、签订合作协议、筹集资金建设等方面发挥了重要作用。例

如中国在非洲建设的境外经贸园区就获得了双边政府的支持，中国政府方面，中国商务部和财政部对审核通过的合作区给予专项发展基金，入园企业的境外实物投资享受出口退税政策，国家开发银行和中非发展基金有限公司对入园企业提供贴息贷款以及各类专项资金支持，中国驻东道国大使馆对入园企业提供外交支持；非洲政府方面，东道国政府通常会给予合作区企业在注册、税收、外汇、许可证等方面一系列优惠政策。因此，中国境外经贸园区的建设主体在对接政府功能方面高度重视，发展较为成功的园区，其主导企业都与中国政府和东道国政府保持良好的关系。

第三节　中外境外经贸园区功能特点

由于中外境外经贸园区在建设动机、园区产业发展模式等方面存在差异，因此园区的功能呈现出不同的特征。

一、新加坡海外工业园的功能特征　①

（一）园区区位选择集中

新加坡海外工业园区的建设紧密围绕区域化战略而集中在周边的东南亚国家及亚洲的中国、印度等国家，并呈现出向更广范围拓展的全球化趋势。20世纪80年代末期，在建立海外工业园区之前，新加坡就已经将其南部的印度尼西亚的峇淡岛作为适宜进行加工业产业转移和摆脱资源约束的战略目标。在与印度尼西亚政府商订了一系列投资优惠政策后，如允许外商独资、实行免税政策、允许外资管理产业地产等，新加坡便开始在印度尼西亚陆续建设三个海外工业园区。与此同时，新加坡也将海外工业园区的建设瞄准至其北方的越南、中国和印度。越南新加坡工业园（VSIP）复制了印尼新加坡工业园的成功模式，并借力东南亚国家的快速发展；而中新苏州工业园区因增添了更深一层的政治外交因素，又特别引进了新加坡高效透

① 关利欣,张蕙,洪俊杰.新加坡海外工业园区建设经验对我国的启示[J].国际贸易，2012（10）：40-44.

明的行政管理模式；印度班加罗尔的全球技术园区进一步拓展了新加坡海外工业园区的形式。亚洲地区始终是新加坡海外投资的重要目的地，2009 年，新加坡对亚洲投资占其海外投资总额的52.8%，中国大陆是其最大的海外投资目的地。此外，2005 年，新加坡一些政联公司率先入驻海湾地区的巴林和阿联酋，虽然并未采取以往海外工业园的形式，但也广泛地参与到海湾地区的基础设施建设和工商业活动中。至2011 年初，已有59 家新加坡公司在海湾合作组织（GCC）国家投资运营，新加坡海外园区建设及投资活动逐渐体现出国际化趋势。

（二）园区产业优势明显

新加坡海外工业园区的投资企业以具有基础设施开发优势的政联公司、资本密集型和技术密集型的制造业企业和先进的金融、保险等服务业企业为主，这些企业不仅代表了新加坡企业在建筑、制造、服务等产业的国际竞争力，也凸显了新加坡政府有效的调控能力、廉洁透明的行政管理方式等独特竞争优势。近年来，新加坡海外工业园区引进的制造业呈现出由劳动密集型向资本、技术密集型升级的趋势。如最初建设在印度尼西亚的两个工业园区，主要集中了从新加坡转移出来的纺织、服装、家具和其他木材加工等劳动密集型产业，新加坡本土企业占70% 左右。而之后在中国建设的苏州工业园等项目则倡导将资本密集、技术密集、基地型、旗舰型项目作为招商重点，新加坡企业之外的跨国公司数量占比也不断上升。此外，新加坡本土企业对海外工业园的投资也从制造业为主转向服务业为主。随着新加坡国内产业结构的不断升级，服务业成为其颇具竞争力的产业，自然也成为海外投资的主力军。

（三）注重园区的软环境建设

新加坡政府素有"世界上最物美价廉"的政府之称。新加坡的软环境建设经验也堪称世界一流，是新加坡取得成功、赢得赞誉的主要原因之一。新加坡海外工业园区以为客商服务为最高宗旨，把亲商思维融合在招商引资、日常管理服务的态度和价值观中，建立无微不至的客户服务体系，积极创造亲商重商的服务环境、法制透明的政策环境、开拓创新的人才环境、生活舒适的自然环境。如裕廊集团经常以登门拜访、年度聚会、客户讨论会等多种形式，征求企业意见，切实解决企业的困难。

二、中国境外经贸合作园区的功能特征 [①]

（一）建设主体实力较雄厚

尽管东道国政府为中国境外经贸园区的发展提供了良好的投资环境，但中国建设境外经贸园区的牵头企业均为资金实力雄厚、管理水平较高、技术设施完备的大中型企业。建设境外经贸合作园区本质上是双边政府推动下的企业境外投资行为，通过招标遴选出的企业必定是国内实力较强并且具有一定国际经营经验的企业（如表2-4所示）。无论其自身为国有企业还是民营企业，均具有较丰富的海外投资经验，具备较强的国际市场开拓和抗风险能力，在境外经贸园区建设过程中有效发挥了引导与促进作用。

表 2-4 部分中国境外经贸合作园区涉及投资主体的企业类型

园区名称	涉及投资主体	企业类型
赞比亚中国经贸合作区	中国有色矿业集团有限公司	国有
中埃苏伊士经贸合作园	天津泰达投资控股有限公司	国有
埃塞俄比亚东方工业园	江苏永钢集团有限公司	民营
柬埔寨西哈努克港经济特	江苏红豆集团	民营
越南龙江工业园	浙江前江投资管理有限责任公司	民营

（二）建设主体较多元化

参与境外经贸园区建设的企业除了中国国内的企业外，也包括所在东道国的企业。中国企业尽管实力雄厚，经验丰富，但是为了分散投资风险以及更好地融入当地市场，往往会与国内其他企业、东道国政府以及企业等合资进行开发。

（三）园区所在区位优势明显

中国境外经贸合作园区主要分布在东南亚、东欧、非洲及拉丁美洲等与中国邻近或保持良好政治关系的发展中国家，具有一定的区位优势。一方面是自然资源、劳动力资源丰富，具有一定的成本优势，如泰国、柬埔寨、越南等东南亚国家，人口密集，能为园区生产提高大量廉价劳动力，有助于降低园区生产成本；赞比亚等

[①] 尤宏兵,成楠,杨蕾.境外产业园区建设特点与发展建议[J]. 国际经济合作.2017（2）:36-41.

非洲国家则拥有着丰富的可再生资源，能缓解企业在国内经营时面临的资源约束瓶颈。另一方面是大多数园区所在地与中国保持着长期友好的政治经济往来和合作伙伴关系，愿意为中方企业提供包括税收在内的各种优惠政策，为境外经贸园区发展奠定了良好的产业基础，减少了园区内企业发展可能面临的阻碍，为其发展提供了和谐稳定的企业成长和转型升级环境。

（四）园区所涉的产业多元化趋势明显

目前，中国境外经贸园区涉及的产业领域较广，既有纺织轻工、电机电器等制造业，也有金融保险、仓储物流等服务业，还包括生物制药、信息处理、节能环保等现代产业。但相对集中在轻纺服装、建筑材料、机械电子等中国具有比较优势的传统产业、农业及农产品加工、森林采伐及木材加工业以及石油、金属冶炼等资源密集型产业。这一产业格局的形成一方面是因为中国传统产业大多为劳动密集型产业，另一方面是因为中国境外经贸园区所在的东南亚、东欧、非洲等地区自身具有丰富的劳动力或自然资源优势。当然，这也与境外经贸园区的中方投资者自身的主导产业有直接关系。

· 案例 ·

2.1 埃塞俄比亚东方工业园

一、园区发展概况

埃塞俄比亚东方工业园的国内投资主体是江苏永元投资有限公司，注册地在江苏张家港。2006 年开始国内部分产业的产能过剩现象有显现，国家有关部委鼓励中国企业"走出去"。国家商务部、财政部向全国各省市和中央直属企业发出有实力的中国企业走出去到世界各国设立境外经贸合作区的招标工作。在江苏省各级人民政府的支持帮助下，工业园于 2007 年 11 月在商务部境外经贸合作区招投标中中标。十年多来，工业园在两国政府及地方各级政府的指导下，开发建设快速有序，发展前景日益看好。工业园始终遵循"政府指导、依法管理、市场运作、企业经营"的运管模式，在开发建设的同时强力推进招商引资，在做优硬件的同时精心提升软件，在打造形象的同时力创过硬绩效。园区以钢铁、制鞋、塑料产品、食品加工、木材加工、建材、医药等行业为主要产业。努力完善基础设施建设,新规划的标准厂房及宿舍大楼已完工,并积极推动埃塞当地政府部门入驻园区,及时有效地为园区企业服务。

图 2-7　园区外景

二、园区成功经验借鉴

(一)重视招商引资

工业园始终把招商工作作为头等大事紧抓不放,不断建立健全招商工作机制,在依托商务主管部门建立国内外招商机构的基础上,不断外聘专业人士,形成招商团队,严格招商激励考核机制,通过开展招商会、网站宣传、中埃政府推荐、以商招商、媒体推广等形式,吸引世界各地企业前来埃塞投资。2014 年完成入园企业 5 家,分别是林德服装、开普纺织、埃嘉金属制品制造、联合利华和中纺科技。截至 2016 年年底,园区入区企业 62 家,实际累计投资额 25463.48 万美元,入园企业总产值 61415.19 万美元,上缴东道国税费总额 4934.89 万美元。园区从业人员 7902 人,其中为东道国解决就业 7272 人。目前还在加大招商引资力度,重点发展适合埃塞及非洲市场需求的纺织、皮革、农产品加工、冶金、机电产业,将建成以外向型制造加工业为主,并有进出口贸易、资源开发、保税仓库、物流运输、仓储分拨、商品展示等功能,逐步形成集工业、商业、商务、居住、娱乐等多行业、多功能发展的工商贸综合功能区。

（二）完善的公共管理服务体系

埃塞政府成立了工业园筹划委员会和技术指导委员会。埃塞工业部、奥罗米亚州政府派驻 4 名专职官员参与工业园建设和管理。埃塞海关在园区内设立分支办公室，派驻专业人员进行现场清关检验。张家港市政府委派开发区领导担任园区管委会主任，全程指导园区开发建设和经营管理。工业园管委会下设行政管理办公室、财务管理部、人力资源部、公共关系部、规划建设部、安全环保部、采购管理部、物业管理部、绿化管理部和投资服务中心。投资服务中心下设招商部、法律咨询部、行政审批服务部，与埃塞政府海关、商检、税务等行政服务窗口形成"一站式"服务。根据中埃有关法律法规，先后制定出台 30 多个园区公共管理规范性文件及相关办事规程。

（三）争取最优惠的政策

工业园享目前有优惠政策：区内企业出口达到 60% 以上，可享受比区外外资企业多 2 年的企业所得税免税期；外汇留存 30%，比区外企业多 10%；区内设保税仓库，为区内企业提供保税业务服务、优先承接区内企业海陆运输服务，运费低 5%。工业园已批准为海陆联运的目的港，区内享受埃塞海关、税务、商检和质量标准等"一站式"服务，电力总线和通信网络线已全部拉至园区，园区电力供应和通信正常，目前正在洽谈的"税收返还"重大优惠政策。

（四）促进当地发展及承担企业社会责任

东方工业园及入园企业不仅为中国带动了商品出口、对过剩产业转移的同时，也为埃塞政府积极缴纳增值税、预扣税、个人所得税、企业所得税、进口关税等税费累计达到 4935 万美金。为当地员工缴纳养老保险，促进当地就业人数达 8000 多人，使越来越多的当地人掌握了纺织、鞋业、建材、机电、塑料加工、工程机械租赁、建筑施工、餐饮住宿服务、企业管理等领域的专业技能。促进埃塞进出口业务，工业园入园企业之一的华坚国际鞋城（埃塞俄比亚）有限公司于 2012 年 1 月正式投产开业以来，产品 100% 出口欧美，投产第一年出口额就占了埃塞皮革制品出口总额的 57%，且创造了 3000 多万美元的外汇收入。工业园免费给当地老百姓供水；工业园尚未开发土地部分让农民连续3年种植苔麸；免费提供工程机协助杜卡姆政府开展水利和工程建设；入园企业东方水泥公司耗资1500万比尔为Fitche镇建造了3公里的水泥路，为奥罗莫州人民民主组织、亚的斯孤儿院、提格雷州中学、千禧年大坝建设等捐款。

·案例·

2.2 印尼经贸合作区青山园区 ①

一、园区发展概况

中国印尼综合产业园区青山园区位于印度尼西亚中苏拉威西省摩罗瓦里县，占地超过2000公顷，紧靠省际公路，与摩罗瓦里县车行距离约60公里，与肯达里市车行距离约260公里。园区开发业主为中方控股的印尼经贸合作区青山园区开发有限公司（IMIP），该公司由上海鼎信投资（集团）公司（青山系企业、持股66.25%）和印尼八星集团公司（持股33.75%）合资设立，主要承担土地购买、性质变更并批租给园区内引入的项目公司、土地平整、道路码头及园区基础设施建设、园区行政管理、园区安全保卫和

图2-8 园区俯瞰图

---

① 资料来源：商务部网站。

环保等职能。

中国和印尼两国政府都十分重视印尼青山园区的建设发展,并给予大力支持。2013 年 10 月 3 日,中国国家主席习近平对印尼进行国事访问期间,两国元首在雅加达共同见证了印尼青山园区设立以及首个入园项目签约。2015 年 5 月 29 日,印尼佐科总统亲率五位部长及省长县长专程视察园区,宣布首个入园项目 SMI 公司年产 30 万吨镍铁厂正式投产并发表重要演讲。2016 年 8 月,印尼青山园区通过中国商务部、财政部境外经济贸易合作区确认考核。

园区总规划用地约 2000 公顷,现已具备海、陆、空齐全的进园通道和约 113 万千瓦火力发电厂,已建成 10 万吨散货码头一座、3 万吨散货码头一座、5000 吨简易码头八座、10 套卫星电视接收系统、70 余幢生活用房、4 幢办公用房、1 幢接待用房、4 座通信二级基站、1 套引水设施、2 座清真寺。园区筹建前就已实现与青山在中国福安生产基地码头的海运航线,现更扩展到与中国各大沿海口岸的直航,口岸间物流、清关顺畅。截至 2016 年 9 月底,园区及入园项目实际完成投资额合计约 25 亿美元。

二、园区的产业链招商模式

印尼青山园区的产业定位为以"镍铁 + 不锈钢"一体化为主体的镍、铬、铁矿资源综合开发利用型产业园区,逐步形成从不锈钢上游原料镍矿开采、镍铁冶炼、不锈钢冶炼到下游棒线板材加工、钢管制造、精线加工及码头运输、国际贸易等完整产业链。因此,入驻园区的企业主要是产业链上下游企业。

首个入园项目系苏拉威西矿业投资有限公司(SMI)年产 30 万吨镍铁及其配套电厂项目,总投资 6.28 亿美元,由国家开发银行提供项目融资,用地 95 公顷。项目建设有 4 条 $\varnothing 4.6 \times 100m$ 回转窑、$4 \times 33000kVA$ 矿热电炉,同期配套建设 $2 \times 65MW$ 燃煤发电厂及项目公辅配套设施,年产 30 万吨含镍 10% 的镍铁。2013 年 7 月 16 日开工建设,2015 年 1 月竣工试生产,2015 年 5 月 29 日印尼总统佐科亲临现场宣布正式投产。

第二个入园项目为印尼广青镍业有限公司(GCNS)年产 60 万吨镍铁

冶炼厂及其配套电厂项目，用地面积 86 公顷，总投资逾 10 亿美元，建成达产后年产镍当量 6 万吨的镍铁合金 60 万吨，年销售收入约 12 亿美元。2014 年 5 月 2 日开工，已于 2016 年 3 月 22 日部分投产。

第三个入园项目为印尼青山不锈钢有限公司（ITSS）年产 100 万吨不锈钢连铸坯及其配套电厂项目，总投资逾 8 亿美元，用地 90 公顷，由国家开发银行提供 5.7 亿美元中长期项目融资，2015 年 7 月 28 日开工建设。建成投产后年产不锈钢连铸坯 100 万吨，销售收入约 22 亿美元。该项目将推动中国、印尼其他厂家进入园区建设不锈钢下游加工厂。

此外还有博利镍业有限公司年产 1 万吨镍当量项目，总投资逾 1 亿美元，用地约 17 公顷，建设 2 条 30 万吨 / 年原料烘干、研磨生产线，6 条 3.2 米 ×168 米全智能隧道窑，3 条 30 万吨 / 年连续水浸生产线，投产后年产烧结镍约 1.9 万吨；瑞浦镍铬年产 60 万吨铬铁（配套热回收焦化）及 70 万吨不锈钢冷轧项目，总投资 4.6 亿美元，用地 40 公顷。建成后年销售收入将达 13 亿美元；年产 200 万吨 1780MM 热轧项目，总投资 2 亿美元，用地 50 公顷，建成后年加工费收入约 1.64 亿美元；印尼经贸合作区青山园区开发有限公司（IMIP）十万吨散货码头项目，园区配套设施，总投资预计 1 亿美元等项目相继开工。

第三章　中外境外经贸园区运营管理模式

园区运营管理模式是保障园区建设管理和产业健康发展的重要前提，国内外发展较好的产业园区基本上都有一套相对成熟和完善的园区运营管理模式作为支撑。就国内而言，产业园区的运营管理模式目前大致可以分为三类：政府主导型、企业主导型和政企混合型。就国外而言，以上三种模式都存在，不同的国家各有所侧重，欧美国家主要是以企业主导型为主，政府主导型以新加坡海外工业园的运营管理模式最具代表性，即具有新加坡特色的"政府引导的以市场为导向的干预"模式[①]。

由于中外境外经贸园区的发展目标和动机不一样，其运营管理模式也存在明显的不同，本教材选取新加坡、美国、德国与日本四个国家的境外园区作为中国境外经贸园区比较研究的对象。

第一节　中国境外经贸园区运营管理模式

为了更好地理解境外经贸园区管理运营的性质和特点，有必要从我国国内各类园区的管理运营模式进行对比。

---

① 王兴平等.中国开发区在非洲：中非共建型产业园区发展与规划研究[M].南京:东南大学出版社，2015.5.

一、中国产业园区运营管理模式

经过几十年的发展，中国各地形成了各具地方特色的产业园区，在管理、运营和招商等方面都形成了一套极具特色的模式，综合各产业园运营管理模式，大致可以分为三种类型①：

（一）政府主导型

政府主导型管理机制是中国大多数产业园区选用的模式。在这种模式下，一般成立以政府相关领导组成的领导小组负责产业园区发展重大决策和重大问题的协调，但不插手园区内的具体事务，让园区有一个宽松的管理环境。产业园区管理委员会（简称管委会）作为园区所在地政府的派出机构在园区内行使经济管理权限和部分行政管理权限，包括项目审批、规划定点等。在机构设置上，设工委（或党委）与管委会两套班子合署办公。为适应市场经济体制的需要，产业园区对企业实行间接的法制化、政策化管理，主要职能是建立健全社会化服务体系，为企业提供各种服务。

政府主导型管理机制可以充分利用中国强势政府的特点建设发展产业园区。一是政府可以利用宏观调控手段对园区的进行整体规划和布局；二是有利于园区争取到更多的优惠政策和财政资金，为园区积蓄更多的发展基础和资本实力；三是便于利用政府权威协调园区与外部单位和部门的关系，在土地征用、项目审批等工作上有效疏通渠道，提高办事效率；四是由政府出面招商引资可以在很大程度上消除投资方的顾虑，提高项目落地率；五是社会化服务体系的健全为企业发展提供更多的便利。

另一方面，政府主导型管理机制也存在弊端。首先，尽管人们习惯于把管委会看作是一级地方政府，但是我国法律体系中并没有关于管委会性质的立法界定，因而管委会也就没有明确的法律地位和行政主体资格，这样就容易造成管理上的混乱；其次，由于政府各部门派驻在园区的机构逐渐增多和部门自利性的存在，管委会往往会走向膨胀，背离精干高效的"小政府、大社会"管理体制。

（二）企业主导型

---

① 王璇,史同建.我国产业园区的类型、特点及管理模式分析[J].商，2012（9）：177-178.

企业主导型是指完全用经济组织方式管理产业园区的一种模式。这种模式的管理机构的主体是营利性的公司——园区开发公司，担负着管理与开发的双重职能，包括园区的规划建设、基础设施建设、招商引资，土地征用、园区管理等方面。这种模式也可以分为三种类型：一是以招商局蛇口工业区为代表的国企型，这种园区的开发公司是国有企业，拥有较多的管理权限，虽设立管委会，但仍以开发公司为主进行经营管理，而管委会与国有企业的党委有类似的功能。二是以上海漕河泾微电子高技术开发区为代表的外商型，这种园区不设置管委会，只指定区外主要管理部门协调或只派驻办事处。三是以浦东金桥出口加工区为代表的联合型，这种园区以国有企业为主，由中外企业参股组建联合公司对园区进行经营管理。采用开发公司主导型管理模式首先可以使园区的开发管理工作实现专业化，便于提高运作效率，也有利于提高管理机构对市场信息的敏感度，使园区企业更及时地跟上市场需求，还可以运用经济杠杆进行园区管理，有利于提高开发建设的效益。

当然，企业主导型管理模式也存在一些弊端。譬如，开发公司不具有政府职能，缺乏必要的政府行政权力，容易影响整体管理能力的发挥；开发公司的管理属于企业行为，可能过于以经济效益为目标，偏离园区设立的初衷；开发公司承担部分社会管理职能，将会给企业带来一定程度的负担。

（三）政企混合型

政企混合型管理模式实行一套班子、两块牌子。采用这种管理模式的产业园区不同于一般的园区，也不同于一般的行政区，而是综合两者的功能，既承担产业园区的开发建设任务，也承担地方政府的行政管理职能，园区管委会主任同时也是地方政府领导。

政企混合型管理模式综合了一般产业园区和行政区的优势，使产业园区形成了集行政、经济、社会于一体的综合发展区域，这样有利于整合、发挥园区与政区的资源与创新优势，实现优势互补，为园区经济提供更多发展机遇和发展动力，更有能力兼顾经济与社会全面发展。但是这种模式的管理面过于宽泛容易干扰和冲击园区的经济开发管理的主要功能，造成目标偏移，弱化园区的示范带动效应。

二、中国境外经贸园区运营管理模式

中国境外经贸园区的发展主要经历了两个阶段，第一阶段是企业根据业务发展需要自主在境外建立经贸园区，园区主要是为企业自身服，开发建设和运营管理都以企业为主；第二阶段是中国政府引导和牵线搭桥，并相继出台多项配套政策措施，鼓励企业抱团到境外建设经贸园区，吸引更多的中国企业走出去，这一阶段的园区主要是以搭建公共服务平台为主，园区的建设主体和运营主体以政企混合型为主。

（一）境外经贸园区运营管理阶段[①]

根据园区的建设周期和各阶段性目标，境外经贸园区可分为初期、中期和远期，即建设阶段、发展阶段和成熟阶段三个阶段，各个阶段的目标是不同的，但重点都是围绕园区产业定位和招商目标展开。建设阶段，主要以完成基础设施建设和招商目标为主，同步建设管理体系和服务体系。该阶段的目标首先应着重对园区的水、电、路、气等外部配套条件进行落实，然后对园区内的基础和公共服务设施进行建设，以确保能满足园区的基本运营和对入园企业的基本支持。发展阶段的中和殿是招商，招商目标应针对产业定位，准确寻找到几个首期入园企业，产生引爆效应，带动其他企业入园。成熟期的重点是运营管理服务，该阶段的运营目标是要服务好园区企业，目标是通过该中国国家商务部对境外园区的考核确认条件。

对于不同阶段，经贸园区运营管理也须采取不同的管理模式，科学制定相应的管理职能：

在经贸园区发展初期（建设期），运营管理重点在于开发、建设、招商等业务职能，具体包括战略规划、土地开发、基础设施建设、政策研究、企业招商、房地产开发与运营。

在经贸园区发展中期（发展期），运营管理应侧重于投资管理、企业服务等业务职能，具体包括投资管理、融资管理、企业服务、工程建设。

在经贸园区发展远期（成熟期），园区企业逐渐增多，对服务型需求不断增加，运营管理应侧重于科技提升、增值服务、园区管理业务职能，具体包括科技管理、社区管理、增值服务、模式输出。

（二）运营管理模式[②]

目前，中国境外经贸园区的运营管理模式主要采用政企混合管理型和企业主导

① 刘光灿.老挝万象赛色塔经贸合作区运营管理研究[D].昆明：云南大学，2015.

② 郝旭,刘健,陈宇倩,王海霞."一带一路"背景下海外产业园区开发运营模式[J].水运工程，2016（10）：1-6.

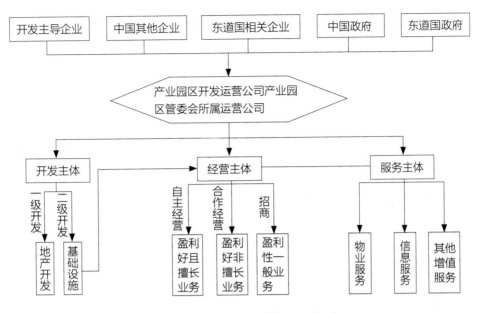

图 3-1　政企混合型运营管理组织模式

管理型两种运营管理模式，其中政企混合管理型是主流，多以公司+管委会混合运作模式为主，比如老挝万象赛色塔经贸合作区、白俄罗斯中白工业园、泰中罗勇工业区、埃及苏伊士经贸合作区等。

1. 政企混合管理型

由园区开发主导企业联合社会资本、中国中央或地方政府和东道国政府成立产业园区管委会，由管委会负责社会事业，管委会下设的运营公司负责园区的开发建设、实体经营和日常园区管理工作，运营管理组织架构如图3-1所示。

目前，中国许多经贸园区实行"开发公司+管委会"的运营管理模式，其实质是开发公司与行政管理机构合理的职能分工并协作管理。管委会作为行政管理的代表在中国较为普遍，但在其他国家，并不一定以管委会命名，但其实质与其相似，皆是行政管理机构的代表。

老挝万象赛色塔经贸合作区就是一个典型的政企混合型运营管理模式，该园区以中国企业作为投资和实施主体，老挝政府作为行政管理主体的方式进行运作，由于园区受老挝政治、经济、文化等方面影响显著，园区运营管理具有自身的特征。

（1）万象赛色塔经贸合作区运营架构

根据云南省海外投资有限公司与万象市政府双方的出资协议约定，万象赛色塔经贸合作区组建了运营机构老中联投公司，并由万象市政府派出人员，成立了万象赛色塔经贸合作区管理委员会（简称管委会）。老中联投公司负责建设、招商、融资、园区运营管理。管委会代表万象市政府进行行政审批，费用由政府列入预算。

（2）万象赛色塔经贸合作区运营管理工作分工

赛色塔园区管理模式采用政企分离模式，管委会具有协调性职能的模式，使老中公司能够主导园区发展，管委会行使基本行政职能，并协调园区发展中所遇到的问题。该运营管理模式下，老中联投公司在园区开发建设及运营管理中发挥主导地位，管委会在园区发挥行政管理职能领域的职责以及协调性的作用，并需构建老中联投公司与管委会高效精简的管理机构。

赛色塔园区管委会管理职能主要包括政策研究、企业招商、企业服务、社会事业、规划开发、环保监督、发展统计、财税收支。其中，管委会独立行使环保监督、发展统计、财税收支职能。

老中联投公司管理职能主要包括规划开发、政策研究、企业招商、房地产开发与运营、基础设施开发运营、投资管理、企业服务、融资管理、社会管理、增值服务。其中，老中联投公司将独立行使融资管理、投资管理、基础设施开发运营、房地产开发运营、增值服务职能。

专栏 3-1 中白工业园运营管理模式[①]

中白工业园位于白俄罗斯首都明斯克，总规划面积91.5平方公里，是中国在海外开发面积最大、合作层次最高的经贸合作区，由中国和白俄罗斯两国元首倡导，两国政府大力支持和推动，中工国际工程股份有限公司和哈尔滨投资集团有限责任公司两大国企主导开发运营。园区设置了三级管理架构：第一级，中白政府间协调委员会，由两国政府部门组建，统筹推进中白工业园事务；第二级，园区管委会，负责园区政策制定、行政审批；第三级，中白工业园区开发股份有限公司（简称中白合资公司），负

[①] 宋哲.如何打造"一带一路"标志性项目——对中白工业园开发的思考[J].理论视野，2017（06）：59-61.

责园区土地开发、招商引资和经营管理。目前，中方占股68%，白方占股32%。园区将实现服务全通、政策畅通、法制顺通、信息灵通、资金融通、人才流通、生活便通，成为由世界各国企业投资运营的优质产业平台。

2. 企业主导型

由园区的开发主导企业联合社会资本成立产业园区开发运营公司，开发运营公司既负责园区的开发建设，又同时承担实业经营和负责园区日常管理的双重职能。典型的园区如北京昭衍新药研究中心股份有限公司设在美国旧金山的昭衍美国（旧金山）科技园区和福建华侨实业公司在古巴投资创办的境外加工贸易区。

（三）盈利模式

境外经贸园的盈利收入主要来自两部分：地产增值和产业增值，两种收入来源所包含的内容见图3-2所示。

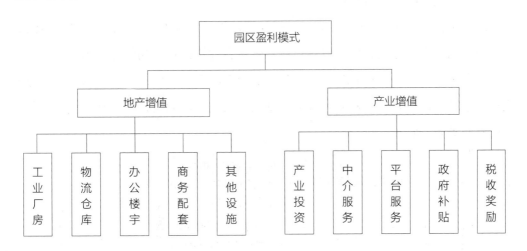

图3-2 境外经贸园区盈利模式

（四）招商模式

境外经贸园区招商模式的基本思路是以国内主导开发企业为主、政府为辅。依据园区总体产业发展定位，优先引入国内龙头企业，同时兼顾国际企业入园投资，形成产业集聚。首选的招商模式是产业链招商，就是打通产业链的上中下游，通过触动主体产业的媒介作用，将产业链上下游的各个产业门类联系起来，形成全链条的整体效果，如图3-3所示。

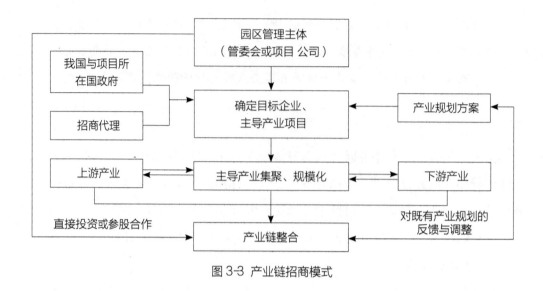

图 3-3 产业链招商模式

（五）园区未来发展模式

随着境外经贸园区规模的扩大、国际产能合作的深化以及园区功能的不断完善，产业园区在成熟期之后应该从产业集聚平台逐渐向城市功能综合体转变，从生产型产业体系逐步向生产+ 高端服务业并举的发展模式转变，从以资源开发为导向到绿色生态型园区转变，从而减缓成熟期之后衰退期的到来，为境外经贸园区创造新的发展机遇，如图3-4。

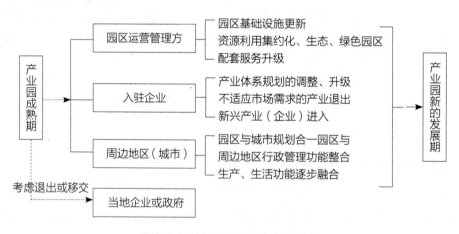

图 3-4 境外经贸园区未来发展模式

从图3-4 可以看出，园区的产业定位也不是一成不变的，尤其是在成熟期之后，如一些入驻企业可能出现生产经营不能适应外部环境的变化和市场需求的情况，产业园区的运营主体和企业都需要从整体和局部对产业发展定位进行动态调整，淘汰不适应市场发展的产业，引入新兴产业，对产业体系进行创新、提升和扩展。

第二节　新加坡海外工业园区运营管理模式

新加坡海外工业园区的发展是以政府为主导，其园区的管理体制和运营模式也是以政府为主，园区运营方主要是政府委托授权的专业管理机构。

一、新加坡国内工业园区的管理体制[①]

20世纪60年代，新加坡在裕廊镇设立第一个工业区，起初由经济发展局负责开发建设和运营管理，随着出口导向工业化战略的实施，裕廊工业区的外商投资不断增加，其规模也不断扩大，管理日趋复杂。1968年，新加坡国会通过成立裕廊镇管理局的法令，明确由裕廊镇管理局接管经济发展局的一部分职能，专门负责包括裕廊镇工业区在内的全国工业区的规划管理发展。裕廊镇管理局隶属于新加坡贸工部，与经济发展局、国际企业促进局一样，均为法定机构（半官方机构）。一方面，根据国家工业区发展政策，确定管理局的经营方针，承担政府管理部门的智能；另一方面，采取独立核算、自负盈亏的企业经营方式、土地开发所需资金由管理局向银行贷款，它通过出租厂房和土地获得收入，并承担经营风险。

（1）设立最高管理机构——董事会：由贸工部任命董事，董事分别来自贸工部、公会和企业家代表；董事会按政府确立的发展战略制定发展政策，局长对董事会负责。

（2）负责全国工业用地的规划开发和管理，并负责工业区规划的编制和政策的执行。通过集中力量推动工业区的基础设施建设，为企业和居民提供各类经济活动用地，提供必需的生产、生活设施以及水、电、通信方面的服务，并为企业提供技

---

①　姚中华.新加坡工业园区建设的启示[J].浙江经济，2005（24）:49-51.

术咨询和援助，以及被授予参股投资于公共设施或私人企业的权力。

（3）统一协调区内各垂直部门的工作。为了避免彼此发生矛盾和扯皮，由管理局出面，召集区内各垂直部门每隔两个月召开一次协调会，协调在开发和经营过程中出现的各种具体问题。

（4）管理局与区内投资者的关系主要是买卖和租赁的关系。因此，它对工业区的管理不是通过简单的行政手段控制，而是依据有关法律，以经济合同的形式来完成。通过为投资者创造一流的硬环境和软环境，不断增强工业区自身的竞争力。裕廊镇管理局最初的工作重点是开发裕廊工业区，后来就担负起全国工业区开发管理的众人，在名称上保留"裕廊"是为了纪念这个机构在裕廊工业区的创业史。

二、新加坡海外工业园区的产业定位

实现产业转移、土地资源无形化战略和扩大对外投资是新加坡建立海外工业园区的主要目的。新加坡海外工业园区产业覆盖范围较广，注重资本密集型、技术密集型产业的引进，母国企业投资以服务业为主。一方面，新加坡海外工业园区的建设不仅涉及制造业及与其配套的生产性服务业（如仓储、运输、金融、保险等），还涉及商店、超市、餐厅等生活服务业和银行、寺庙、医院等公共设施。在一些基础条件较差的地区，开发商还投入巨资建设园区专属的电力系统、水处理厂、下水系统、通信设施等，将园区建成能够自给自足的城市综合体，这些都需要有各个行业的企业入驻。另一方面，新加坡海外工业园区引进的制造业普遍高于东道国水平。譬如，中国苏州工业园区将资本密集、技术密集、基地型、旗舰型项目作为招商重点，园区能够发挥带动东道国产业升级的作用。此外，新加坡本土企业对海外工业园的投资也从制造业为主转向服务业为主。随着国内产业结构的不断升级 服务业成为新加坡最具竞争力的产业，也成为海外投资的主力军。

三、新加坡海外工业园区的运营管理模式 ①

新加坡海外工业园区的建设和运营是基于与东道国政府间合作的产业地产开发和城市综合体物业管理。首先，新加坡在东南亚国家和中国建设的海外工业园区都获得了两国政府的支持，不仅有操作层面的政府机构和政联公司参与园区的运营和管理，还有国家层面的协调委员会负责两国合作协议、投资政策等体制框架的协

---

① 关利欣.中新境外工业园区比较及启示[J].国际经济合作，2012（01）：57-62.

商。例如，新加坡苏州工业园区建立了三个层面的领导和工作机构：中新两国政府联合协调理事会、中新双边工作委员会和园区联络机构。越南、印度尼西亚的新加坡海外园区也是在两国总理签署合作协议后，由新加坡政联公司（如胜科工业园）为首的财团和东道国企业共同投资建设。其次，新加坡海外园区的建设实质是产业地产开发。裕廊集团是新加坡最大的工业地产开发商，向全球提供适合于制造和相关行业的各种工业及商业设施建设及园区建设。胜科集团是全球领先的能源、供水、海洋及离岸工程的供应商，也是城市综合体和工业园区的重要开发商。新加坡正是凭借在工业园区建设上的经验与优势，向海外输出资本、技术与服务，在土地资源无形化战略上开辟了一条新的路径。最后，新加坡海外园区建成后，新加坡政府机构和投资方积极开展市场营销，凭借完善的基础设施规划建设、完整的生产生活配套设施与服务、先进的园区管理模式等优势，吸引各国跨国公司及东道国企业入驻园区，并向入园企业出租或出售园区内某个单位的所有权及其管理权，实现物业管理功能。其盈利模式并不局限于物业管理或从技术转让中获利，而是更加重视通过专业化的产业服务来创造价值。

专栏 3-2 苏州工业园区三级管理机制

苏州工业园区建立了三级管理机制，其中第一级为副总理级，由中新两国副总理进行年度会晤，主持园区发展的协调事务；第二级由苏州市与裕廊镇管理局双边协调，落实细化园区发展的重大决定和上级协调事务；第三级为中新合作成立的中新集团和园区管委会，负责园区具体管理工作的执行。

第三节 美国境外经贸园区主要运营管理模式

一、美国国内产业园区的运营管理模式

美国的产业园区被称作"Industrial Park"或"Industrial District"，其产业园区建设模式包括政府主导、政府与高校合作、高校主导、产业集群自发集聚等，以政府主导为主。在园区开发建设尤其是一级开发过程中，政府要制订园区发展规划，确定园区重点建设项目，明确建设目标，选择土地一级开发实施主体，统一园区规划，坚持市场化运作[①]。

（一）美国产业园的发展概况

20世纪70年代中后期，能源危机的影响和高新技术产业的发展，迫使大量国家和地区进行产业结构调整，逐渐出现了高新技术产业园、生态产业园等经济效益高且环境保护好的新型产业园。1951年，美国斯坦福大学划出2.65平方公里土地，以低廉的租金出租给从事高科技产业的企业，成为美国也是世界上第一个高科技产业园区。此后，在硅谷取得巨大成功后，又建立了300多个高科技产业园，约占当时全世界总数的1/3。世界范围内的产业园区兴起，在促进和带动区域经济发展方面发挥了重要的作用，成为经济快速发展的重要引擎。20世纪90年代，全球34个国家和地区有超过1万个产业园区，其中，美国在全国范围内设有398个产业园区，日本则在全国18个地区建立了104个技术城。据统计，产业园区贡献了世界经济15%以上的产值以及40%左右的税收，这种贡献在部分国家或地区显得更为突出。如以硅谷为代表的产业园区贡献了美国GDP的35%左右，芬兰约2/3的GDP来自奥鲁和赫尔辛基两大科技园区[②]。

随着全球经济由工业经济向服务经济转型趋势进一步加快，原来功能单一的开

---

① 曾海鹰，张新春，宋彦. 中美工业园区可行性研究对比分析[J]. 党政研究，2016（6）：123-128.

② 唐晓宏. 上海产业园区空间布局与新城融合发展研究[D]. 上海：华东师范大学博士学位论文，2014.

发区已经无法适应产业变革的要求，迫切需要向更加紧凑、更加绿色、更加多元的复合型园区转型，在此背景下，第四代产业园区的概念应运而生，而美国则是第四代产业园区的发源地。1992 年美国 Indigo 发展研究所首次提出生态工业园（Eco-Industrial Park，EIP）概念，此后生态工业园在世界各国迅速发展起来[1]。

（二）美国产业园区运营管理模式

美国是科技园区和生态工业园区的发源地，本教材主要针对这两种园区的运营模式进行比较分析。

1. 美国科技园区运营管理模式 [2]

美国科技园区的运营管理模式大致可分为三种：一是大学或民间非营利机构主导型，二是政府主导型，三是政府、大学、企业联合管理型。

大学办的园区大多采用大学或民间非营利机构主导型管理模式，具体做法是由大学或非营利机构设立专门的机构和人员进行管理。

由政府投资兴办的园区都采用政府主导型管理模式，政府对园区建设和发展起着主导作用，给园区发展提供大量投资、土地，主管其日常运营，负责园区基础设施和服务设施建设，还提供园区的基础研究和培训设施，制定一系列政策吸引企业到园区投资发展。该模式的优势在于政府为园区发展提供了较为宽松的物质环境、智力环境和政策支持，缺点在于政府行政色彩过于明显企业的依赖性较强，可能导致企业创新精神缺乏，不利于企业和园区的可持续发展。

目前美国相当一部分科技园区采取政府、大学、企业联合管理模式，较为典型的是北卡罗来纳三角研究园，它由相对独立的三角研究基金会管理，基金会则由政府、大学、企业等各方代表 11 人组成理事会。基金会负责管理和指导三角研究园的建设和规划，对园区内各单位内部事务无权干预。北卡罗来纳州政府相继成立了州科学和技术研究中心、电子中心、生物技术中心等科研机构，此外还有部分美国联邦政府以及北卡罗来纳州政府与大学结合设立的科研机构。北卡罗来纳州政府有计划地与大学相结合，促进教育、科研与生产相结合，实际上左右了研究园的发展方向，对提高该州经济水平起到关键作用。这种"官、学、产"共同管理的模式，一方面利用政府力量弥补了企业发展后劲不足的缺陷，为企业发展提供了良性科研智

① 赵玲玲, 罗涛, 刘伟娜. 中外生态工业园区管理模式比较研究[J]. 当代经济, 2007（9）: 88-89.
② 马强. 国外科技园区: 政府搭台 企业唱戏[N]. 中国高新技术产业导报, 2011.7.11（A08）.

力环境；另一方面，共同管理也避免了政府行政权力的过多干预，激发了大学和企业的活力。

专栏 3-3 美国北卡罗来纳三角研究园①

　　三角研究园是美国最大的研究园之一。它毗邻北卡罗来纳州的罗利、达勒姆和教堂山，处在三座城市夹成的三角研究区域中。三角研究园和处在弗吉尼亚州里士满的弗吉尼亚生物科技研究园、处在阿拉巴马州 Huntsville 的 Cummings 研究园并称美国三大研究园，它们形成了三大全球科学研究中心的新兴领导力量。三角研究园由三角研究基金会管理，基金会则由政府、学校、企业等各方代表 11 人组成理事会。

---

2. 美国生态工业园区运营管理模式

作为生态工业学发源地的美国，自20世纪70年代以来即开始了生态工业园区的规划与建设。90年代由于当局的大力扶持与现实环保压力的倒逼，美国的生物技术能源、清洁工业与废物处理等一系列的特色行业迅速崛起，美国的生态工业园区得到蓬勃发展。与此相应的管理模式也应运而生。

美国生态工业园区的管理主体包括政府和私人部门，包括城市政府、城镇政府或它们的开发组织、地方经济发展公司、私人产业和其他的社会组织。生态工业园区具体管理上涉及物业管理者和社区管理者两个管理主体。管理实践中，物业管理者和社区管理者各司其职，但由于物业管理公司的优先关注园区投资者的利益，而社区管理机构关注的则是整个社区的健康发展和各个成员单位的利益。为协调不同主体的利益，一些生态工业园区在组织建设时，通过物业管理和社区管理机构互设代表来解决这些问题。物业管理者多为生态工业园区的开发者，主要是保持生态工业园区的商业绩效，保持园区的稳定以及园区对于进驻企业的吸引力，同时，为社区和进驻企业提供一些具体的服务；社区管理者是维持社区企业的凝聚力，主要是沟通企业间的创新性项目，有效利用社区内企业的资源，降低社

---

① 马晓信 编辑.世界典型科技园区概览[J].城市开发（物业管理），2014（4）：87-88.

区内企业的成本等[①]。

综合美国各生态工业园区的运营管理模式特点，主要有以下两种典型的运营管理模式[②]：

（1）双组织管理模式

与传统工业园区的管理方式相区别，美国生态工业园区不单要设立"物业部门"还需设计"居委会"（社区管理者）来调节企业间关系与实现其他职能。物业管理者多数是由生态工业园区的开发者所组成的独立公司，对园区投资商负责，因此，物业管理者尤为重视园区内整体商业绩效，以保持园区的稳定与对外招商吸引力为目标；社区管理者作为园区内企业的纽带而存在，是园区内"租户"的协会，其职责主要是关注单个企业的发展，协调园区内企业关系提高企业效率，沟通企业间的创新性项目，增加企业凝聚力。为实现这两种管理关系，园区相应设立了两种不同类型的管理主体，物业管理公司（property management company）的具体职责是物业维护、征募成员企业、谈判租约、管理租赁收入、与外界互动、维护基础设施、提供支持服务；相异于物业管理系统，充当"居委会职责的"社区自身管理系统（community management system）由各企业代表组成，负责管理园区内部事务，例如协调企业关系与为园区内企业争取利益。在管理实践中，由于物业管理者对投资人负责，关注园区的商业绩效，而社区管理者则会优先考虑单个企业利益与社区可持续长远发展。基于此种模式，协调两者关系、提升管理效率也成为生态工业园区组织建设中考虑的必要因素，一些工业园区通过在两个机构中互设代表寻求调和，但两个组织机构的主张不同现象仍时有出现。

（2）互联网+循环经济的管理模式

美国生态工业园区的类型全面，近年来虚拟型生态工业园区（virtual eco-industrial park）的发展尤被看好。基于信息化时代与物流业的大发展，以布朗斯维尔生态工业园区为代表的虚拟型工业园区打破了地理限制，不要求所有"园区内"企业在同一地区。这就对园区的管理提出了新的挑战，要求园区管理者及企业本身利用现代通信技术，使用互联网工具，构建循环经济电子商务平台，在终端上进行管理，构建各企业间物质、能源交换网络，再通过现代物流体系进行实质性的交

---

① 赵玲玲,罗涛,刘伟娜.中外生态工业园区管理模式比较研究[J].当代经济，2007,（9）：88-89.
② 闫二旺,田越.中外生态工业园区管理模式的比较研究[J].经济研究参考，2015（52）：80-87.

换。互联网+循环经济的管理方式的合理使用提高了生态工业园区的灵活性、可操作范围与效率，为生态工业园区的管理提供了新思路。

二、美国境外产业园区的运营管理模式

美国的境外产业园区主要是以企业主导为主，但对于一些国际援助的园区，美国政府也会参与其中，如参与海地的卡拉克尔工业园运营管理。

（一）政府引导、市场化运作模式

美国在墨西哥、中国和加拿大等国建立了一批境外产业园区，近年来在中国的美国产业园发展迅速，其主要是通过"两国政府引导、市场化运作"的模式来建设，园区的运营管理模式主要采用美国北卡三角园区管理模式，与中国政府合资成立运营公司。

1. 美国在中国科技园的运营管理

近年来，在两国政府的牵引下，美国在中国设立了一些科技园区，主要有白石山国家中美科技国际创新园、中美（无锡）科技创新园、中美（青岛）科技创新园等，这些园区主要采用"政府引导，市场化运作"运营模式，其中白石山国家中美科技国际创新园的运营管理具有一定代表性。

白石山国家中美科技国际创新园是在习近平主席和奥巴马总统达成的"建设中美新型大国关系"共识的背景下，在中美创新对话机制下，由中美两国政府、企业、大学及科研机构等共同支持和参与，共同打造的国际科技创新示范园区、知识产权保护高地和高端人才汇聚平台。园区由美国麦克唐纳集团、美国切诺基投资集团对园区统一规划，引进美国北卡三角园区管理模式、采用切诺基投资集团对北卡三角园投资基金的经验及国内管理公司对项目、房地产、基金的综合理解和运用经验，与战略投资者共同投资成立园区管理公司和科技创新基金公司[①]。

---

① 白石山国家中美科技国际创新园官网：http://www.bsscustip.com/

专栏 3-4 中美（无锡）科技创新园①

2012 年国家科技部批复建设中美（无锡）科技创新园，是中美两国首次在科技创新领域通过坚实载体来实施两国间科技合作、成果共享，是我国批准建设的全国第一个中美科技创新园。中美（无锡）科技创新园依托无锡雄厚的产业基础和突出优势，借鉴美国先进科技园区成功发展模式及管理经验，重点围绕新能源、新材料、环保、物联网等领域推动国际科技合作，建设"立足无锡、辐射全国、走向世界"的创新国际化的先行区和示范区。

专栏 3-5 中美（青岛）科技创新园②

中美（青岛）科技创新园是继无锡之后，国家科技部批复建设的全国第二个中美科技创新园。按照建设方案，到 2020 年园区将建设 140 万平方米创新创业载体，引进研发机构 100 家以上，国际合作项目 300 个以上，总投资金额达 100 亿元，成为国际创新资源集聚的科技合作示范基地。中美（青岛）科技创新园将采取"两国政府引导、市场化运作"的模式，设立项目运营管理公司，全面加强与美国科技园区的战略合作，重点发展新能源、软件信息服务业、机器人与高端装备制造业、生物医药等产业。

2. 美国在中国的工业园——中美（江门）合作园③

中美（江门）合作园是江门市政府投资促进中心与中美（江门）合作园有限公

① http://www.innoglobal21.com/SciencePark/detail_d?id=77b55d01-30c2-4969-8c05-2214f333e80f
② http://politics.people.com.cn/n/2014/0106/c70731-24034932.html
③ 江门打造省内首个中美合作园, http://www.jianghai.gov.cn/article-38-17688.html.2016-06-02

司共同推动下建立的实体化园区，2016 年正式列入广东省国际合作园，是目前华南地区首个和唯一一个与美国合作的省级国际合作园。中美（江门）合作园以凌志工业园为核心启动区建设中美（江门）合作园，核心启动区位于江门高新区东部，占地面积38 万平方米。合作园采取"政府指导、市场化运作"的发展模式，由拥有先进国际园区开发理念和丰富经验的中美（江门）合作园有限公司统一建设和管理运营，江门市政府投资促进中心统筹指导，共同搭建以融合开"放"、"管"理创新、个性"服"务为特色的中美投资合作平台，引进优质美国企业项目。

中美（江门）合作园立足于探索园区国际合作市场化的开发模式，通过政府与凌志公司开展"政府+企业"共同建设园区，设立跨国联合开发、引入战略投资者和吸引跨国公司成片开发等多元开发机制。合作园核心启动区域由具有25 年美式工业厂房开发管理经验的凌志集团美国公司及第三方公司负责建设和管理及监理，并协助提供厂房认证咨询和设计施工服务、推进企业技改升级服务，务求打造一个具有国际范的美式专业合作园。

一是协助提供厂房认证咨询服务。

美资企业要求厂房跨度大、层高8 米以上，布局多变（可根据需求增加夹层），地面承重大（可使用荷载2 吨/平方米以上）。厂房结构将继续严格按照美国FM 认证的要求进行建设，其中围护结构、消防及报警系统均满足FM 认证要求。厂房均按50 年一遇的防洪标准建设，艾默生厂房更要求达到500 年一遇的防洪标准。

二是提供特殊厂房设计功能。

立墙现场平浇预制建筑结构是一种在现场用模板在地面制造墙板，然后用重型起重机将墙板安装就位的建筑方法。在国外，尤其是北美物流仓储广泛使用的装配式结构体系，运用这种结构体系，具有经济、高效、环保三重效益，也是合作园提供给企业的特殊工业服务。

三是推进企业环保技改升级。

为打造环保节能减排型综合园，合作园还致力于不断推进美资企业做好环保节能技术改造升级并提供评估服务。如利用屋面系统建设光伏电站，目前第一期电站已经并网发电，下一阶段将把光伏发电面向整个合作园核心区域铺开建设。与此同时合作园也在热能的合理利用方面进行改造，如将空压机的余热合理利用在宿舍楼热水供应上，达到环保节能。

（二）政府主导模式——海地卡拉克尔工业园模式 [①]

卡拉科尔工业园区（CIP）是海地北部地区一个混合用途的轻型制造工业园，于2012年在Caracol地区开始运营，它占地246公顷，是加勒比地区同类最大和最现代化的设施之一，由海地工商部下属的国家工业园协会（SONAPI）管理，作为一个公私合作伙伴，它是在海地政府的支持下建成的。

为了支持海地政府加强经济发展并为海地北部地区服务不足提供支持，美国政府通过美国国际开发署（USAID）资助建设一座10兆瓦的电厂来支持卡拉科尔为园区提供可靠的电力，美国国际开发署还在三年内支持该工厂的运营和维护，该发电厂还允许有机会将可靠的电力扩展到CIP之外的社区。自2012年启用以来，随着园区规模的扩大，CIP的就业人数从第一年的1200个增加到2015年的6200个。随着设施进一步扩张，预计将有更多的就业机会上线。第一期工程88000平方米已于2015年4月完工，第二期工程正在进行中。

第四节　德国境外经贸园区的运营管理模式

德国作为世界工业强国，以工业生产研发为主的产业园历史由来已久，产业园区在推动实体经济中起重要作用，其中中小企业产业园区的贡献居功至伟。据统计德国中小企业占了全国企业总数的99.7%，就业人数占到全国总数的70%[②]，公司净产值占到全国总量的近一半，德国中小企业的发展离不开德国工业园区建设的巨大贡献。

一、德国国内工业园区的运营管理模式

（一）德国工业园区发展概况

德国现代工业园概念于20世纪60年代开始兴起并运用。第二次世界大战后德国

---

① 根据美国国际开发署材料编译。
② 应玉云,严子东,朱燕. 打造德国工业园 构建特色产业群[N].中国企业报,2011.11.18(012).

经历经济奇迹，工业高度集中，生产力大幅提高，企业之间的紧密联系和共享资源越来越多，诞生了工业园的概念。企业通过将非核心业务和服务剥离外包，凝聚核心资源并集中工艺流程，从而产生竞争优势；多个上下游企业、或企业中多个部门协同作用，共享资本密集的优良基础设施以降低服务和管理成本，产生规模效应。园区的运营方提高土地使用效率，并尽可能地利用驻地品牌效应增强吸引力、降低成本。到20世纪90年代德国已经拥有众多产业园区，典型代表来自高科技产业、化工业和汽车工业[1]。

德国科技工业园大致可分为三大类：一是技术创业者中心，以中小科技企业为主，其目标是吸引大学科技人员及学生到园区创办中小企业，促进科技成果向市场产品的转化；二是创新园区，区内集中了大批规模较大的高科技企业，园区规模比技术创业者中心大；三是普通创业中心，主要任务是孵化服务型、设计型的中小科技企业。德国科技工业园在各地名称不一，有的叫创新创业中心，有的称为技术园区，还有的叫作工业园区。尽管名称各异，但与我国的高新技术开发区和创业中心的内容和功能大同小异，主要以发展高科技产业和中小科技企业为主要任务[2]。

（二）德国工业园区的运营管理模式[3]

德国各类科技工业园的管理体制有一个共同特征，即工业园区由企业进行经营管理。各级政府只提出一个设想和目标，具体由企业组织规划和实施。从工业园建设来看，主要有三种形式：一是整个工业园从土地到房屋及基础设施由政府投资，建成后交给私营企业经营管理，政府只负责税收，并统计就业情况。在若干年后，该处土地和房产由私营企业持有。二是政府投资兴建科技工业园，并由各洲经济部持下属企业进行经营管理，这类管理型企业不以盈利为目标，主要以服务为主。三是由德国政府或欧共体用各种形式投资一部分，私营企业投资一部分，政府投资大约占45%左右，工业园由私营企业经营管理，政府主要通过税收

---

① 张溱,张博涵.从军工厂到工业4.0——浅析德国产业园区的形成及特点[J].华中建筑,2016,（4）：7-10.

② 武汉市欧洲工业园管理与运行机制培训团.德国工业园的发展与启示[J].学习与时间,1999（9）：35-37.

③ 武汉市欧洲工业园管理与运行机制培训团.德国工业园的发展与启示[J].学习与时间,1999（9）：35-37.

和扩大就业获取回报。

工业园不论是私营性质还是国有性质的管理公司，其主要职能有三个方面。首先是为进园企业提供低租金的房屋，并营造一个良好的园区工作环境。园区内房租价格一般是同类地区的1/4左右。政府不收取房租，房租主要作为管理公司的收入。其次是为园区内的企业提供咨询服务，包括兴办企业咨询、信息交流、人才培养、企业诊断，组织参加各种技术交易会、产品博览会等，其目的是提高中小企业的成活率。最后是搞好园区的物业管理，为园区内的企业提供会议室、通信、供电、供水、供气等服务，保证园区息内中小企业最低成本运行。

管理公司对园区企业不具备行使行政管理职能，只是对进园企业在经济发展方面进行有限的引导和控制如大多数创新及创业者中心规定进园企业成立时间不得超过5年，在园区内的时间亦不得超过5年；进园企业除了要符合产业发展方向外，关键在于其产品要有广阔的市场；中小企业进园，要符合三个条件：一是企业员工不得超过500人；二是销售收入小于1亿马克；三是大型公司对园区内企业投资所占股份不得超过15%。这些条件充分体现了政府对小企业的扶持。

综合德国兴建的各类工业园区，主要有以下三种运营管理模式[①]：

1. 生产型共享园区运营模式

生产研发为主的园区拥有共同基础设施和服务设施，由一家或几家管理公司管理，引入不同机构和企业入驻。针对生产型企业提供服务，其重点包括能源供应、废弃物和污水处理、物业管理、配备相应的消防和保安、物流后勤以及应急措施。由于对环境产生一定的不利影响，园区内部功能较为单一，居住配套和生活配套设施主要通过周边城区解决，有一定面积的绿化带或者功能进行过渡。典型园区如霍斯特工业园。

---

① 张溱,张博涵.从军工厂到工业4.0——浅析德国产业园区的形成及特点[J].华中建筑,2016,（4）：7-10.

专栏 3-6 霍斯特工业园（Industrie park Höchst）

园区位于法兰克福市中心西侧约 10 公里处，占地约 4.6 平方公里，坐落于缅因河两侧，是德国最大的生产型园区之一。主要产业为化工和医药，园区内有 90 家企业，提供 2.2 万个工作岗位。工业园的前身是 1863 年建立的一个小型颜料工厂，之后该区域发展为工业区，1998 年转型为产业园区，统一由 Infraserv Höchst 公司进行运营管理。园区被缅因河分为南北两块，通过三座大桥联系，园区南侧临高速公路，具有快速通向法兰克福机场和重要交通枢纽的能力，机场距离园区仅 6 公里；北侧紧邻城际快轨站，设有货运铁路车站；并在临河区域设置码头，具有优越的物流和交通条件。

图 3-5 Industriepark Höchst 霍斯特工业园鸟瞰图

2. 科技研发型共享园区运营模式

随着德国产业升级和信息、生物及可再生能源技术的发展，渐渐出现以科技研发为主的产业园区，成为德国高科技产业的重要载体，较为成功的案例一般就近于大学研究院所。与生产型园区的共同点是资源集中和基础设施共享，不同领域的合作交流则更为密切。大学对园区形成支持，提供学术研究人员，扩展研究领域并高

图 3-6 WISTA 科学经济城鸟瞰图

效地将专业知识转化为应用。

　　以阿德勒霍夫地区的WISTA 科学经济城（Wissenschftsund Wirtschaftsstandort Adlershof）为例，园区位于柏林东南侧，距离市中心约15 公里，占地约4.2 平方公里。该地区前身为农庄聚居点，1866 年柏林通往周边的铁路（Berlin-Görlitzer）在此设站，得到繁荣机会并引进大量工业人口，发展为工业区；1909 年设立德国第一个飞机场，从而形成厂房、飞行学校和酒店的集聚中心，带来大量优秀工程师和飞行员，基础设施、人口、商业服务和企业均得到飞速发展；20 世纪50 年代建立电视中心，东德时期设立民主德国科学院，有众多研究院系入驻；1991 年起结合现有研究机构，开始建立WISTA 科学经济城，是德国现今最大的科技研发型园区，由WISTA Management GmbH 公司统一运营管理。原机场所在地建设成一个巨大的绿地公园，居住用地环绕公园布置并临近研发机构，给园区提供了城市属性，"园区居住"成为趋势。从功能平面上可以看出WISTA 科学经济城是一个结合了公园绿地、科研办公、大学、研发生产和居住的混合型园区，区域及周边还有自己的商业小广场、墓地公园、两个教堂及大量的居住配套，实际上形成了一个完整的城区，并具备高速公路、有轨电车和城际快轨等交通基础设施。园区在东德时代是一个封闭式的、路网内部化的"大院式"园区，如今转变为开放式路网结构，以适应新的混合功能。

　　混合功能、绿化环境、居住设施和交通条件使高技术工作岗位的实现成为可能。WISTA 科学城具有的上述要素也正是德国大多数科技研发型产业园的共同特征。

3. 单一企业综合型园区运营模式

汽车工业和机械制造领域中，许多大型企业如奔驰、大众和博世等集团拥有各自的产业园，在内部实现研究和生产的紧密结合，产业园由单一企业进行管理。以奔驰汽车工业城辛德芬恩园区（Werk Sindelfingen）为例，园区位于斯图加特市中心西南方向约15公里处，是目前奔驰公司最大的产业园区，占地约2.95平方公里，提供约2.55万个工作岗位。1915年成立时主要生产飞机及飞机发动机，至今经历了一百年时间跨度（图3-7）。园区用于实现大企业的研发、生产和物流等整套流程；由于对研发生产的严格管理以及对技术专利的严密保护，往往采用封闭式规划。园区投资、规划、设计、建设和管理均由奔驰公司来组织完成。其内部交通组织自成一体，并不对城市开放，因此不具备混合功能，需要一个与之紧密相邻的城区提供服务功能。大众汽车位于沃尔夫斯堡的汽车城（Autostadt），东侧结合了展览馆、博物馆、艺术展和酒店等功能，增强了功能的综合性；其西侧的生产园区则和奔驰辛德芬恩园区类似。

图3-7 Werk Sindelfingen 奔驰辛德芬恩园区鸟瞰图

二、德国境外工业园区的运营管理模式

由于德国制造业享誉全球，德国制造企业对外投资发展迅速，一些国家为了吸

引德国制造企业落户本地，纷纷兴建一些针对德国企业集聚的德国工业园区，尤其是中国的德国工业园遍地开花，综合近年来中国各地投资建设的德国工业园区发展概况，德国境外工业园区运营管理模式主要是中德双方政府引导，中国地方政府或企业投资兴建并运营，根据园区的产业定位可分为以下两种模式。

（一）综合类园区的运营模式

这类园区主要通过中德双方政府引导，由中国地方政府和企业投资兴建并进行园区的运营管理，主要吸引德资企业落户并形成产业集群，对落户企业的经营范围没有限制，产业没有具体边界，属于综合型的产业园区；同时，德国政府或企业也不分参与园区的招商引资、生态建设和环境保护等工作，典型的德国工业园如太仓德资工业园、昆山张浦德国工业园、成都中德（蒲江）中小企业合作园等。

江苏省太仓德资工业园区创办于1991年，1993年11月被江苏省人民政府批准为省级开发区，2002年江苏省政府批准同意享受国家级开发区审批权限和行政级别，2008年11月，太仓被国家商务部和德国经济部授予中国首个、也是目前唯——个中德企业合作基地称号，并被国家知识产权局授予全国专利保护重点联系基地。2010年8月，又因德资企业高度集聚，被国家科技部授予国家级国际科技合作基地称号，是苏州县市级中首个国际科技合作基地。2011年国务院办公厅批准同意升级为国家级经济技术开发区。太仓德资工业园区被誉为"中国德企之乡"，园区重要组成部分的"中德（太仓）中小企业工业园"，定位为德资高端制造业的集聚区和中德中小企业的产业合作，已有德国的舍弗勒、克恩里伯斯、慧鱼、拜耳、西门子等众多著名跨国公司来园区落户。2015年，太仓德企总数达220家。

德资企业比较注重环保，入园企业在投入资金的同时，把德国环保标准、环保设备和环保理念也同步引入园区，园区内所有德资企业工业排放全部达到并超过国家标准。2007年，德国萨克森州政府和江苏省环保厅，协同7家德国企业共同合作，在园区成立了中德环保技术合作中心，参与园区的环境保护管理工作，把更多的环保理念和技术带进中国。

专栏 3-7 昆山张浦德国工业园

昆山德国工业园成立于 2005 年，是一家专门从事欧美企业投资的园区，由昆山市政府与德国工商总会合作共建，占地面积 15 平方公里，位于全国 25 个行政体制改革试点镇之一——昆山市张浦镇。园区主要吸引欧美企业投资，发展精密机械、高端食品、总部物流三大板块。目前，区内共有欧美企业 70 家，其中德资企业 29 家，其他欧美企业 41 家，包括通用磨坊、威富集团、家乐氏、泰科电子、天泰集团、益海嘉里等 6 家 500 强企业，区内企业总投资超 60 亿元，年销售额 80 亿元。2013 年，德园两获国家级牌子，被国家科技部认定为国家级昆山中德国际科技合作基地，被国家科技部火炬中心批准为国家级精密机械特色产业基地。

资料来源：商务部驻汉堡总领馆经商室。

（二）专业型工业园区运营模式

为了吸引德国大型知名制造企业来华投资，经中德双方政府的引导，中国一些地方政府专门为这些企业量身定做单一型的工业园区，由中国地方政府根据德资企业的要求投资兴建并运营管理，同时为该类德资企业招商配套生产企业，形成某一产业集聚的专业型工业园区，典型工业园有上海大众工业园区。

1985 年 10 月，中德合资年产 40 万量的上海大众企业有限公司入住上海市嘉定安亭镇，为了做强做大汽车产业，1998 年 5 月由安亭镇人民政府全额投资上海大众工业园区，总体规划面积 8 平方公里，其中工业用地 6 平方公里，绿化用地 1 平方公里。

著名汽车产业园区一般依托核心汽车大企业而建立，园区核心业务一般包括汽车科研、设计、供应、制造、销售、服务等完整的产业链，不仅是汽车制造中心，还是展览、贸易、旅游等中心，具有综合性功能。如 20 世纪 80 年代建立的德国沃尔夫斯堡汽车产业园区包括科研与创业园区、供应商园区、大众汽车制造、主题公园与冒险乐园、汽车销售及服务、人力资源等中介机构等，不仅是汽车制造、研发中心，还是世界上最大的汽车博览中心。

因此，2001年9月，上海市政府依托上海大众工业园区，开始在安亭地区建设上海国际汽车城，园区借鉴了德国沃尔夫斯堡汽车园区模式，由核心区、制造区、教育区、赛车区和安亭新镇等5个区组成，总面积68平方公里；具有汽车贸易、汽车科教博览、汽车研发制造、汽车物流、汽车文化旅游和汽车服务六大功能。园区内核心企业是上海大众公司，同时集聚一批依托上海大众公司及其零部件的制造企业[①]。

上海国际汽车城的建设是由成立的多家主体公司并且按市场化机制运作。汽车城于2001年成立上海国际汽车城发展有限公司，由上海汽车工业（集团）总公司、上海国际汽车城新安亭联合发展有限公司、上海百联（集团）公司和中国汽车工业协会联手组建，公司作为上海国际汽车城的主体开发商之一，负责汽车城核心区规划、开发和招商工作。汽车城置业公司（由上房集团、嘉化集团、嘉安投资公司等投资组成，控制5.7平方公里），负责亭新镇开发、经营、管理；赛车场公司（由上国投、嘉定投资等三家投资组成，控制5.3平方公里），负责赛车场的开发运营；零部件公司（由虹桥集团、上国投、嘉定投资公司三家投资组成），负责汽车零部件制造区的开发；汽车城新安亭联合发展公司（由嘉定区国有资产有限公司、虹桥经济技术开发区联合发展公司和上海国际集团共同出资），全面负责汽车城贸易区、研发区、安亭新镇以及国际赛车场的基础设施建设[②]。

第五节　日本境外产业园区的运营管理模式

随着20世纪60年代日本经济的崛起，其产业转移和对外投资不断加强。日本海外工厂投资往往以某一家大型跨国公司为主，其他相关零部件企业配套跟进，集聚

---

① 李显君,宋丹妮,方炬.中外典型汽车产业园区比较及实证分析[J].汽车工业研究,2008,（5）:16-22.

② 金明.汽车产业园区发展模式研究——以鱼洞汽车产业园为例[J].重庆:重庆交通学院,2013:1-58.

在某个区域空间，形成投资和生产的规模效应。日本的产业园区被称作"工业团地"或"产业团地"。

一、日本国内产业园区的运营管理模式

（一）日本国内产业园区发展概况

二战后，日本为了恢复国内生产、缩小与世界上主要发达国家间的差距，积极制定并施行了多项国土开发计划和产业政策。在这一背景下，日本产业园区的建设计划应运而生。最初，日本产业园区的建设主要作为国家区域开发和地方财政收入强化的手段，在京滨、阪神、名古屋、北九州等四大重点工业地带进行试点。随着日本国内五次"全国综合开发计划"的施行，产业园区的开发建设，逐渐成为实现国家经济政策、产业结构调整政策的重要手段。

日本早期工业团地的开发建设，主要学习了英国产业园区的经验。同时，日本也经历了一段与英国所不同的发展过程，并实现了许多发达国家都未曾经历过的长达十余年的高速增长。日本工业团地的开发，是作为区域开发政策、劳动力雇佣政策（雇佣对策）、产业配置政策、城市开发政策、工业化政策、中小企业现代化政策等各项政治、经济和社会政策的重要手段而使用的。

日本产业园区由政府主导兴建的占少数，由民间力量主导兴建的占大多数。根据资料显示，截至2011年，日本共建有各类工业园区4591个。按兴办主体划分，由国家地域公团和企业指导中心建设的有47个；地方政府或政府主导的有关财团兴办的有941个；由民间企业协同组合兴办的有3603个。按产业类型分，产业园区内制造业占83.4%，非制造业占16.6%。日本产业园区的发展与日本经济特别是制造业的发展紧密联系在一起，因而总是带有日本经济和各大工业地域共有的特征 [①]。

---

① 刘洋.日本园区七大启示录[J].中国经济和信息化，2011（11）：80-80.

专栏 3-8 日本筑波科学城[①]

日本筑波科学城坐落在距离东京约 60 公里的筑波山麓，总面积 284.07 平方公里，现有人口约 20 万。筑波城现为日本最大的科学中心和知识中心，是日本在先进科学技术方面向美国等国挑战的重要国家谋略。筑波的形成和发展完全靠政府指令，从规划、审批、选址到科研等整个过程和运行完全是政府决策，连科研机构和科研人员也都由政府从东京迁来，各种设施都需经行政审批配备，私人研究机构和企业也由计划控制。规划和主管都是国家最具权威的机构，使得科学城的建设和搬迁得以顺利进行。作为完全由政府主导的科学园区，筑波为日本的科技发展做出了巨大的贡献。

（二）日本产业园区的运营管理模式[②]

1. 日本国内产业园的运营管理模式

日本的产业园区主要是根据中央政府的区域开发政策，由都道府县、市町村一级政府或公有开发团体主导开发建设而成。即使是依靠民间力量开发的产业园区，从产业定位到园区规划，也是在中央、县、市级开发规划的框架下进行建设的。政府及公有开发团体对产业园区的开发，主要分为以下几个阶段：第一，土地的获得与开发；第二，产业园区基础设施的建设；第三，吸引企业入园，形成管理机构。通过民间力量开发建设的产业园区，在占地面积普遍较小，往往是开发主体将自己的私有土地经过整合或重新规划建设而成。

地方及国内主要工业地带内的核心产业园区，一般由当地政府直接管理。而部分产业园区在开发完成后，由开发主体通过各种优惠手段吸引企业入园，从而引导园区内企业组成"协同组合"，接手产业园区的管理工作。

民间自发建立的产业园区，基本也是通过"协同组合"或"理事会"、"委员会"等形式自行管理。为了充分发挥民间建设与管理力量，形成产业园区自我管理与发展的机制。由民间力量主导兴办产业园区，其基本程序是先由民间6家以上具有一

---

① 马晓信 编辑.世界典型科技园区概览[J].城市开发（物业管理），2014（4）：87-88.
② 刘啸.中日产业园区发展模式比较[D].长春：吉林大学，2010.

定规模的企业（大企业除外）组织起来，形成协同组合，再由此协同组合向当地政府提出申请。在企业的申请按规定经有关政府和中小企业团体中央会审定同意后，再由此协同组合或由协同组合组织开发商进行土地开发。由于日本的中小企业在技术、资金方面具有一定的优势，因此几家企业自发形成协同组合，之后向县、市级政府申请建成园区的情况也较为普遍。

2. 日本国内生态工业园区的运营管理模式[①]

日本生态工业园区形成了以国家和地方政府共同管理，企业、行政部门、研究机构积极参与的产学官一体化的园区运营管理模式。

（1）政府管理。日本环境省与经产省主要负责生态工业园区的审批与管理。审批建设生态工业园区由各地方自治体提出，并辅以详细计划，经两省分别批准后方可进入筹建阶段。两省的管理权限各有侧重，环境省在地方环境管理、废弃物回收和处理指导等方面起主要作用；经管省主要从产业方面进行管理，对可回收资源负责。与美国企业派代表形成机构负责园区管理不同，日本园区内企业只负责本企业经营与相关企业协调，并不负责园区的整体管理规划。日本中央政府建立了补偿金制度，具有先进技术的入园企业通过审批后将能得到政府的补助。国家对入园企业的补贴建设资金可占到企业初期预估建设经费总额的1/3到1/2，日本中央经济部门将负担主要补偿金部分，环境省依情况给予一定资金援助；地方经济部门对园区亦有少量补贴，但数目有所不同。地方环保部门主要起到审批入园企业并给予补贴金，控制污染排放以及向社会和市民公开信息的管理作用。

（2）企业参与。基于日本资源匮乏的现实，日本企业很早就认识到环境保护和资源节约、循环利用的重要性。日本企业人员流动性较小，人员的相对稳定使得日本企业在重视企业自身发展的同时亦对企业所在社区有较强的责任感，形成了强烈的自律效应。除此之外，日本对生态工业园区内企业制定了详细、完善的法律，在补贴优秀企业的同时严格规范了园区内企业行为。企业在享受政府补贴的同时亦强化了自身义务，力求在自身发展的同时兼顾园区乃至环境整体效益，主动承担更大社会责任；并且，企业积极配合大学、研究所等学术机构，提供研究所需素材，积极配合研究所试点实验，大力推进研究成果转换。

---

① 闫二旺,田越.中外生态工业园区管理模式的比较研究[J].经济研究参考,2015（52）：80-87.

（3）研究机构作用。研究机构在日本生态工业园区的发展中起到了至关重要的作用，参与园区管理的研究机构主要包括大学、研究所与民间组织，它们源源不断地为生态工业园区内企业提供废弃物转换、污染物控制与治理等高新技术成果，成为生态工业园区技术进步的主要动力。另外，为促进研究成果转换，日本在生态工业园内专门开辟实验研究区域，并且由环境省为研究机构提供经费与设施支持。研究成果的快速更新与应用推动日本生态工业园区持续发展。

二、日本境外产业园区的运营管理模式

日本境外产业园的建设与运营主要是以民间企业为主导，一种是企业抱团投资兴建海外产业园，从开发和运营管理一条龙服务，如日本在越南胡志明市设立的德龙工业园区；另一种是企业凭借自身的运营管理服务水平，与当地企业合资建立园区管理公司输出，如泰国的大成工业园区。

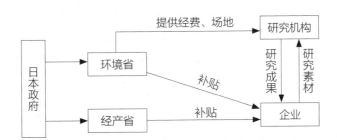

图 3-8　日本生态工业园产学官一体化管理模式示意图

（一）以日资企业为主导的园区运营管理——越南德龙工业园区[1]

隆德工业园区位于胡志明市以东约40公里的同奈省隆城地区，总面积为270公顷，总投资约1亿美元。该工业园区距离可停靠大型船舶的越南主要港口施威–盖梅港仅约33公里，处于胡志明市区与港湾的中间位置，因而作为制造基地以及物流基地其地理位置极为优越。此外，从预定于2014年开通的南部高速公路出入口驱车仅约5分钟，距离预定于2020年启用的隆城新国际机场仅有8公里，通往国内外的交通将更为便利。

园区由合资公司隆德投资经营该园区，该合资公司由双日株式会社、大和房屋工业株式会社、神钢环境舒立净株式会社以及越南当地合作伙伴DONAFOOD公司4家公司联合成立，利用合资公司日本三方的优势开展运营管理。

---

[1]　根据双日集团网站官方新闻稿编译。

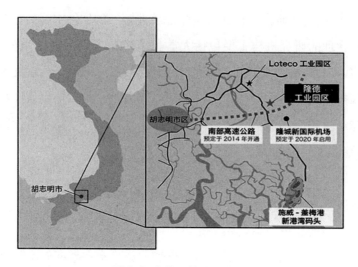

图 3-9 隆德工业园周边图

双日在越南已拥有多年的业务实绩和知识经验，1996 年就曾在同奈省开发了 Loteco 工业园区，土地已全部卖出，至今仍在负责该园区的运营管理。此外，还在雅加达（印度尼西亚）郊外，以及金奈（印度）郊外着手开发工业园区，凭借从这些经验中获得的专有技术，以满足进驻企业的各种需求。

大和房屋工业的海外业务目前正在中国的大连、苏州、无锡、常州等地开发商品楼、连体别墅、商业设施等房地产事业。在日本国内，除设施建筑以外，还通过提供从事业规划的提案到后续服务领域的综合性服务，已创下众多工业园区的开发业绩。为最大限度地发挥这些在国内外积累的专有技术，本次首次参与在海外的工业园区开发。

神钢环境舒立净于2010 年设立了当地法人KOBELCO ECO-SOLUTIONS VIETNAM，充分发挥在日本积累的水处理及环保设备相关专有技术，在越南具体开展包括后续服务在内的一系列事业。在该工业园区内，还提供适合于越南环境基准且顾及环境负荷的设备及后续服务等一揽子解决方案。

（二）日资企业参与运营管理的园区——泰国洛加纳大城工业园区[①]

洛加纳大城工业园建立于1988 年，位于大城府佑泰区，是一座占地面积约36000 亩的全方位服务的成熟的工业园区，是泰国中部的物流中心，工业园区连通

_____

① 资料来源：洛加纳工业园（大众）有限公司官网. http://www.rojana.com/index_ch.html. 2018-4-11

曼谷的孔堤海港，洲际高速公路和曼谷外环路。从大城工业园区到曼谷市中心及苏瓦纳朋国际机场仅一小时车程。

大城工业园由洛加纳工业园（大众）有限公司建设和运营，洛加纳工业园（大众）有限公司是由泰国威尼布集团（杨锦芳家族）和日本钢铁和索米金布山集团于1988年成立的合资公司。由于日本索米金公司是洛加纳工业园集团的合作伙伴，日本索米金公司参与园区的日常管理工作，并设置专人照料园区内约60%的日资企业，并组织各种交流信息，被冠之为"洛加纳会议"的各种座谈会经常有上百家日系企业参与。

专栏3-9 洛加纳工业园（大众）有限公司简介

洛加纳工业园集团是由泰国威尼布集团（杨锦芳家族）和日本钢铁和索米金布山集团于1988年成立的合资公司，旨在开发具有国际标准工业园基础套施设施的且获得泰国政府投资委员会（BOI）扶持和享受多项政策优惠的工业园区。洛加纳工业园集团已在泰国建成六座国际标准化的工业园区，公司已成为泰国最大的工业园开发营运商之一。

洛加纳旗下第一座工业园区是建在泰国大城府的大城工业园区，这里是泰国的物流和货运中心。第二座和第三座是距离具有现代化港口设施的澜沧邦深水港仅9公里和30公里的洛加纳澜沧邦工业园区和洛加纳宝云工业园区。第四座工业园区是位于巴真武里府的巴真工业园区，其处在泰国连接柬埔寨（首都金边）和越南（重要港口城市胡志明市）的南经济走廊上。另外两座工业园区是坐落在泰国东海岸罗勇府的洛加纳阪开工业园区和宝丹工业园区，均具有靠近澜沧邦和马塔浦海港的地理位置优势。

· 案例 ·

3.1 老挝万象赛色塔经贸开发区

一、园区发展概况①

老挝万象赛色塔综合开发区（简称"开发区"）是中老两国政府共同确定的国家级合作项目，是中国在老挝唯一的国家级境外经贸合作区，是列入中国"一带一路"倡议中的早期收获项目。开发区占地 1149 公顷，位于老挝首都万象市主城区东北方 21 公里处的赛色塔县和赛塔尼县是万象新城区的核心区域。

2010 年 6 月 16 日，云南省海外投资有限公司（简称"云南海投"）与国家开发银行和万象市政府共同签署了《老挝首都万象综合开发项目谅解备忘录》。2012 年 7 月，中老两国在北京签署了《中华人民共和国政府和老挝人民民主共和国政府关于万象赛色塔综合开发区的协定》，中国政府将万象赛色塔综合开发区列为国家级境外经贸合作区。

开发区运营主体为老中联合投资有限公司（简称"LCC"），LCC 由云南海投与老挝万象市政府共同出资组建，公司股本总额为 1.28 亿美元，

图 3-10 万象赛色塔综合开发区鸟瞰图

---

① 中国贸促会官网，2017 年 3 月 28 日。

其中：云南海投出资 9800 万美元，占股本总额的 75%；万象市政府出资 3000 万美元，占股本总额的 25%。

（一）开发区规划

开发区规划定位为"一城四区"："一城"即万象产业生态新城；"四区"为"一带一路"倡议优势产业承载区、中老合作开发的示范区、万象新城的核心区、和谐人居环境的宜居区。

万象产业生态新城：依托万象市首都经济中心、旅游核心、集散中心优势，按照"工业园区加新城开发"的综合开发模式，以产业发展带动新城建设，建成产业和生态环境协调发展的产业生态新城。

"一带一路"倡议优势产业承载区：结合老挝社会经济情况及"一带一路"的发展战略，积极承接中国优势产业转移，运用产业、金融、财税、土地等方面形成的两国扶持政策叠加效应，构建中国优势产业转移的承载区。

中老合作开发的示范区：充分发挥老挝的区位、资源和政策优势，利用中国的资金、管理、人才和产业等优势，实现两国优势生产要素的有效结合，建成具有重大影响力的中老双边经贸合作平台，打造中老合作开发的示范区。

万象新城的核心区：完善万象新城功能，提升新城形象，形成政务、商业、企业总部的集聚地，打造万象新城的核心区。

和谐人居环境的宜居区：注重生态和绿色环保，健全居住、教育、医疗、购物、养生、休闲等配套设施，建成环境优美、配套齐全的宜居区。

（二）开发区优势

1. 两国政府共同推进

2011 年 10 月，老挝政府颁发了《关于设立万象市赛色塔综合开发区管委会的决议》，正式成立万象市赛色塔综合开发区管委会。

2014 年 2 月 24 日，老挝国家经济特区和经济专区委员会颁布了《关于成立首都万象赛色塔综合开发区政府间协调委员会的决议》，成立老挝首都万象赛色塔综合开发区政府间协调委员会及工作组。

2014 年 11 月 21 日，云南省成立老挝万象赛色塔综合开发区建设指导委员会，负责协调支持园区开发的重大事项。

2. 区位优势

（1）老挝与中国、越南、泰国、缅甸、柬埔寨五国接壤，位于东盟自由贸易区、大湄公河次区域、泛北部湾经济合作区、中国"一带一路"倡议核心区域范围内，可享受相关优惠政策。

（2）老挝有四个国际机场，万象瓦岱机场与昆明、广州、曼谷、清迈、金边、暹粒、河内、吉隆坡、新加坡、岘港、首尔等直接通航，从万象到昆明只需1小时20分钟，航空运输便捷。

（3）开发区毗邻老挝450周年大道（通往老泰大桥）、13号国道（纵贯老挝南北）以及泛亚铁路中线段，泛亚铁路规划中的货运站临近开发区物流规划地块。开发区与万象市中心距离17公里，距离老泰第一友谊大桥仅10分钟车程，距瓦岱国际机场19公里，距规划新机场10公里，交通便捷。

3. 经贸优势

老挝为WTO成员国以及东盟成员国，享受多个国家给予的关税和配额优惠政策。

（1）全球38个国家和地区已将老挝列为其普惠制（GSP）的受惠国，包括28个欧盟成员国、澳大利亚、加拿大、日本、新西兰、挪威、俄罗斯、白俄罗斯、哈萨克斯坦、瑞士及土耳其。

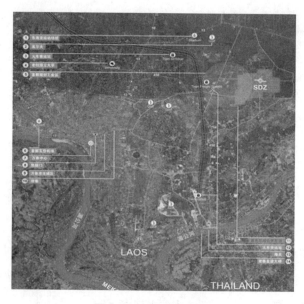

图3-11 开发区区位图

（2）老挝作为东盟自贸区成员国，其商品出口到东盟自贸区内其他成员国，享受零关税政策。

4. 平台优势

（1）"一站式"服务平台

为投资者提供从项目前期考察到项目落地、建设、运营全过程的全方位服务。

①项目考察期：提供老挝法律法规、老挝经济发展、产业发展、项目可行性等投资咨询服务。②项目建设期：办理公司注册登记、劳工许可、施工许可、建筑设备和材料免税申请等，并提供物资运输和通关服务。③项目运营期：提供生产原料、设备、成品等物资的免税申请、运输、通关等服务；协助企业实施人员招聘和培训。

（2）金融服务平台

开发区与国家开发银行、中国进出口银行、中国出口信用保险公司、富滇银行等金融机构结成战略合作伙伴，为入园企业提供融资支持和金融保险业务。同时，为入驻企业申请中老两国政府关于投资开发区的财政补助和其他政策优惠。

（3）孵化平台

开发区将搭建孵化平台，为中小企业特别是高新技术和科技型企业提供资金、管理等扶持政策，降低企业运营成本，促进企业做强做大。同时，为创业者和投资者提供展示和交流平台，促进技术合作和投资合作。

（4）人才培养平台

开发区与苏州大学和老挝国立大学合作，根据入驻企业人才需求，定向进行技术人才培养，打造人才培养基地，为入驻企业提供人才保障。

5. 税收优惠

（1）增值税

①进口原材料、设备、机械等在开发区内进行使用和生产的，免缴增值税；开发区内企业生产、组装或加工的商品出口境外的，免缴增值税。②在开发区内使用水电，经营商品买卖和服务的，按5%的税率缴纳增值税。③其他按老挝增值税法律规定执行。

（2）利润税

①生产制造型企业，根据其生产产品的出口比例，免除6~10年的利润税，从盈利年起算，期满按5%的税率缴纳。②贸易型企业，根据其商品购买和销售市场情况，免除2~5年利润税，从盈利年起算，期满按5%缴纳。③服务型企业，根据其投资额不同，免除2~10年利润税，从盈利年起算，期满按5%缴纳。

（3）关税

①用于生产的原料、配件及半成品免缴进口关税；用于建设生产厂房或办公楼所需的建筑材料、设备免缴进口关税；用于生产经营的生产设备、办公用品免缴进口关税。②开发区内生产的所有商品出口，免缴出口关税。

（4）其他税收优惠

①外国人个人所得税按5%缴纳。②其他税费及手续费按老挝各时期颁发的法律规定比率的50%缴纳。

（三）企业入驻流程

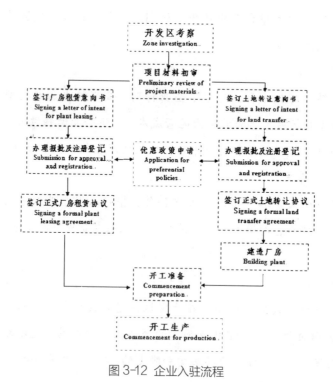

图 3-12 企业入驻流程

二、园区成功经验借鉴—园区运营管理模式①

（一）园区运营管理特点

万象赛色塔经贸合作区是以中国企业作为投资和实施主体，老挝政府作为行政管理主体的方式进行运作。由于园区是在中国境外，受老挝政治、经济、文化等方面的影响显著，使得园区运营管理与国内园区运营差距较大，具有自身独有的特点。与国内开发区比较，其特点主要表现如下：

1.管理主体关系复杂

赛色塔经贸合作区除了具有东道国中央政府层面的业务管理部门外，园区所在地政府也是重要的管理部门，但其主要承担的是行政管理职责，不履行或很少履行经济管理的职能。管理主体是当地政府，投资主体是中方企业，形成了行政管理和经济管理分离的客观事实。目前正在协调二者的融合，如果协调得好，园区管理主体的主要负责人是中方投资企业代表，但行政管理权限仍得由当地政府派出人员进行履行，在客观上，园区管理存在两个主体，各成体系，管理关系交叉，管理程序各自为政，管理效率减弱。

2.管理主体和投资主体目标不协调

中国境内的开发区建设，更多的是由政府主导，政府派出人员成立管理委员会，行使行政和经济管理职能。成立经济开发区的目的和目标也非常明确，就是发展当地优势产业、吸引外资、出口创汇、提高产业科技水平，提升当地的 GDP 和促进当地就业。政府通过行政权利选定开发区区域，上级财政拨付启动资金，园区开始启动建设。园区启动后，管委会通过园区的税收和非税收费形成园区财政收入，然后再投入园区，支持园区的进一步开发建设。而赛色塔经贸合作区存在两个主体：一个是东道国的管理委员会，一个是投资开发企业。东道国设立开发区的目的是发展当地工业产业，形成税收和促进就业。而园区实施企业，目的是通过投资，得到投资回报。由于税收是一个国家的权利象征和利益所在，实施企业无法通过收税形成收入，只能通过园区土地一级开发，然后招商引资，获取上地整理或增值

---

① 刘光灿.老挝万象赛色塔经贸合作区运营管理研究[D].昆明：云南大学，2015.

收入。在用工方面，当地政府为了保护本国人民就业，劳工使用方面又会规定本地劳工用工比例，制定最低工资标准，增加用工成本，削减园区招商竞争优势。另外，园区实施企业希望当地政府给予更多的优惠政策和扶持，支持园区发展，尤其是在开始建设期，但当地政府有时基于认识上的原因，更多是考虑到自身眼前利益，不愿意在政策支持上倾斜太多，形成各自为政，目标不协调不统一，致使园区早期开发相当困难。

（二）万象赛色塔经贸合作区运营架构

根据云南省海外投资有限公司与万象市政府双方的出资协议约定，目前，园区组建了运营机构老中联投公司，并由万象市政府派出人员，成立了万象赛色塔经贸合作区管理委员会（简称管委会）。老中联投公司负责建设、招商、融资、园区运营管理。管委会代表万象市政府进行行政审批，费用由政府列入预算。

1. 园区管委会功能

赛色塔园区管委会管理功能主要包括法规制定、社会管理、投资审批与评估、规划环保、财税管理、内外经济合作六个方面。

（1）法规制定：研究并制定园区各项规章制度和管理办法，优化园区投资环境，增强园区管理效率。

（2）社会管理：负责计划和发展园区安全、科学、教育、文化、卫生、体育等社会事业，完善园区公共服务。

（3）投资审批与评估：以一站式服务为基础的行政审批及企业协调服务。

（4）规划环保：负责园区内规划审批与备案、环境保护监督和执法管理。

（5）财税管理：园区经济统计、税款收缴、信息服务、财政管理等。

（6）内外经济合作：配合 LCC 招商，提供政策解析、问题解答、市场信息等服务。

2. 老中联投公司与管委会的管理职能

老中联投公司管理职能主要包括规划开发、政策研究、企业招商、房地产开发与运营、基础设施开发运营、投资管理、企业服务、融资管理、社会管理、增值服务。其中，老中联投公司将独立行使融资管理、投资管理、基础设施开发运营、房地产开发运营、增值服务职能。

管委会管理职能主要包括政策研究、企业招商、企业服务、社会事业、规划开发、环保监督、发展统计、财税收支。其中，管委会独立行使环保监督、发展统计、财税收支职能。

3. 构建高层次管理体制

目前，根据双边政府间协定，主要是在老中合作委员会框架下组建相应的协调机构，涉及园区的重大事项可以通过每年召开的老中合作委员会会议进行沟通，云南省相应成立了由分管外经业务的副省长为工作组长的协调机构，负责与老挝经济特区与经济专区秘书处进行协调，园区的日常管理工作由 LCC 公司与管委会各司其职，进行共同推进。

4. 搭建老中联投公司运营平台

作为园区的运营机构，老中公司除担负做好建设、招商、运营等日常管理工作外，还担负着协调管委会功能，让管委会协同老中联投公司做好管理协同，高效完成对入园企业的政策支持、行政审批、公共事务管理等行政服务。同时，老中联投公司直接负责园区的招商工作以及对入园企业的除行政审批以外的服务职能。因此，客观上存在两个客户，即政府和投资者。为此，老中公司与管委会须建立联系制度、协调制度，需要进一步完善好此平台，做好沟通协调工作和服务工作。

·案例·

3.2 中白商贸物流园[①]

一、园区发展概况

（一）园区概况

中白商贸物流园是 2015 年 5 月 12 日中国国家主席习近平、白俄罗斯总统卢卡申科的共同见证下的首批进驻中白工业园的项目之一，也是中白工业园区首个开工建设、完工的项目，是中国在"一带一路"沿线国家的重要投资项目。园区将依托国内物流网络，建设连通中国—哈萨克斯坦—

---

① 资料来源：商务部合作司。

白俄罗斯—立陶宛—欧洲的国际物流通道，同时致力于打造集聚物流、商贸、通关服务等于一体的商贸物流综合大通道。

中白商贸物流园位于白俄首都明斯克以东25公里处，规划用地84公顷，预计总投资5亿美元，计划建设35万平方米各类仓库、分拨中心、堆场、综合保税区、物流信息中心、商贸展示中心、商务中心以及企业公馆、商务酒店等配套设施。建成后将成为白俄罗斯最大的物流园区和物流集散中心，服务于中白工业园企业、白俄罗斯当地企业乃至波兰、立陶宛、俄罗斯、哈萨克斯坦等周边国家企业，提供覆盖欧亚的综合物流服务。

中白商贸物流园由招商局物流集团（简称招商物流）投资兴建，招商物流是中A级央企招商局集团下属二级公司，是年营业收入规模超百亿的国内领先大型第三方物流企业，中白商贸物流园是招商物流实施的第一个海外项目。

图 3-13 园区物流交易展示中心

项目分三期开发，为期共九年（2015—2023年）。其中：首发区建设期2年，计划投资1.5亿美元，已于2017年完成；二期工程3年，拟于2020年底完成；三期工程4年，拟于2023年底完成。

（二）园区运营管理模式

中白商贸物流园的投资运营主体为招商物流专门成立的招商局中白商贸物流股份有限公司（简称"中白商贸"），该公司在全面推进工程建设的同时，也对园区各类设施的运营管理模式及未来的园区业务发展理模式进行了研究分析，在此基础上积极拓展各类相关物流业务。

商务中心拟采取"管家式服务、食堂式餐饮、外包式管理"经营思路，主要为中白商贸物流园及中白工业园内其他企业提供服务，管理上由招商蛇口美伦酒店人员进行管理。展示中心拟采取"前店后仓（厂），立体联动"模式，提供展销、专卖、博览等服务功能。仓储中心拟采用"五大基础服务逐步过渡为海外仓特色服务"的发展思路，其中五大基础服务为收发、仓储、分拣、配送及保税。

在业务发展上，运输业务将采用"班列闭环定制服务、海铁联运跨境运输"的运作模式；仓储业务将采取逐步由普通仓过渡到保税仓、海外仓和跨境电商仓的发展模式；通关业务计划将订单系统和海关申报系统对接，以实现全程信息化操作；贸易业务拟采取"搭建特色平台、搞活展会效益"的方式打造独具特色的商贸平台。

2016年，中白商贸累计完成6趟中欧专列及数百个散列集装箱的货物运输，全年合计完成656个铁路标准箱，实现营业收入1600万元。在设施租赁方面，确定8000平方米仓库，3000平方米堆场以及3000平方米展示中心的租赁意向，并且正在跟进其他意向客户约20000平方米的仓库租赁合作。同时，中白商贸积极拓展了江苏苏美达等中国客户的国际运输业务以及T&T等白俄当地客户的仓储业务。展示中心方面，与中白工业园合资公司，广东光电协会和白俄TC展览公司签订租赁意向书。

二、园区成功经验借鉴

（一）参与制度建设方面：把中国园区的经验推广到海外去

在中白商贸物流园的投资建设及业务发展过程中，中白两国建设标准、商业环境、行业发展水平、法律法规等方面存在明显差异。中白两国经济体制不同，白俄罗斯是典型的计划经济体制国家，70%以上的企业均为国有企业。国家有进行市场经济体制改革的愿望，但是缺乏相关经验，也缺乏相应的政治环境基础，中白工业园类似白俄罗斯改革开放的试验田，在诸多方面均在进行开创性的摸索和尝试。

中白工业园区开发股份有限公司首席执行官胡政在接受采访时表示，经过多年的发展，园区的开发运营已经成为招商局的一大优势，也是其重要的产业构成。"除了建立了蛇口工业区，招商局还在福建建立了漳州开发区，此次响应国家'一带一路'倡议的倡导，我们到海外办工业园区，不仅在白俄罗斯创办了中白工业园，还要在吉布提建设自贸区，在坦桑尼亚建立以港口为主导的开发区，并和多哥政府合作建立产业园区。"胡政谈到，未来，在海外建立园区的开发建设是招商局"走出去"的重要举措。其中中白工业园是工作重点，目的在于：一是把中国改革开放中建设园区的经验推广到海外去；二是通过建立海外产业园区来发展我们在物流和贸易方面的产业；三是借此来提高招商局的国际化程度，在国家"一带一路"的建设中发挥更重要的作用。

白俄罗斯行政命令指导经济发展的色彩比较强烈，物流行业发展市场化水平相对较低，在某些领域尚未有与国际接轨的行业规则，一些在国内普遍开展的业务（如公共保税区业务）的资质办理没有现行的规章制度可循，如需要改变则需以总统令的形式进行确认。中白商贸不断在努力争取有利于项目发展的政策支持。

（二）改进投资环境方面：两国政府强有力的支持使得投资环境不断改善。

园区建设有可借鉴的榜样和模板。中白双方在筹建工业园之初，就明确提出要学习中国—新加坡苏州工业园的成功经验。苏州工业园是我国第一个与外国政府合作建设的工业园区，经过20多年的建设发展，成功跻身国际最具竞争力的高科技工业园区之一，开创了一种可供复制的经典建设模式。中白工业园被称为苏州工业园的"白俄罗斯版"，它秉承了苏州工业园"借鉴、创新、圆融、共赢"的发展理念，借鉴了创造性定位建设方向、高标准规划发展目标、高规格搭建管理体系等苏州工业园的成功经验，致力于打造生态、宜居、兴业、活力、创新五位一体的国际新城。苏州工业园模式已乘风出海，正在欧洲腹地生根发芽。

中白工业园的开发建设获得了两国政府强有力的支持，投资环境不断改善。白方为"筑巢引凤"，以总统令的形式赋予入园企业头十年完全免税、第二个十年仅征半税的优惠条件，土地使用年限最长可达99年，为投资商营造最为宽松的投资环境。中方与白方共同制定了工业园起步阶段的节点任务目标，明确了各有关方面的责任，完善了园区建设和发展规划，解决了总承包商招标、工程造价、资金来源、劳务配额等问题。特别是2015年

5月习近平总主席在访问白俄罗斯期间专程前往中白工业园考察，为项目建设指明了方向，注入了全新动力。

目前，中白工业园已从筹建阶段迈入建设和运营阶段，起步区"七通一平"建设顺利完成，首批办公楼和厂房全面开工，正式入园和签署意向协议的企业达36家，首批入园的10多家企业预计可带动首轮投资20亿美元。此外，德国、俄罗斯、波兰、日本、韩国等其他国家企业也纷纷对园区表示了浓厚兴趣。中白工业园这颗明珠正在逐渐绽放出熠熠之光。

（三）存在问题和困难

中白商贸物流项目的投资建设与经营发展过程中，由于国情不同、市场环境不同，也遇到了诸多问题和困难，主要如下：

1. 公司承担的资金压力较大

海外物流园区属于重资产项目，投资较大、工程建设和市场培育的周期长、投资回收期长。以中白商贸物流园为例，总投资高达5亿美元，回收期在10年以上。

2. 汇率风险和不合理的财税政策风险高

海外项目往往面临较大的汇率风险。例如2015年5月—2016年1月，白俄罗斯卢布兑美元的汇率贬值超过40%。招商物流项目投入运营后需要采取金融手段规避此类风险。

此外，汇率大幅波动加上不合理的财税政策可能给企业带来不必要的损失。比如上述白俄卢布贬值导致中白项目公司美元对白俄卢布产生了浮盈，公司尚未投入经营活动就要被动缴纳盈利税。

3. 外方政府某些承诺兑现程序较为烦琐

以中白商贸物流园为例，根据白俄罗斯政府给予中白工业园的相关政策，入园企业以工程建设为目的的，在白俄罗斯境内采购的原材料和服务的增值税先征后返。但是由于该项目是中白工业园第一个项目，诸多政策的执行均为首次，需要层层协调和审批，中白商贸物流园在前期建设过程中曾出现了增值税征而不返的情况，后经多方协调才逐步解决。

第四章

中外境外经贸
园区的社会服
务体系比较

　　境外经贸园区的社会服务功能是园区发展壮大的关键，完善的社会服务体系对园区的招商引资、产业集聚和企业发展具有重要的意义。本章主要比较分析了中外境外经贸园区的社会服务体系，总结归纳相关经验，为中国企业"走出去"提供一定的借鉴。

第一节　社会服务体系的内涵及特征

一、园区社会服务体系的含义①

　　园区社会服务体系是指围绕园区内企业的核心需求，搭建以空间物业服务为基础，以产学研对接、政策服务、科技金融、人才服务、科技中介、市场营销以及创业文化环境服务等为主要内容，整合地方政府、大专院校、科研院所、重点企业等社会化、市场化服务资源而形成的多层次服务体系，其目标在于为经贸园区的组织、建设、运营提供规范性管理和服务。社会服务体系是各类经贸园区健康发展的重要支撑系统。一般地，它可以分为广义的社会服务体系和狭义的社会服务体系。广义的社会服务体系是指包括政策、法律和行政职能在内的，支撑和促进园区整体发展的全部活动。狭义的社会服务体系则主要指社会中介服务，只包括为经贸园区

---

　　① 刘飞.中国高新技术产业园区产业服务体系发展研究[D].武汉：武汉大学，2012.1-173.

及其产业提供有形或无形服务的部分①。

按照服务要素来源、服务内容属性等的不同，园区社会服务可以分为不同的类别。以服务要素来源分类为主线、以服务内容属性为副线，将园区社会服务体系的内容分为三大类：一是整合市场化、社会化服务机构资源提供的市场服务；二是产业园区依托自有资源直接面向园区内企业提供的园区服务；三是整合各级、各条线政府资源提供的政务服务。

（一）市场类服务

市场类服务由市场需求驱动，其服务内容主要集聚在科技中介和现代服务业领域，具体主要包括以下方面：科技金融、人才服务、技术创新、市场营销、科技中介以及其他各类专业服务。

（1）科技金融服务：包括创业投资、债权融资和金融中介等服务；

（2）人才服务：包括人才就业与企业招聘服务、人才培训服务、大学生创业服务、高层次人才创业服务、以及人才公寓资源配套等人才延伸服务；

（3）技术创新服务：包括科技成果转化、技术项目交易服务、校企合作、科技中介、技术应用示范等产学研用对接服务；组织建设公共实验室，推进大型实验设备、检验检测设备共享应用等公共研发服务；

（4）市场营销服务：包括企业宣传、产品推广、产品营销、政府采购等服务；

（5）其他专业服务：包括法律、财务、咨询、评估、担保、技术经纪、信息服务、专利认证、项目评估、商务统购、手续代办等服务。

（二）物业类服务

物业类服务指创业服务中心自身提供的服务，主要包括空间设施资源类服务、创业文化构建内容。

（1）空间载体服务：提供企业办公、研发、产业化所需的标准厂房、研发楼宇、商务楼宇，以及创业苗圃、孵化器、加速器等空间载体；

（2）基础设施服务：包括水电、道路、网络通信、互联网数据中心（IDC）、智能建筑与物联网建设；

（3）公共设备设施服务：公共会议室、产品展示厅、商务接待厅、仓储配套等；

---

① 资料来源：百度文库。https://wenku.baidu.com/view/5698e3fc710abb68a98271fe910ef12d2af9a9ca.html

（4）物业及城市配套服务：为企业提供安防、保洁、绿化等基础物业服务以及餐饮、居住、交通、休闲娱乐等城市综合配套服务；

（5）创业文化构建服务：包括用户中心（业务受理、申请查询、投诉中心等）服务、园区公共信息服务、各类活动组织与发布、企业例行走访、创业群体的互动平台构建以及企业社会责任、人文关爱、诚信创建等。

（三）政务类服务

政务类服务主要指政府职能部门在园区内为创业企业提供的各类服务，包括行政管理体制和运作机制、政策法规和行政职能等在内的促使园区整体发展的全部要素和活动。具体可包括：

（1）政策宣讲与信息推送服务：包括政策申报、受理、宣讲通知等相关资讯的推送服务，政策支持范围、申报条件、扶持力度等内容的企业宣讲；

（2）政策协调服务：根据产业发展、园区建设和创业企业的特殊需求，反映政策诉求、实施政策评估、开展政策协调、提出并争取针对性的政策支持，如建立海外协会，推动商协会与合作区建立合作关系，发挥其在信息交流、应对投资纠纷、应对海外风险等方面作用[1]；

（3）政务一门式服务：包括开办设立、企业资质、工商、税务、规划管理、项目审批、海关、出入境、政府采购、人才交流、劳动保护等在内的政务一门式服务，组织专业服务机构提供政策申报的咨询、代办服务[2]。

二、园区社会服务体系的功能

园区社会服务体系的功能主要包括配套、孵化、人才服务、资金支持、规范与引导、集聚、推介展示等方面。

（一）配套功能

在企业运营成长的过程中，不仅需要高质量的生产，还要有与之相配套的管理、财务、商务计划、市场营销、法律保障等，如果缺乏这些配套支撑，企业就无法正常的运转。园区社会服务体系就能够以"浓缩"的形式为园区内企业提供各方

---

[1]　刘英奎,敦志刚.中国境外经贸合作区的发展特点、问题与对策[J].区域经济评论,2017（3）：96-101.

[2]　资料来源：百度文库. https://wenku.baidu.com/view/5698e3fc710abb68a98271fe910ef12d2af9a9ca.html

面的相应配套服务，除了能够从软、硬件上为园区内企业提供专业的物业、环境保护等后勤服务，还能为企业提供一种中间渠道，可以帮助企业协调的供给方和需求方有效的接洽，减少各种交易的摩擦性损失。这些中间渠道还包括各种技术咨询公司、技术推广站、技术交易市场等。如有的园区积极将工商、税务、公安等这些与园区密不可分的政府职能部门引进园区，提供"一揽子服务"，方便园区的企业。

（二）孵化功能

孵化器是一种培育新生企业发展的创新型人工环境，其目的是通过提高新创企业的成活率和成功率来鼓励创新和创业，并以此促进地区经济的发展、科技成果的转化和产业结构的调整。园区的社会服务体系往往包含了这一功能，包括为初创企业提供廉价的租金和物业管理、共享的基础设施和秘书服务、政策和法律咨询、融资和研发渠道、管理咨询和培训以及新市场进入等。其运营一般要经过项目选择、孵化服务和企业毕业三个阶段，并有严格的准入和退出机制以确保孵化器资源的合理运用。初创企业与传统企业相比，在发展过程中往往存在着资金缺乏、市场开发难度大、专业性人才招聘难、信息获取渠道不畅通等问题，普遍面临信息、技术、资金、管理和竞争等难题，在创业初期有较大的市场风险，尤其是高新技术中小企业，自身发展实力很弱。但如果突破了初期瓶颈，就会迅速发展壮大。园区社会服务体系中的孵化器可以为处于创业阶段的各类高新技术中小企业提供全方位的孵化、中试服务，提供技术、资金、管理等全方位专业性的服务，促进企业成成和科技成果的市场化转换，缩短初创企业成长时间，帮助各类高新技术中小企业度过创业难关。

（三）人才服务功能

人力资源的聚集和培养是企业发展的关键，园区内企业发展的如何最终取决于所能获得的人才资源。园区的社会服务体系一般都包含对人才培养和引进的促进服务功能。首先，一些园区与高等院校和研究机构合作，可以利用高等院校培养一大批懂科研、经营管理和技术的高素质复合型人才。其次，一些园区会利用高职、高专等机构补充职业技能培训服务，为企业提供技能型的实用人才。最后，在人才引进和使用方面，经贸园区往往会实施一系列吸引优秀科技人才的政策和措施，形成一整套科技人才引进开发机制。如：在区内建立博士后、引进国内外专家、出国留学人员工作站，可以领先抢占高新技术领域的制高点；在人才储备方面，着眼于高科技企业未来发展的方向，积极为入园企业挖掘潜在人才，建立人才资料，以备企业在需要时能及时提供；在人才管理上，积极与当地政府部门协商，为这些创新人才解决户口、档案关系，排除他们的后顾之忧[①]。

（四）资金支持功能

资金短缺是大多数境外经贸合作区普遍面临的问题，解决企业融资问题可以为经贸合作区入区企业建立一种资金保障机制，有利于合作区的稳定可持续发展。合作区的入区企业大多数为中国的中小企业，合作区可以充分发挥组织、引导、规范的作用，提供必要的政策扶持和制度性保障，从企业融资方面考虑对入区企业的资金支持。园区的社会服务体系一般包含融资支持的功能，能够通过制度创新形成多层次、多元化的资本市场，为园区内企业提供广泛的资金来源和保障服务。园区融资服务中的投资主体可以是管委会有关部门、金融单位、风险投资公司等，涉及的融资形式可以是股票、债券、基金和担保金等，可以促进投资主体多元化、投资方式丰富化、投资风险分散化，有利于提高资本参与的积极性和活跃性，如联合发起成立互助性质的信贷担保基金会，建立信贷担保基金，建立中小企业发展基金，为中小企业提供税收优惠、财政补贴及贷款援助等，金融机构也可以在园区内建立分支机构，及时为企业提供融资咨询、财务管理等方面的服务[②]。

（五）规范与引导功能

在管理职能方面，社会服务体系能够帮助园区基本建设规划、项目审批和财税及外贸管理；实行有利于园区开发建设及成长的特殊的土地开发政策；提供国别和产业指引、园区服务指南、境外投资指南、商业环境预警、招商推介等，对投资入驻企业实行从入驻前到投入生产全程式服务，包括入驻前的商务考察、投资环境分析、优惠政策咨询以及入驻企业注册手续等和入驻后的厂房建设许可、厂房施工招投标安排、厂房建成后的验收执照等[③]；实行向高新技术产业倾斜的信贷政策、多渠道开放的融资政策；对一些涉及重点、核心技术的企业实施税费减免政策；给予通过政策性采购、协调价格价值；严格实施知识产权保护法、专利法，制定并完善产权转换和交易相关的法律法规；通过提供法律咨询、援助等服务，保护企业主体

---

　　①　孙六平，王宇红.大学科技园区服务体系研究[J].高科技与产业化，2005（2）：96-99.

　　②　孟广文.赞比亚—中国经贸合作区建设与发展[J].热带地理，2017，37（2）：246-256.

　　③　刘英奎，敦志刚.中国境外经贸合作区的发展特点、问题与对策[J].区域经济评论，2017，（3）：96-101.

的合法权益。各类优惠政策和管理服务能够吸引大量的资金、人才和技术，为园区的建立和发展开辟空间和市场，甚至可以利用经贸园区的国际合作关系和优越政策环境，进一步发挥制度创新功能，大胆尝试园区制度和政策的改革创新。

（六）产业集聚功能

园区社会服务体系的配套完善，有利于吸引企业向园区集聚，能够促进区域资源整合与经济聚集效应，形成企业、行业、产业集群，同时有利于园区形成集群氛围、发挥整体集群效应。在园区社会服务体系的帮助下，同类或供应链上下游的企业更容易汇集到一起，一方面，有利于企业技术创新成果的产生和商品化加速，园区社会服务体系内包含的大学、科研机构和企业基于相互合作、相互竞争而形成的一种"高压环境"，能够强烈地激发人们迅速获取各种信息，不断开拓创新，积极探索新的科学思想和理论，迅速更新观念，开发新的产品；另一方面，企业家可以缩短学习时间，中小企业可以获得接近或进入企业网络的机会，在与其他企业、资源和机会的联系中相互促进企业能力。

总之，园区的社会服务体系，是构成园区营商环境的重要内容，也体现着园区在招商引资和可持续发展方面的竞争力。因此，各境外经贸园区的运营管理机构越来越重视园区社会服务体系的建设完善，努力为入驻企业打造更加周到的服务呵护功能。

三、园区社会服务体系发展的阶段性特征

如果将经贸园区的发展划分为引进吸纳、项目促建、扶持成长、助推更强四个阶段，则在每一个阶段园区社会服务体系发展都有其发展的重点。

（一）引进吸纳阶段

1. 信息咨询

企业进驻经贸园区时，必然需要大量的咨询服务，获取有关园区的自然环境、基础设施、优惠政策、管理体制、已有科研机构、已有产业配套、创新文化、发展定位等方面的信息。咨询机构的专业信息服务，可以帮助企业对不同的园区进行比较选择，决定入驻与否。

2. 政策法规

园区的法律法规，是政府部门规范园区各方面的行为准则，规范着园区各方面

的关系，也形成了园区的政策法规系统，主要包括注册企业政策、投资政策、关税政策等。

3. 基础设施

园区应配套完善、发达的信息网络、道路、邮政、购物、文体娱乐、文化、加速器。同时，根据新设企业，新入驻科研机构的特殊需求，"特事特办"、尽最大努力解决其"私人"问题。

4. 产业和研发机构配套

园区内已有的研发机构、实验室、生产企业等可以根据新入驻科研机构、新设企业的实际情况，开展科研工作的分工和成果共享，实现上下游产业、同类产业之间的合作，实现共赢。

（二）项目促建阶段

1. 行政审批

管理也是服务，政府有关部门的依法行政自然也不例外。园区管理机构、当地经济发展部门、规划部门、国土资源局、建设部门等行政审批部门，应按照相关法律规定，准确地贯彻执行相关政策，为需要进行工程建设的符合要求的申报单位批复立项文件、发放建设工程规划许可证、施工许可证等一系列证件，办理建设工程质量监督、工程监理、劳动保险、基础工程验收、竣工总验收等相关手续。同时，海关亦应按照程序，依法、高效地为科研机构和企业急需的相应设备办理报关、通关、转关及减免税手续，方便设备的快速配置到位。

2. 建筑施工

建材生产企业、施工单位、监理单位应针对企业、高效、科研机构等的不同基建项目的施工要求和特点，组织专业施工队伍，严把建材质量关、严控施工过程，确保基建项目的按时、保质完成。

3. 物业管理

为保证进入园区的科研机构和企业的生产、生活设施有序、高效运转，物业公司应该建立完善的管理系统，提供相应的物业服务，并对突发事件进行妥善处置。

（三）扶持成长阶段

1. 资金支持

金融机构应为园区内部的中小企业提供包括上市融资、债券融资、股权融资、风险投资、产业资金等多种方式组合的资金支持服务。另外，对于一些中小企业短贷再续贷存在资金短缺的时间段，可以尝试安排"搭桥资金"，用以帮助中小企业解决资金流转问题。

2. 司法服务

伴随着企业的不断成长，难免会出现一些法律纠纷问题。新园区内应当建立相应的律师事务所、法律公证处等为企业提供保障。

（四）助推更强阶段

1. 教育培训

园区应通过多种形式不断给普通从业人员提供专业知识、实践技能的培训，使其快速成长为熟练工人、技术骨干。

2. 创新文化

园区要对符合产业发展需要、积极向上的精神因素加以提炼、鼓励和宣传，塑造和培育出具有区域个人的创新文化氛围；同时，园区要提倡具有创新开拓精神的现代企业文化，鼓励企业培育自己的企业精神、价值观念、行为准则和环境责任。

3. 发展咨询

园区内部企业发展到一定阶段，可能有"走出去"的需求。专业的咨询和中介机构可以为其提供法律咨询、政策咨询、市场咨询、投资咨询、行业咨询、产权代理、人事代理等咨询服务，协助企业拓展空间。同时，可以帮助有实力的企业通过国内创业板、国内主板市场、海外资本市场等多层次资本市场实现上市，协助企业资本营运。

4. 其他服务

经贸园区还可设立专门服务窗口协调处理安全生产、信访、投诉、各类群体突发事件等社会公共事务，提高应对突发事件的相应速度；构建国际科技商务服务平台，向企业落实"引进来"、"走出去"发展战略，为促进国际技术和产业转移服务。

面对不断变化的外部形势和日趋激烈的竞争环境，各类境外经贸园区必须把提高服务能力作为首要来抓，以服务促进发展，坚持"对企业诉讼要上心、对企业承诺要诚心、对企业问题要用心；让企业零跑路、办事零距离、建设零干扰、服务零不满、环境零障碍、管理零缺陷、情感零纠纷"的"三心七零"原则，建立以服务为核心的组织文化，完善园区内部服务链。

第二节　当地政府对境外经贸园区社会服务体系的支撑

一、政府参与园区社会服务体系建设的相关理论 [①]

（一）苗床理论

苗床理论是研究新出现的组织和部门成长发展与地理区位等其他外部环境之间关系的理论。根据苗床理论，可以认为社会服务体系是境外经贸园区企业发展所需要的外部环境的合集，它本身具备一定的独立运作功能，同时在它建立初期则受到中央与地方政府的政策扶持。比如为园区企业提供指现代办公条件和公用设施、协助企业开发和培训管理人才队伍、提供金融贷款支持、法律服务援助、减免税收和物业费用等措施，来营造一个适合企业在境外发展的小环境。

（二）三元参与理论

三元参与理论于1993年由科学工业协会提出，其主要内容是政府、企业、大学的合作共赢。国内外的无数实践和经验证明，政府、企业、大学面临的许多无法独立解决的问题，需要三方优势互补、发挥协同作用才能实现多赢的局面。企业作为参与的主体，以合作方式运营是一种战略布局；政府扮演制规范度、政策激励和行为引导的角色；而大学是官产学合作机制的知识源泉。通过三元参与，不仅能达到较低成本和较高科技成果转化率的要求，而且适应技术创新过程的特点并整合大学、企业和政府的分散资源。世界许多著名科技园区的发展历程都表明，政府、企业、大学的三元参与是园区发展的重要动力源泉，也是园区社会服务体系建设的基础理论之一。

---

① 　刘飞.中国高新技术产业园区产业服务体系发展研究[D].武汉：武汉大学，2012.1-173.

二、政府在境外经贸园区社会服务体系中的作用

由苗床理论和三元参与理论可以看出，政府在园区社会服务体系中起着重要作用，尤其在境外经贸园区建立之初，政府的理念、引导、支持对整个园区社会服务体系的支撑可以说是举足轻重的，往往决定了园区运营的成败。

（一）规范优化园区行政和公共管理

发挥政府职能，对境外经贸园区的行政管理、公共管理等进行规范和优化，为园区运行提供良好的条件和支持，是当地政府对境外经贸园区的基本功能，也是重要的支撑作用。包括：树立对企业全过程、全方位、全天候的服务承诺体系和科学规范的管理秩序，为企业提供一站式审批和一条龙服务，推进园区信息化建设，促进园区人才支撑，完善各种公共服务平台建设，如为广大中小企业搭建电子政务、电子商务、市场信息发布、网上咨询、风险控制等便捷的服务平台[1]。

在规范优化境外经贸园区行政管理、公共管理方面，各国政府的做法不尽相同，大体上有以下几种方式：

第一种是当地政府主导，从宏观上为境外经贸园区创造良好的运作环境和服务，比如赞比亚—中国经贸合作区[2]。

中赞两国高度重视经贸合作区的建设与发展，在投资、税收及融资等方面给予了充分支持。2008年两国政府签署了《赞比亚中国经济贸易合作区投资促进与保护协议》，为合作区内的投资者提供长期投资保护、税收和工作许可等优惠政策，并对赞中经贸合作区提供财政资金支持。2010年两国政府签署了《对所得避免双重征税和防止偷漏税的协定》，避免了中赞因居民税收管辖权和来源地税收管辖权而产生的矛盾。

在赞比亚政府方面，根据赞比亚发展署2006年法令，在合作区内投资不低于50万美元、从事《赞比亚发展署法》规定的多功能经济开发区的优先行业，并且获得赞比亚发展署颁发的相关执照的企业，除了享受相关法律赋予的普通优惠政策之外，入区企业有权获得至少5名外籍员工的工作许可，在税收方面包括所得税、关税及增值税也提供了相应的优惠政策（表4-1）。

① 胡卓南,黄小平.国内外工业园区发展经验对江西的启示[J].老区建设，2013,（10）:15-17.
② 孟广文.赞比亚—中国经贸合作区建设与发展[J].热带地理，2017,37（2）:246-256.

表 4-1 赞中经贸合作区优惠政策

项目		优惠政策
工作许可		入区企业有权获得至少 5 名外籍员工的工作许可
税收优惠		在合作区内投资不低于 50 万美元，从事《赞比亚发展署法》规定的优先行业或产品，并且获得赞比亚发展署颁发的相关执照的企业，除了享受有关法律赋予的普通优惠政策和上述优惠政策之外，有权获得下列额外优惠政策：
	所得税	（1）首次实现盈利的第 1~5 年，免缴公司所得税 （2）首次实现盈利的第 6~8 年，按适用税率的 50% 缴纳公司所得税 （3）首次实现盈利的第 9、10 年，按适用税率的 75% 缴纳公司所得税 （4）首次宣布红利的第 1~5 年，免缴红利的预扣所得税
	关税	对于进口原材料、资本性货物和机器设备（零配件除外），五年内免缴关税
	增值税	在当地采购或从国外进口的用于优先行业投资的货物和服务，免缴增值税

资料来源：赞比亚中国经济贸易合作区网站（http：//zccz.cnmc.cn/outlinctemjsp?outlinetypc=2&column_no=71702）；中国有色矿业集团有限公司（http://www.cnmc.com.cn/zhuanti/zby/detail.jsp?column_no=0120150204）。

　　同时，经贸合作区在赞比亚和中国设立了多个投资服务机构，如经贸合作区规划招商部、卢萨卡办事处、北京代表处、规划招商部北京办公室，为投资者提供"一站式"全方位服务。包括：协助办理申请赴赞比亚考察团组或个人的签证及安排考察路线；提供机票、酒店、当地交通工具的预订服务；提供赞比亚法律法规、产业规划和市场信息的咨询服务；受托或协助从事在赞比亚投资项目的可行性研究论证；受托或协助办理企业注册阶段的各种手续，如公司登记、银行开户、税务登记；受托或协助办理企业建设阶段的各种手续，如环境影响评估、规划设计审批、进口设备清关；受托或协助办理生产经营过程中需要的各种执照和许可证的申请事宜；为入区企业提供与赞比亚政府部门和相关机构沟通与协调的服务；受托或协助从事相关行业的深入调研；组织入区企业参加赞比亚境内外的相关展览（销）会；协助投资者融资贷款；潜在投资者或入区企业需要的其他服务。

　　第二种是通过政府与境外经贸园区联合的方式，由园区主导提供园区内公共管理和各种社会服务，如法国科技园区的管理机构一般由法国国家研究推广署、地区"产业化办公室"、地区工商会等联合建立；新加坡政府虽然在园区的管理上具有丰富的经验，但一般也不直接进行管理，而是由园区管理委员会、理事会等机构进行管理，这些机构往往具有很高的自主权①。

比如由新加坡在中国的境外经贸园区——苏州工业园区，就是借鉴新加坡园区经验进行建设运作的。园区始终注重经济社会环境的协调、城乡统筹发展，一是创立了以邻里中心为核心的新型社区管理与服务模式，使工业园区成了市民家的延伸和社区交流活动中心；二是园区推行公积金制度，在不增加企业负担、不减少员工收入的前提下，一揽子解决员工养老、医疗、生育、住房、失业等多项社会保障，使"老有所养、医有所靠、居者有其屋"由理想变为现实②。

（二）引导推动园区企业之间的共生③

根据学者Gibbs④对30个美国工业园和33个欧洲工业园进行的研究，相比之下，欧洲的工业园成功的较多，而美国的工业园失败的较多，一个重要原因就在于政府在园区社会服务体系中所起的支撑作用的差异。

在Gibbs所调查的30个美国工业园中，有15个是在克林顿政府时期由美国可持续发展总统委员会（the U.S. President's Council on Sustainable Development，USPCSD）推动成立的，被Chertow⑤称之为有计划的共生。USPCD先创建一系列生态工业园区，然后再引进企业进入这些工业园区，进入园区的企业都是一些理论上可能发生共生的企业，USPCD希望进入这些园区的企业集聚在一起，通过共生提高企业的效率、合作和环境责任。

USPCD的宗旨很好，但进入这些工业园区的企业却另有目的，一方面想获得媒体的关注、提高企业的知名度，另一方面则是为了获得国家的公共财政支持。企业之间也不是不想共生，而是由于进入园区的企业以前缺少合作、彼此不了解，管理层之间交流也比较少，对其他企业的生产流程也不是很了解，因此没有建立起共生所需的信任机制和惩罚机制。所以，企业领导层对企业之间的共生关系关注得很

---

① 李永周，辜胜阻.国外科技园区的发展与风险投资[J].外国经济与管理，2000，23（11）：42-46.

② 胡卓南，黄小平.国内外工业园区发展经验对江西的启示[J].老区建设，2013，（10）：15-17.

③ 杨玲丽.生态工业园工业共生中的政府作用——欧洲与美国的经验[J].生态经济，2010，（1）：125-128.

④ Gibbs D, Deutz P, Procter A. Sustainability and the Local Economy: The Role of Eco-industrial Parks [R]. Paper Presented at Ecosites and Eco-Centres in Europe, 19 June, 2002. Brussels, Belgium.

⑤ Chertow M R. "Uncovering" Industrial Symbiosis [J]. Journal of Industrial Ecology. 2007, 11（1）：11-30.

少，这就造成了名义上的生态工业园区，而实际上企业之间很少实现共生合作。从理论上来讲，美国政府的设想是完美的，规划了一系列全新的高科技、配套完善的生态工业园，却忽略了企业之间信任机制的建立需要一个过程，需要企业之间通过磨合从短期的少量合作走向长期的大量合作，即企业之间信任机制的建立是一个循序渐进的过程，只有建立起了信任以后，企业之间才有可能发生共生关系。这些进入生态工业园区的企业之间以前没有任何往来和合作，对彼此不了解，因此建立共生合作的意愿就不强。

而欧洲的生态工业园早期多数是自发形成的，被Chertow称之为自组织的共生。以最成功运作的丹麦的卡伦堡生态工业园为例，早期的产业共生是当地几家重要企业如发电厂、炼油厂等为了应对淡水短缺和能源价格上涨带来的成本危机而开展的相互利用废水、废气方面的合作，自发形成了产业共生交换，但这种共生交换直到1989年才被当地高校的一些学生在做科研时发现，这种共生现象才被社会各界注意到，欧洲的媒体及学术界才从环境的视角对这一共生形象做了描述和报道，企业之间形成自发共生的原因很简单——节约成本、增加收入、商业的延伸、水和能量的稳定供应等。

卡伦堡政府没有从一开始就干预到园区共生中去，而是基于卡伦堡工业园中企业合作的需要，分阶段给予财政和政策的支持，减少企业之间共生合作的障碍，使共生关系的建立更加顺利。卡伦堡政府后来于1996年成立了卡伦堡工业发展机构（Kalundborg's Industrial Development Agency）和环境俱乐部（Environment Club），进一步提供资金和政策支持，推动新的更完善的共生交换合作。由于卡伦堡地区的企业之间已经有了多年的基于信任的共生合作的基础，企业之间的交流较多，企业管理人员也大多数比较熟悉，彼此信任度较高，因此卡伦堡地区企业的管理人员大多数会参加环境俱乐部的各种活动，使区域内形成的共生氛围进一步增强，能够共同推动卡伦堡地区新的及更稳定的交换合作。

卡伦堡生态工业园的经验显示，在园区企业共生的形成过程中，政府的作用是不容置疑的，政府恰当理念引导、财政和政策支持、平台搭建等对于园区企业的共生关系建立具有重要作用。Ehrenfeld 和Chertow [①]认为产业共生系统中企业也面临

---

① Ehrenfeld J R, Chertow M R. Industrial Symbiosis: The Legacy of Kalundborg [A]//Ayres R U, Ayres L W. A Handbook of Industrial Ecology [C]. Cheltenham, UK: Edward Elgar, 2002.

着合作的风险，比如对其他企业的高度依赖会变成要挟，寻找合作伙伴也会导致企业交易成本的提高，这就需要政府提供相关的政策，减少企业之间共生中的交易成本，为共生交换创造条件。Ehrenfeld 认为产业共生系统比普通的工业网络能够产生更大的公共利益，因为它能为环境保护做出更大贡献，因此需要政府的公共支持，如果没有公共支持，私人公司是不愿意承担这样做的风险。

Baas 和 Boons [①] 提出产业共生的稳定发展要经过三个重要的阶段：区域效率（regional efficiency）→区域学习（regional learning）→稳定的产业区（sustainable industrial district）。政府在什么阶段介入才是有效率的呢？政府的作用不是一开始就规划园区中的产业共生，而是要为产业共生创造其发展的条件，为那些已经出现或有可能出现共生现象的区域提供促进共生发展的政策及财政支持。政府在产业共生不同阶段的作用包括：

（1）引进共生系统中所需要的核心企业（bring existing kernels to light）。学术研究已经为产业共生提供了很多的理论支持，而公司的管理者通常对产业共生及副产品的交换缺乏了解，规划者可以从一开始与研究专家一起对共生园区做一个很好的规划，比如重工业园区要引进共生所需要的各种核心工业如矿、铁、水泥、化工等，使共生交换有可能发生。

（2）帮助核心企业，使它们之间形成共生（assist kernels beginning to take shape）。共生的核心体已经有了，但企业的管理者担心共生可能会增强企业的交易成本。这时候，政府财政的支持帮助这些核心体之间形成共生很重要。英国的可持续发展商业委员会（The U.K. Business Council for Sustainable Development）已经成功规划了世界上最大的副产品交换聚集区——"国家产业共生项目"（The National Industrial Symbiosis Programme，NISP），它的作用是创造稳定商业机会使各个共生核心之间的共生成为可能，从而提高资源的有效率利用率。

（3）促进新的共生体形成（identify and assess "precursors to symbiosis" as catalysts for new kernels）。一些与环境相关的项目可以被看作共生的驱动器，例如垃圾和废水的再处理、再使用等。这些项目可以由公共或私人部门推动，作为更广

① Baas L W, Boons F A. An Industrial Ecology Project in Practice: Exploring the Boundaries of Decision-making Levels in Regional Industrial Systems [J]. Journal of Cleaner Production, 2004,12（8/10）: 1073-1085.

泛交换的桥梁；另外一种共生的驱动器是在园区内创造一种成功的物质交换的例子，作为一种示范效应，吸引更多的新的共生关系的形成。政府在引进核心企业、帮助共生形成、促进新的共生形成的过程中，都需要提供促进其发展的政策及财政支持。

三、政府支持境外经贸园区社会服务体系建设的案例启示

（一）柬埔寨西哈努克港经济特区[①]

柬埔寨的西哈努克市位于柬埔寨的西南部，与该国4号国道相邻，距离当地火车站12公里，距离西港国际机场3公里，交通条件便利。西哈努克港毗邻泰国湾，是柬埔寨唯一的出海港口，地理位置优越，以国际货运、旅游业和渔业为主，是东南亚最大的进出口贸易港口之一。当地旅游业较发达，与金边、吴哥窟并称为柬埔寨的三大旅游胜地。西哈努克港经济特区（Sihanoukville Special Economic Zone of Cambodia，FSSEZ）由中国江苏太湖柬埔寨国际经济合作区投资有限公司与柬埔寨国际投资开发集团有限公司共同开发，是柬埔寨最大的经济特区。该特区是中国首批设立的8个境外经贸合作区之一，是唯一一个签订国家间框架合作协议的境外经贸合作区。

西港特区总体规划面积为11.13平方公里，目前建成区面积约为5.28平方公里，是柬埔寨当地生产、生活配套环境完善后的国际化工业园区，吸引力来自世界各国的近百家企业入驻，为企业搭建了"投资东盟，辐射世界"的立项投资贸易平台，同时被称为柬埔寨的"深圳"。

西港特区开创了多个最好以及第一。例如，西港特区是柬埔寨批准的面积最大的经济特区；是西哈努克市经济发展最好，就业人口最多的经济特区；第一个签订双边政府协定确定法律地位的合作区；第一个建立双边副部级协调委员会促进机制的合作区；第一个联合中国高校培养留学人才的经济特区等。在两国政府的大力支持下，西港特区发展迅速，目前已有5.28平方公里区域实现通路、通水、通讯、排污（五通）和平地（一平），相应的生产和生活设施业也逐步完善心。西港特区不仅引入了由柬埔寨发展理事会、商业部、商检、劳工局、西哈努克省政府代表组成

---

① 王雪.中国境外经贸合作区的发展研究——中柬西哈努克港经济特区为例[D].天津：天津师范大学，2017：1-41.

的"一站式"行政服务窗口，还引入清关物流公司及柬埔寨加华银行等，为入区企业提供了高效、全面的服务；同时，联合无锡商业职业技术学院共同建设西港特区培训中心，为入区企业提供语言和技术培训，成效显著。

经过8年的发展，西港经济特区被柬埔寨政府寄予厚望，预期将其建设成为柬埔寨的"深圳"。目前，西哈努克港经济特区引进来自中国、欧美、日韩等国家和地区的企业103家，其中88家已经生产运营，解决了1.6万名就业，是当地人民的饭碗 [1]。表4-2为入驻西港特区的较为有名的国内外企业，其中最为有名的为中国的红豆国际制衣有限公司，是西港特区的主导企业，也是西港特区最早的拓荒者。

表4-2　进驻西港特区的较为成功的企业

编号	企业	编号	企业
1	红豆国际制衣有限公司	19	Cambodian Handlift Product Co., Ltd
2	山东森林木业（柬埔寨）有限公司	20	邱氏聚氨酯材料（柬埔寨）有限公司
3	欧菲娅皮件（柬埔寨）有限公司	21	Guifeng Optoelectronics Technology (Cambodia) Co., Ltd
4	Asle Electronic (Cambodia) Co., Ltd	22	Romantic Leather (Cambodia) Co., Ltd
5	Izymi Electronic (Cambodia) Co., Ltd	23	Oceanus (Cambodia) Co., Ltd
6	Cambodian Gateway Underwear Co., Ltd	24	海聆梦（柬埔寨）家纺有限公司
7	瑞贝卡发制品（柬埔寨）有限公司	25	Kaitai Home Textile (Cambodia) Co., Ltd
8	顺成实业（柬埔寨）有限公司	26	Fazzini Home Textile (Cambodia) Co., Ltd
9	克里沙发皮业柬埔寨有限公司	27	浙江东宸建设有限公司
10	科莱雅皮件（柬埔寨）有限公司	28	南京尧化土石方工程有限公司
11	J.D.Y Pharm Co., Ltd	29	Hexxon International Corporation Co., Ltd
12	江夏服饰（柬埔寨）有限公司	30	Link Star Logistics Co., Ltd
13	威尔斯（柬埔寨）钢业工程有限公司	31	Royal Cargo Combined Logistics Inc.
14	辉煌鞋业有限公司	32	均辉船务（柬埔寨）有限公司
15	万海衣架（柬埔寨）有限公司	33	加华银行
16	柬埔寨圣瑞斯服装有限公司	34	Horseware Products (Cambodia) Co., Ltd
17	Caffco International (Cambodia) Co., Ltd	35	Galey Global (Cambodia) Co., Ltd
18	柬埔寨全星家用纺织品有限公司	36	Jinchenyuan (Cambodia) Co., Ltd

资料来源：西哈努克港经济特区官网，http://www.ssez.com

注：由于进驻企业过多，在此仅列出发展较好的 36 个。

2015 年 4 月，中国国家主席习近平在万隆会议会见柬埔寨首相洪森时，提出要在"一带一路"框架内加强基础设施互联互通合作，营运好西哈努克港经济特区。今后，西港特区将以此为基础，加快特区经济发展步伐，努力把西港特区建设成为中国境外经贸合作区的成功典范，成为"一带一路"上的璀璨明珠。

西哈努克港经济特区作为中柬两国间的重要合作项目，西港特区受到了中国和

---

[1] 资料来源：新华网西哈努克经济特区公众账号。

柬埔寨两国政府领导人及各级政府部门的高度重视。2010年，两国政府在北京正式签订《中华人民共和国政府和柬埔寨王国政府关于西哈努克港经济特区的协定》，奠定了西港特区的法律地位。2012年6月，贺国强在和柬埔寨首相洪森共同为西港特区揭牌。同时，在双边框架协定下，2012年12月，西港特区协调委员会在无锡召开第一次会议。

1. 优惠的税收政策

凡是进入柬埔寨西港经济特区的企业均享有宽松优惠政策，尤其是税收方面（见表4-3），西港特区的优惠政策较其他东南亚国家更为宽松，吸引了大量国内企业到柬埔寨西港特区投资，带动双边贸易的发展。柬埔寨政府提出的《2015—2025工业发展计划》中提到"要把西哈努克省这个区域定位为整个经济特区"，这种政策的延续性为西港特区的发展提供了政策保障。

表4-3 企业进驻西港特区享受的优惠政策

税种	具体内容
出口税	免税
进口税	免税：用于生产的机械设备、建筑材料、零配件、原材料等
企业所得税	可以获得6-9年的免税期，免税斯过后所得税税率为20%
增值税	①生产设备、建筑材料等增值税率为0% ②服务于出口市场的产业，增值税率为0%，服务于内销市场产业，增值税率为10%

资料来源：西哈努克港经济特区有限公司整理而来。

2. 优质的配套服务

除了宏观政策支持，政府还对西港特区的社会服务体系建设给予极大的支持。第一，提供价格优惠的土地及厂房；第二，行政服务现场办公，"一站式"行政服务窗口的入驻，为入区企业提供投资申请、登记注册、报关、商检、合法原产地证明等服务。企业登记注册、进出口报关、商品检验检疫、申请原产地证、企业用工及劳资矛盾协调等都可在特区综合服务中心柬埔寨政府部门驻区"一站式"服务窗口申报办理；第三，清官物流区内完成。特区综合服务中心、不仅有加华银行的分支机构，而且有两家报关公司和一家船务公司，企业进口出口的货物均可在区内完成清关和运输手续后办理；第四，沟通协调网联迅速。特区公司充分发挥现代通信工具作用，与区内企业建立了网络群，相互之间可及时沟通信息，加快了问题的处理；第五，生活设施逐步完善。特区内设有宾馆、餐厅、宿舍、市场、超市、篮球场、网球场等食宿、休闲生活场所，为区内企业接待客商、区内员工食宿和开展文体活动提供了基本条件；第六，协助企业招工，向企业推荐具有语言和管理能力的人才及员工；第七，开办西港特区培训中心，为入区企业员工提供语言及技能培训；第八，提供物流、清关、安保及物业管理服务；第九，提供经贸信息，推荐合作伙伴。

具体投资流程（见图4-1）。

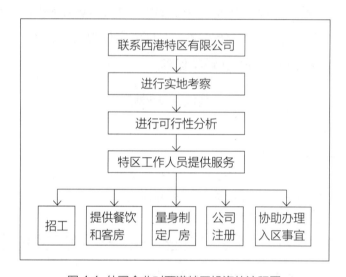

图4-1 外国企业对西港特区投资的流程图

资料来源：西哈努克港经济特区有限公司。

（二）新加坡裕廊工业园服务体系的启示[①]

新加坡政府素有"世界上最物美价廉"的政府之称。新加坡的软件建设（或叫作软环境建设）经验也堪称世界一流，是新加坡取得成功、赢得赞誉的主要原因之一。新加坡园区以为客商服务为最高宗旨，把亲商思维融合在招商引资、日常管理服务的态度和价值观中，建立无微不至的客户服务体系，积极创造亲商重商的服务环境、法制透明的政策环境、开拓创新的人才环境、生活舒适的自然环境。如裕廊

---

① 卫平,周凤军.新加坡工业园裕廊模式及其对中国的启示[J].亚太经济，2017（1）:97-102.

集团经常以登门拜访、年度聚会、客户讨论会等多种形式，征求企业意见，切实解决企业的困难。

新加坡是世界上最繁忙、运输最快的海港，每天能处理8000辆集装箱车，平均每个集装箱的通关时间仅需25秒，远高于荷兰的12小时，美国的8小时，深圳的7天，办理速度是世界上最快的。在新加坡，投资一个股份制企业的所有手续只需要3个小时即可办结；对于厂房设计方案和建设项目的批准，只需要45分钟。因这么快捷的服务与其说是一种实际的服务方式，不如说是吸引投资的一种表示。在《2000年世界竞争力报》综合排名中，新加坡公务员被视为对企业最友善，新加坡经商之易，亚洲第一、世界第五。

1. 采取"政联公司"化经营管理模式

新加坡政府虽然是裕廊工业区最初的开发者，却并未直接参与工业区的具体管理。JTC是企业与政府的结合，具有很高自主权，采取经营化管理方式，是自负盈亏的"政联公司"，但其又是政府投资和规划的法定机构。JTC本质上是一个房地产开发商，但是园区管理委员会的很多服务都涉及政府公共管理领域，JTC作为园区的开发者和推广者，还提供治安维护、税收、海关、社会保障、教育、计划生育、全民体育运动、劳工等多项公共服务，打造周全的"一站式"服务体系，有效降低了企业与政府相关的交易成本。裕廊工业区的管理制度将市场机制引入工业园管理，带来了租金的下降和园区公用设施成本的降低，优化了园区投资环境，提高了园区管理效率，并保证了较好的规模经济和充足的经济发展空间。

2. 注重园区基础设施的配套完善

裕廊工业园的基础设施建设是从工业园的全面发展出发，按照总体规划的要求，先投入主要力量建成比较完善的基础设施，为工业区的发展打下坚实基础。同时，各种社会服务设施也同步发展，兴建了学校、科学馆、商场、体育馆等，使裕廊工业园成为生产和生活的综合体，使生产和生活相得益彰，对园区的人才储备起到了非常大的促进作用。高度重视环保基础设施建设，统筹并优先考虑污水处理厂和垃圾收集系统、垃圾焚烧厂、垃圾填埋场等环保基础设施的规划建设，把极为稀缺的土地资源，优先保证环境基础设施使用。

第三节 中资境外经贸园区的社会服务体系建设

一、建立境外经贸园区工作机制和服务指南

2015年6月11日，为进一步推动境外经贸合作区（简称合作区）建设发展，发挥行业组织在合作区招商促进中的作用，"中国境外经贸合作区投资促进工作机制"成立大会在商务部召开。会议决定成立由部合作司、13家合作区和3家商协会共同组成的"中国境外经贸合作区投资促进工作机制"，标志着中国境外经贸合作区投资促进工作机制正式建立。

同年8月，商务部还制定了《境外经贸合作区服务指南范本》，以进一步做好境外经贸合作区建设工作，推动合作区做大做强，发挥其境外产业集聚和平台效应。其中，对境外经贸合作区从信息咨询服务、运营管理服务、物业管理服务、突发事件应急服务四个方面提出内容要求。比如，在运营管理服务中，明确提出了服务入区企业范围宜包括注册、财税事务、海关申报、人力资源、金融服务、物流服务等环节 [①]。

（一）信息咨询服务

1. 政策咨询

境外经贸合作区建区企业（简称建区企业）为进入合作区投资创业的企业（简称入区企业）搭建与东道国政府部门和有关机构沟通、协调的平台，提供包括投资、贸易、金融、产业等相关政策咨询服务。

2. 法律服务

建区企业为入区企业提供东道国与投资相关的法律咨询服务，帮助入区企业了解东道国基本法律，熟悉投资环境，寻找和委托相应的法律服务中介机构。

3. 产品推介

---

① 李志鹏.境外经贸合作区的发展实践探索[J].国际工程与劳务，2016（9）：30-32.

建区企业协助入区企业参加东道国举办的展览会、行业产品对接会、贸易洽谈会等，为企业搭建合作平台，推介入区企业生产的产品，并为其寻找产品代理商或经销商。

（二）运营管理服务

1. 企业注册

建区企业建立与东道国外资管理部门或投资促进机构的沟通和联系机制，为入区企业提供在东道国注册登记的相关咨询服务，协助入区企业办理注册登记、投资项目环境影响评估和规划设计审批等相关手续。

2. 财税事务

建区企业为入区企业提供东道国相关财务和税收方面的政策咨询，并协助入区企业在财务管理、商标注册、税收申报和缴纳等方面的工作。

3. 海关申报

建区企业为入区企业提供东道国关于海关申报、进口报关、仓储运输、进出口手续、原产地证明及关税申报等相关咨询服务。

4. 人力资源

建区企业为入区企业提供东道国关于员工管理、人员签证等政策咨询服务，并协助入区企业相关人员办理签证、举办员工培训、人员招聘、人才交流等人力资源方面的事务，帮助招聘本地员工，代办中国员工的邀请、签证等。

5. 金融服务

建区企业为入区企业提供投融资、保险等金融咨询服务，协助企业办理相关金融手续，建立入区企业和国内外金融机构联系的渠道。

6. 物流服务。

建区企业可根据入区企业的要求，为提供必要的物流服务，包括运输、仓储、装卸、搬运、配送、信息处理等。

（三）物业管理服务

1. 租赁服务

建区企业根据入区企业的要求，为其提供标准厂房、写字楼、仓库、展示厅、堆场等设施的租赁服务。

2. 厂房建造

建区企业可在入区企业新建厂房时，提供必要的支持，协助其办理包括设计、施工招投标、申请厂房建筑许可证、厂房开工证以及验收执照等在内的相关手续。

3. 生产配套

建区企业为入区企业提供生产配套便利和服务，包括供电、供水、供暖、通讯、通气、安保、废水处理、垃圾处理、有毒废料处理等。

4. 生活配套

建区企业可为入区企业提供员工宿舍、高级公寓、运动健身、文化娱乐以及各式餐饮等生活配套设施服务。

5. 维修服务

建区企业可为入区企业提供专业、高效的维修服务，帮助入区企业解决生产、生活遇到的维修困难。

6. 医疗服务

建区企业可为入区企业有关人员提供简易医疗救治服务，并与合作区所在地医院建立畅通的紧急救治通道等。

（四）突发事件应急服务

建区企业应做好突发事件应急预案，有效预防和应对火灾、水灾、罢工、破坏活动等突发事件的处理救援工作，保障园区及入区企业在经营活动中的人身财产安全。

二、加强境外经贸园区风险防范服务

2010 年 6 月，为贯彻落实国务院《关于推进境外经济贸易合作区建设的意见》（国函〔2008〕17 号），进一步完善配套政策体系，商务部下发了《关于加强境外经济贸易合作区风险防范工作有关问题的通知》，以积极稳妥地推进境外经济贸易合作区（以下简称合作区）建设工作，有效规避防范合作区建设过程中的投资风险和信用风险。要求各地商务主管部门参照通知中的机制和措施，与当地中国信保机构加强工作协调，研究制定合作区风险防范措施，指导当地建区和入区企业充分利用信用保险，做好风险防范工作，保障投资安全，并及时向商务部(合作区办公室)和中国信保（项目险管理部）反映问题。

具体内容包括：

1.商务部和中国出口信用保险公司（以下简称中国信保）共同建立合作区风险防范机制

商务部依据合作区建设的统一部署，全面促进和监督合作区的风险防范工作。中国信保积极履行国家赋予的职责，为合作区提供风险分析、风险管理建议以及保险等风险保障服务。

2.商务部加强合作区风险防范工作的措施

（1）通过多、双边渠道，对于经商务部批准的合作区，积极争取两国政府商签框架协议。

（2）会同有关部门将风险防范措施纳入合作区确认考核内容。

（3）加强合作区的风险防范指导工作，鼓励引导相关企业强化自身风险管控，并充分利用政策性保险工具有效规避风险。

3.中国信保提供合作区风险保障服务的措施

（1）会同商务部向已经商务部批准的合作区建区和入区企业提供培训、投资咨询、融资设计、国别风险分析、行业风险分析及风险管理建议等服务。

（2）对于经商务部批准的合作区，中国信保按其承保政策，为建区、入区投资项目提供投资保险保障，承保征收、汇兑限制、战争、政府违约政治风险。

（3）针对合作区特点和需求，研究开发个性化的承保模式，对项目风险实行一揽子评估，对同一合作区的入区项目实行统一承保政策，对已承保项目实行动态跟踪调整。合作区项目承保操作细则另行制定。

（4）对于经商务部批准的合作区项目，在不违反当地相关法律法规规定的基础上，中国信保可为区内投资企业的海外销售提供信用保险服务。

（5）对于经商务部批准的合作区，中国信保将视项目具体情况，对风险较低的项目给予一定的费率优惠，并适当简化承保手续，加快承保速度。

4.商务部和中国信保建立业务协调和信息沟通机制

商务部及时向中国信保通报合作区建设和招商进展情况以及建区和入区企业名单；中国信保定期向商务部通报为合作区建区和入区企业提供风险保障服务的情况以及合作区利用投资保险等政策性金融工具进行风险防范的情况。

三、提供境外经贸园区基础建设服务①

基础设施建设是境外经贸园区开发的基本服务内容，中国在这方面累积了丰富的经验，取得了不俗的成绩。如：泰中罗勇工业园为满足园区逐渐走向规模化、规范化的社会服务要求，就加强了建设大型公寓楼群以及与之配套的商业服务区，目前已有4栋公寓楼竣工，并实现相继入住；为了大幅促进中小企业尽快投产，园区内建设了10期标准厂房，主要运用于中小企业租赁。同时，园区内还建有全天对外开放的医院和银行，包括中国银行、华夏银行，并且园区内设立有中文服务机构。除此之外，园区内还设有全天供应餐厅、华人学校和完善的配套设施。目前园区已经有3个中餐厅，华人学校采取双语教学的形式，还为入园企业提供了完善的服务设施，如会议室、咖啡厅和健身房等。再以埃塞俄比亚东方工业园区为例，截至2016年10月，园区内已完成"四通一平"建设，包括近25万平方米标准型厂房、3.5万平方米绿化、日处理3000吨污水处理总站、3000平方米一站式服务办公室、3幢18500平方米员工住宅宿舍楼，以及1幢3024平方米综合食堂。总体而言，我国已建设完成的海外工业园区配套设施较为完备。

四、提升境外经贸园区综合服务水平②

近年来，中资境外经贸园区把综合社会服务水平的提升作为重要内容，不断提升全程式服务。如某农垦集团在印尼雅加达注册成立了中国—印尼经贸合作区有限公司，同时对投资入驻企业实行从入驻前到投入生产全程式服务，包括从投资前的商务考察、投资环境的分析、优惠政策的咨询以及入区企业的注册手续等具体事项；在企业入区后，厂房的建设也需要协助办理建筑许可、开工许可证，并规划安排厂房施工招投标的进程、厂房建成后的验收执照等；在人力资源方面为入区企业提供招聘当地员工的咨询、员工的岗前培训以及协助办理劳工证等服务等。

在许多中资境外经贸园区内，企业入驻园区除了能享受税收等政策优惠外，园区还能为企业提供全方位投资配套设施及服务，绝大多数园区还建立了一站式服务中心，这对于办事效率极低的发展中国家来说使园区成为真正的"特区"。如柬埔

① 赵逖.我国在海外工业园区建设的现状、问题及对策[J].对外经贸实务，2017（2）：38-41.
② 李志鹏.境外经贸合作区的发展实践探索[J].国际工程与劳务，2016（9）：30-32.

寨西哈努克港经济特区从2014年起特别设有"一站式"服务中心，柬埔寨海关、劳动、税收等部门官员入驻其中，为入区企业办理各种手续。罗勇工业园从考察人员落地接机到企业注册、工业用地许可证、地契、厂房建筑许可证、验收许可证、开工证等都由工业园负责，后期企业遇到其他问题，园区要出面协调。单个企业在海外建厂显然很难享受到这样的待遇，优惠的税收政策和优质的配套服务大大降低了企业的运营成本 ①。

表4-4　中资境外经贸园区的政策和服务建设

	优惠税收政策	配套服务
柬埔寨西哈努克港经济特区	用于生产的机械设备、建筑材料、零配件、原材料等的进口免税；企业可获6～9年的所得税免税期，免税期过后所得税税率为20%；生产设备、建筑材料等增值税率为0%；服务于出口市场的原材料产业增值税率为0%，服务于内销市场的原材料产业增值税率为10%	"一部式"行政服务窗口正式入驻，为入区企业提供投资申请、登记注册、报关、商检、核发原产地证明等服务；以优惠的价格租赁或出售土地及标准厂房
泰国罗勇工业区	自投资之日起8年内免缴企业所得税；继免税期过后另予5年减半缴付企业所得税；自投资之日起8年免缴进口机器关税；自投资之日起5年内为外销目的，进口原材料免缴关税	园区与泰国工业区管理局（IEAT）签约合作，园区客户可享受泰国工业区管理局提供的园内"一站式"服务，以及园区提供的包括BOI证书、法律政策咨询、员工培训等服务；企业在入驻以及后期运营过程中将园区提供的全中文服务
赞比亚中国经济贸易合作区	企业自开始经营之日起五年内免征企业所得税；第六到第八年，企业所得税按应纳税额的50%征收；第九年和第十年，企业所得税按应纳税额的75%征收；自企业首次宣布红利之日起，五年内免缴红利部分的所得税；对于入区企业的原材料、资本性货物、机器设备，5年内免征进口关税；对多功能经济区的开发者或投资者进口的资本性货物、机器设备免征增值税	经贸合作区在赞比亚和中国设立了多个投资服务机构，为投资值得提供"一站式"全方位服务，如受托或协助办理企业注册阶段的各种手续，如公司登记、银行开户、税务登记、环境影响评估、规划设计审批、进口设备清关；受托或协助办理生产经营过程中需要的各种执照和许可证的申请事宜；协助投资者融资贷款等

---

① 沈铭辉，张中元.中国境外经贸合作区："一带一路"上的产能合作平台[J].国际政治与经济，2016.（3）:110-115.

五、中资境外经贸园区社会服务体系建设典型案例——苏伊士合作区[①]

苏伊士合作区所处的苏伊士湾西北经济特区前身叫自由区，其缘起可上溯至20世纪90年代中期。1994年10月和1996年5月，时任中国国家副总理朱镕基和国家主席江泽民分别访问埃及。埃方提出，愿意在埃及苏伊士地区划出一块土地给中方使用，由中方在埃及建立一个自由区。中方答应对此予以考虑。

1997年4月，埃及总理詹祖里（Kamal Ganzouri）访华，与李鹏总理就中国帮助埃及建设自由区事宜签署了两国政府谅解备忘录。中方承诺帮助埃及在苏伊士地区建设自由区，并提供建设经济特区的经验，对有关自由区建设的研究报告进行评估，鼓励中方企业界参与项目建设。1998年6月，埃及政府通过了苏伊士湾西北经济区规划方案。1998年10月，中埃共建苏伊士特区项目正式启动。1999年4月，埃及总统穆巴拉克（Hosni Mubarak）访华，专程前往天津开发区参观、考察。穆巴拉克表示，天津开发区能参与苏伊士特区建设是埃及的荣耀，希望中国为合作开发苏伊士特区做出更大的贡献。在两国元首共同签署的联合公报中，特别指出：双方同意，抓紧、抓好埃及苏伊士湾西北经济区建设项目，鼓励双方公司、企业加强往来，促进投资，加强交流与合作，并为这些活动提供便利。

参照中国建立经济特区的经验，埃及政府针对苏伊士特区也出台了若干优惠政策。1999年9月30日，埃及政府发布了1999年第3757号总理决定，将苏伊士特区定位为新工业区，享受1997年8号投资保障和鼓励法规定的各项政策优惠。朱镕基总理2002年4月在沙姆沙伊赫指出"一些发展中国家投资环境不好，没有投资法，应在这方面对它们提供帮助"之后不久，2002年6月，埃及政府颁布埃及经济特区法，同年9月份，又颁布了该法的实施条例。2002年10月7日，穆巴拉克总统召开政府扩大会议，研究在苏伊士特区实施特区法的建议。2003年2月3日，埃及颁布2003年第35号总统决定，宣布将苏伊士特区确定为经济特区。

尽管动议较早，目标也非常远大，但特区建设进程非常缓慢，早期的项目主要还是"政治推动商业"的结果。2002年6月，中国参与建设的第一栋标准厂房正式竣工并通过初步验收，该厂房多年来一直处于闲置状态。2004年1月，胡锦涛主席访问埃及并指出，中埃双方都非常关注苏伊士湾西北特区的开发建设问题，中方将

① 冯维江,姚枝仲,冯兆一.开发区"走出去"：中国埃及苏伊士经贸合作区的实践[J].国际经济评论,2012,（2）：153-170.

继续加强与埃方的合作，进一步鼓励中国公司到该地区投资。

2007年11月，已经参与苏伊士开发建设9年的天津泰达投资控股公司通过投标，获准在埃及建设苏伊士合作区。2008年10月，中非发展基金与泰达投资控股公司合作，共同出资4.2亿元人民币，成立中非泰达投资股份有限公司，接替天津泰达投资控股公司成为苏伊士合作区的中方主要投资主体。次年11月份，正在埃及访问的温家宝总理与埃及总理一道，在埃及总理府为苏伊士合作区正式授牌。这是境外合作区正式确认考核后第一家由国家领导人授牌的境外合作区。

苏伊士合作区得到了天津市政府的大力支持，将其列为全市对外开放工作的重中之重。一是在招商推广服务方面，通过行业协会、专场推介会等渠道扩大合作区及进驻园区企业的影响。二是在园区基础设施建设服务方面进展迅速。水电供应、排水设施、道路交通和通信设施全部到位，占地7.6万平方米的中国小企业工业园已投入使用。总面积3.8万平方米的园区综合服务中心一期工程业已完工并部分交付使用，包括一座投资服务中心大楼、一座经济型酒店、两栋白领公寓以及部分商业裙楼。三是在社会配套服务方面非常到位。苏伊士合作区与中海运合作设立了专门的货代、清关公司，为入区企业就近提供清关物流服务。此外还引进了苏伊士运河银行、设立了服务公司、设置了客服中心、组建专业物业管理队伍、组建了埃及中国商会苏伊士分会。不仅如此，合作区还积极筹划成立园区联合党支部和企业商学院。2009年7月，苏伊士合作区顺利通过商务部和财政部考核，正式获得国家级境外合作区的授牌。

与独自到埃及创业的中小企业相比，入驻苏伊士合作区的企业可以享受到诸多服务优势。第一，合作区依照天津开发区的范例，苏伊士合作区为来埃及投资的中国企业继续提供具有天津开发区仿真环境的投资服务，这降低了企业对于环境的适应成本。第二，入驻企业可以分享苏伊士合作区在埃及近十年运作而形成的良好的声誉和关系网络，获得当地政府和社区的最大支持。第三，入驻企业可以享受合作区提供的基础设施、法律关系管理、政府手续代办、财务、劳动力培训等方面的标准化的产品和服务，避免单独组建支持网络所需的高昂成本，苏伊士合作区提供的货代、清关、物流、银行、法律财务咨询、员工就业培训、商会以及餐饮、保安、保洁、维修等配套服务及机制，有利于发挥规模效益或互补效应的产业生态。第四，入驻企业还将因为中埃两国政府对合作区的大力支持而获益。为支持和帮助苏伊士合作区的发展，中埃两国政府正在磋商建立政府间磋商机制，并将就苏伊士合作区的法律地位和享受优惠签订政府间框架协议。

第四节　国际境外经贸园区的社会服务体系建设

一、新加坡境外经贸园区的社会服务体系建设 [1]

新加坡境外经贸园区的建设主要围绕区域化战略而集中在周边的东南亚国家及亚洲的中国、印度等国家，并呈现出向更广范围拓展的全球化趋势。20 世纪80 年代末期，在建立海外工业园区之前，新加坡就已经将其南部的印度尼西亚的峇淡岛作为适宜进行加工业产业转移和摆脱资源约束的战略目标。在与印度尼西亚政府商订了一系列投资优惠政策后，如允许外商独资、实行免税政策、允许外资管理产业地产等，新加坡便开始在印度尼西亚陆续建设三个海外工业园区。与此同时，新加坡也将海外工业园区的建设瞄准至其北方的越南、中国和印度。越南新加坡工业园（VSIP）复制了印尼新加坡工业园的成功模式，并借力东南亚国家的快速发展；而中新苏州工业园区因增添了更深一层的政治外交因素，又特别引进了新加坡高效透明的行政管理模式；印度班加罗尔的全球技术园区进一步拓展了新加坡海外工业园区的形式。亚洲地区始终是新加坡海外投资的重要目的地，2009 年，新加坡对亚洲投资占其海外投资总额的52.8%，中国大陆是其最大的海外投资目的地。此外，2005 年，新加坡一些政联公司率先入驻海湾地区的巴林和阿联酋，虽然并未采取以往海外工业园的形式，但也广泛地参与到海湾地区的基础设施建设和工商业活动中。至2011 年初，已有59 家新加坡公司在海湾合作组织（GCC）国家投资运营，新加坡海外园区建设及投资活动逐渐体现出国际化趋势[2]。

新加坡境外经贸园区一般产业覆盖范围较广，注重资本密集型、技术密集型产

---

① 关利欣,张蕙,洪俊杰.新加坡海外工业园区建设经验对我国的启示[J].国际贸易,2012（10）：40-44.

② 关利欣.中新境外工业园区比较及启示[J].国际经济合作,2012（1）：57-62.

业的引进，母国企业投资以服务业为主。一方面，新加坡海外工业园区的建设不仅涉及制造业及与其配套的生产性服务业（如仓储、运输、金融、保险等），还涉及商店、超市、餐厅等生活服务业和银行、寺庙、医院等公共设施。在一些基础条件较差的地区，开发商还投入巨资建设园区专属的电力系统、水处理厂、下水系统、通信设施等，将园区建成能够自给自足的城市综合体，这些都需要有各个行业的企业入驻。

因此，新加坡境外经贸园区多采用产业地产开发的模式，即园区开发商获取园区建设的土地之后，不只投资进行基础设施建设，而是集中定位研发、策划招商、规划、融资、建设、营销、物业管理、生产性服务等多种功能，为入驻企业提供一站式的综合产业服务，通过配套服务提升园区竞争力并促成产业集聚，使地方政府增加税收、扩大就业、吸引更多资金和项目。新加坡境外经贸园区建成后，新加坡政府机构和投资方通常会积极开展市场营销，凭借完善的基础设施规划建设"完整的生产生活配套设施与服务"先进的园区管理模式等优势，吸引各国跨国公司及东道国企业入驻园区，并向入园企业出租或出售园区内某个单位的所有权及其管理权，实现物业管理功能。其营利模式并不局限于物业管理或从技术转让中获利，而是更加重视通过专业化的产业服务来创造价值[①]。中新苏州工业园的社会服务体系是新加坡海外园区成功的典范，具有一定的借鉴意义。

1994年，经国务院批准，苏州工业园区正式成立并启动开发。苏州工业园区位于苏州市区东部，规划面积288平方公里，其中中新合作区80平方公里。苏州工业园区由4个街道（娄葑街道、唯亭街道、胜浦街道和斜塘街道）组成，户籍人口32.7万（常住人口76.2万）。苏州工业园区的经济总量约为整个苏州市的15%，但其土地面积和人口总量仅为整个苏州市的3%和5%。苏州工业园区曾在"中国城市最具竞争力开发区"排行榜中名列第一，综合发展指数也位居国家级开发区前列[②]。

1. 总体建设发展

从整个苏州的城市空间体系来看，苏州工业园区的规划空间结构为东西走向的带状结构，与西部苏州高新区、中部苏州古城区共同构成了苏州市东西向的城市发展轴线。从工业园区自身的规划来看，也同样坚持了横向轴线式的规划布局，西

① 关利欣.中新境外工业园区比较及启示[J].国际经济合作，2012（1）：57-62.
② 唐晓宏.上海产业园区空间布局与新城融合发展研究[D].上海：华东师范大学博士学位论文，2014.

部是商业商务区，中部是行政服务区，东部是生态休闲区，使得工业园区在保证自身发展形态的同时，也与老城区实现了良好衔接。随着将苏州工业园区打造成为苏州东部新城的战略目标的提出，园区发展的目标就是形成具有国际竞争力的高新技术产业中心和现代服务业中心，建设适宜居住和创业的现代化、园林化、国际化新城。工业园区围绕金鸡湖密集布局商贸服务业，形成环金鸡湖CBD，再向外围依次布局居住区和产业区，大大缩短了生活区与就业和休闲购物的空间距离，充分体现了居住、商业、工业平衡发展的规划理念。在新一轮总体规划中，苏州工业园区进一步提出了"两主、三副、八心、多点"的空间架构。"两主"即苏州市中央商务区和苏州东部新城中央商务区；"三副"即3个城市级副中心，包括城铁综合商务区、月亮湾商务区和国际商务区；"八心"即唯亭街道片区中心、斜塘生活区中心、科教创新区片区中心等8个片区中心；"多点"即建设多个邻里中心。1992年初，邓小平南方谈话中特别提到新加坡在工业园区开发管理方面的经验，并要求国内工业园区加以学习借鉴。中国和新加坡政府经过多层次协商探讨和全方位的实地考察，最终确定在苏州合作开发工业园区，并于1994年2月签署《关于合作开发建设苏州工业园区的协议》和《关于借鉴运用新加坡经济和公共管理经验的协议书》等一系列文件。总的来看，苏州工业园区大致经历了三个发展阶段。

第一阶段：建设起步期（1995—2000年）。全面启动法规建设，出台工业园区城市规划、建设项目环境保护等一系列法规；开展一期开发建设，包括重大基础设施及水、电、气、供热等大型设施建设，公用配套服务设施建设，以及类似于新加坡公共组屋的住宅小区和邻里中心建设等；实行预筹积累的公积金制度，全面实现医疗、住房、养老等制度改革；建立专业招商队伍，加大招商宣传等。正是在这一阶段，苏州工业园区实现了制造业由弱变强的变化历程。园区通过积极引进国内外加工制造型企业，在精密机械、电子信息等产业方面初步建立了竞争优势。1994—2000年间，园区的工业总产值和地区生产总值分别由35.9亿元和11.3亿元上升至316.1亿元和130.2亿元。该时期园区主要是集中精力发展制造业，服务业主要是围绕园区的生活配套而适当布局。

第二阶段：加速发展期（2001—2005年）。继续完善一期开发建设的同时，以金鸡湖环境治理为突破口，园区工作重心转移到第二、三期的开发建设方面。编制出台《苏州工业园区二、三期控制性详细规划》，调整增加了新的城市功能和绿地面积，详细规划了中心区、居住区、工业区、软件园和基础设施项目。规划建设苏州独墅湖科教创新区，不断完善工业园区的区域自主创新体系。这也是苏州工业园区产业集群形成与产业结构优化的阶段。一方面，形成了电子信息、精密机械以及生物医药等若干重点产业集群。在这些产业集群的带动下，2004年园区的工业总产值和地区生产总值分别上升至1044.5亿元和508.7亿元。当然，不可否认的是，该时期苏州工业园区制造业仍以加工制造为主，产业的外向度非常高，2004年园区的外贸进出口总额高达281.4亿美元。另一方面，园区管理者开始重点考虑产业结构优化，并于2005年适时提出服务业发展倍增计划，积极布局和推动商业、商务、科研、金融、文化、物流、旅游等现代服务业发展。

第三阶段：转型发展期（2006年以来）。2007年的新一轮总体规划中，明确苏州工业园区作为苏州市东部新城的发展定位，环金鸡湖地区作为苏州市域CBD的定位也得以明确。工业园区在实现产业升级和跨越发展的同时，城市生活功能也得到长足发展，园区基础设施及周边各镇主要路网与配套基础设施建设基本完善。该阶段，产业发展的主要方向是"制造业做优做精、服务业做大做强"。一方面，不断壮大新兴产业规模，实施生物医药、纳米技术应用、云计算等战略性新兴产业发展计划。2013年，苏州工业园区实现新兴产业产值2213亿元，占规模以上工业总产值的比重达到56.3%。另一方面，不断壮大生产性服务业规模，重点推动金融服务、商贸物流、文化创意以及服务外包等服务业发展，2012年，工业园区集聚现代服务业企业2500多家，吸纳服务业就业15万人，服务业增加值占生产总值比重达到37.7%。

2. 社会服务功能体系

苏州工业园区在分三期发展的基础上，分级别设置了区域中心、片区中心及邻里中心三类主要的公共设施。第一期的商业核心除了作为新城中心，还作为苏州市区的商业中心；第二、三期的区域中心分别为各自区域的就业和居住人口服务；邻里中心主要为各自邻里服务。园区按照新加坡的住宅开发模式，共建设17个邻里社区，每个邻里社区约有8500户，同时明确规划了每个邻里社区所应配备的公共设施（见表4-5）。正是基于这种以人为本的规划理念，目前工业园区形成了较为完善的公共服务配套。以教育为例，截至2012年，苏州工业园区共有26所幼儿园、12所小学、6所初中、7所九年一贯制学校、3所独立高中，独墅湖高教区入驻高校和职业院校近20所。

表4-5 苏州工业园区典型零星中心的公共设施

公共设施 （必要设施）	数量	每处建筑面积 （平方米）	公共设施 （辅助设施）	数量	每处建筑面积 （平方米）
1. 托儿所	1	350	12. 小型超级市场	1	300
2. 小门诊所	2	60	13. 日用杂品店	1	200
3. 文化-康乐中心	2	60	14. 五金电器店	1	120
4. 邮政所	1	210	15. 书店	1	120
5. 房管所	1	500	16. 药店	1	130
6. 居民委员会	2	50	17. 服装店	1	150
7. 公共厕所	2	50	18. 理发店	1	100
8. 幼儿园	1	1300	19. 燃料店	1	200
9. 少年宫	1	1000	20. 综合食品店	1	100
10 肉菜市场	1	500	21. 废物收集站	2	80
11. 垃圾收集站	2	50	22. 书报店	2	25
			23. 备用店	2	80

资料来源：石崟，刘浩等．新城规划与实践——苏州工业园区例证［M］．北京：中国建筑工业出版社，2012.

苏州工业园区突破了人们对传统工业园区的印象，实现了产业、居住、生态等融合发展。园区合理布局商贸区、居住区和工业区，合理布局交通、市政、公共设施以及休闲空间，整个园区布局既显得层次分明，同时又融为一体。园区的一期、二期、三期既有空间上的连续性，同时又保持相对的独立性，通过工业用地和综合用地平衡、生活居住和生产就业平衡，以及商业设施和休闲设施平衡等方式满足居民最短出行距离的要求。同时，苏州工业园区成功移植了新加坡的"邻里中心"模式，由于在规划上对人口比例、住宅比例、功能组合进行了科学规划，有效解决了居民生活质量和城市环境的协调问题，而且对园区集聚和提升人气起到重要的保障作用。位于苏州工业园区中心的金鸡湖的开发建设，可以作为苏州工业园区居住环境的一个缩影。在金鸡湖的规划和开发过程中，特别重视优化和保持自然生态系统，强调人与自然的协调发展，充分体现其生态作用、经济效益和景观价值。将岸线空间与已建成的环境整合起来，精心处理开放空间和建筑地区交界的边缘线，使之富有变化和趣味化；将商业、零售和公共建筑融入重要的开放区域，在开放空间系统中提供各种娱乐和教育性的场所；限制开放空间，尽量减少自用车辆流量；力求所有街道的朝向面向金鸡湖，使各个邻里享受良好视野等。

二、德国境外经贸园区的社会服务体系建设

德国境外经贸园区的社会服务体系建设注重为企业牵线搭桥，与国内外大学或研究机构搭建友好的合作关系，并通过相关平台为企业提供办公室、财务管理、营销策划、法律援助、信息咨询和交流、人才培养、企业诊断等各方面服务，同时还提供会议和展览服务，组织参加各种技术交易会、产品博览会等，降低企业运营成本。

（一）典型案例：江苏省太仓德资工业园①

2006年10月，"江苏省太仓德资工业园"正式获江苏省外经贸厅批准设立。目前，在工业园内德资企业以精密机械加工、汽车配件制造和新型建筑材料为主体产业，产业优势十分明显，技术含量普遍较高。园内100家德资中小企业当中有39家属精密机械加工行业（39％），21家属新型建筑材料行业（21％），18家为汽车配件制造行业（18％），13家属化工领域（13％），另外还有7家咨询服务类企业和两家技术培训机构。

作为一个县级市里的省级开发区，现已有近20家园区内企业及产品被认定为苏州市级以上高新技术企业及产品。太仓德资企业园还获江苏省外经贸厅批准，成立了中德环保技术中心，走出了一条含金量高、资源消耗少、环境保护好、贡献能力大的发展道路。太仓港经济开发区新区还被授予2006年首届长三角最具投资价值开发区和2007年中国制造业十佳投资城市的荣誉称号。

在园区社会服务体系建设方面，重视技术工人培养成为一个重要特色。为了解决德资企业投资生产运作初期出现的"技工荒"的问题，帮助企业引进了德国"双元制"职业培训制度。2001年9月，德国巴符州政府、克恩里伯斯公司和慧鱼公司在太仓经济开发区的协助下与太仓职业学校合作，共同组建了太仓第一个专为德资企业培训专业员工的培训中心——太仓德资企业专业技术工人培训中心，被誉为中德合资合作技术培训中心的典范。中心实施"双元制"职业教育：双方共同投入场

①　龚洁.全球化背景下的德国中小企业对华直接投资——江苏太仓德资工业园区考察[J].德国研究，2008.23（4）:53-58.

地、设备和师资，职校主要负责招生、文化课教学以及专业基础课教学，而企业主要负责采用德国的考核和课程标准开展技能培训。中心实行3年学制，包括专业知识和实践技能的培训，通过毕业考试的学生获得德国工商会上海代表处颁发的专业技术工人培训毕业证（AHK-Facharbeiterbrief）和太仓职教中心的毕业证以及当地劳动局的技能登记证书。而德企在这些"技术蓝领"的培训方面也是精益求精，3年一届的学生是"少而精"，第一、二届也分别只有17人和24人，也正因为如此，德企用工规范，员工队伍相对稳定，"跳槽"的人员少，企业也很少辞退技术人员。继此之后还有舍弗勒（Schaef fler）（中国）培训中心于2005年7月与太仓职教中心合作成立；德国巴伐利亚技术工人（太仓）培训中心由上海巴伐利亚咨询有限公司于2007年6月与太仓职教中心合作成立；AHK上海健雄职业技术学院专业技术工人培训中心也于2007年6月挂牌成立。这些相继成立的培训中心解决了企业发展过程中技术人才短缺问题，为企业源源不断地输送合格技术人才提供了很好的保证。

（二）典型案例：江苏省昆山德国工业园①

经过5年的开发和建设，昆山德国工业园初具雏形，园区在欧美客商中的知名度不断上升。园区一期基础设施、厂房建设及招商已基本完成，同时园区规划完成，基础设施配套及载体建设正在有序进行，横贯泾路东段、马克路东区内道路已完工，在建孵化楼及标准厂房31000平方米。截至目前，已累计落户欧美项目37家（包括区域外13家），投资总额2.4亿美元，企业主要来自德国、美国、意大利等11个欧美国家，行业主要分布于新材料、汽车零配件、精密机械等。预计2010年可完成工业产值35亿元。

在大力实施转型升级这一历史关键期，昆山德国工业园进一步加快开发建设，不断提升园区竞争力。一是瞄准太仓德国工业园，力争以5年时间引进欧美企业150家，投资总额10亿美元，实现工业产值超200亿元。二是瞄准电工电气、精密机械、汽车零部件等产业，按照有总量、树特色、上水平的要求，形成特色产业基地。三是发展双元制职业教育，建设节能环保园区，园区建设管理、服务上水平。

为此，园区在加快社会服务体系建设方面着力推动以下工作：

1. 进一步加快公共服务平台建设

① 王培铨.加快德国工业园开发建设,不断提升园区竞争力[J].现代经济信息,2012（7）：78.

公共服务平台具有较强的辐射带动作用，是提升园区服务功能和科技含量的重要载体。德国工业园定位于高科技园区，创新载体的建设尤为重要。未来五年内，园区要逐步建成欧美企业孵化器、公共技术服务平台、研发平台、技术人员定制培训中心等系列公共平台，使创新载体成为吸引欧美投资的特色竞争优势。目前园区与德国工商总会合作开发的德中工商绿色孵化基地进入了实施阶段，通过工商总会的大力宣传，该基地已经在德国中小企业中形成了较高知名度。园区将进一步加快孵化基地的建设进度，借助德商会的资源和平台优势，建设为德国中小企业服务的加工中心，加快引进财务咨询、代理记账、税务筹划等系列服务的国际知名财务管理公司，丰富孵化基地的功能，使孵化基地早日成为园区引资引智的辐射中心。进一步加强与清华科技园的合作，利用清华科技园在长三角区域内的公共技术服务平台、技术转移服务平台等，迅速形成在技术转移、电工电气、汽车零配件、精密机械等领域的公共技术服务能力，并加强企业与大学、研究机构等的产学研合作，形成三者之间的服务网络体系，逐步打造公共研发平台。加强与东风汽车公司高级技工学校的合作，建立为园内企业量身培养技术人才的德国职业教育式培训中心，发展双元制教育。同时积极开展与知名人力资源机构的合作，为园内企业提供定制招聘、企业内训等人力资源服务，打造人才服务培训平台。

2. 进一步完善企业服务体系

德国工业园正逐步建立完善的企业服务体系，坚持"顾客"导向，形成政府服务与市场服务共同推动的服务格局。

（1）狠抓招商服务团队的建设。招商服务人员始终要坚持贯彻"服务重于招商"的理念。一方面加大培训力度，建立招商服务人员培训机制，定期组织专业培训班；另一方面聘用国内外专业人士加入招商服务团队，作为招商服务顾问以及海外招商服务代表，提高招商服务团队的层次，逐步建立一支熟悉产业、金融、资本运作并具有国际视野和良好精神面貌的专业化招商服务队伍。同时进一步建立企业服务专员制度、主管领导负责制度，形成完整的审批服务、投诉意见处理等一站式政府服务体系。

（2）要加大企业服务的社会化程度。根据欧美招商服务的特点，积极引入现代管理体制，与专业的知识产权咨询、法律事务咨询、创业咨询中介服务机构建立合作关系，引入一批咨询中介机构、第三方招商服务机构入驻，将德园的企业服务逐步市场化，政府转而扮演引导者和监管者角色，开拓中介服务体系。

三、来自美国科技园区的社会服务体系建设启示

在社会服务体系建设方面，美国一些科技园区的经验做法非常值得境外经贸园区借鉴，特别是在对创业创新和中小企业的孵化服务、对研究机构与企业合作关系的引导服务等方面。美国小企业署是美国联邦政府为了扶持国内的中小企业而专门设立的机构，政府充当小企业的喉舌，帮助小企业参与政府采购，提供法律和政策支持、提供资金和金融协助，为小企业提供技术、管理和信息援助，对遭受特殊困难的小企业给予特殊的支持，对小企业实施全方位服务。通过"中小企业技术创新法案"，实施研发抵税政策。硅谷有300多家企业为270家电子信息企业服务就是一个很好的例子[1]。其中美国北卡罗来纳三角研究园区就是其中的一个典型。

美国北卡罗来纳三角研究园区是美国最大的研究园之一，与以"斯坦福大学工业园区"为代表的硅谷科技园区齐名，北卡罗来纳三角研究园区也是美国最为著名的技术园区之一，作为当前美国规模最大的技术研发基地，北卡罗来纳三角研究园区以化学和生物技术作为其优势代表，成为美国科研创新的巨大推动者。三角研究园毗邻北卡罗来纳州的罗利、达勒姆和教堂山，处在三座城市夹成的三角研究区域中，和处在弗吉尼亚州里士满的弗吉尼亚生物科技研究园、处在阿拉巴马州Huntsville的Cummings研究园并称美国三大研究园，它们形成了三大全球科学研究中心的新兴领导力量[2]。

北卡罗来纳三角研究园区之所以得名，源于辖区内的杜克大学与北卡大学、北卡州立大学形成了一个三角区域带，北卡三角园区以工业文明为先导，思科、IBM、北美联想的总部均坐落于此。整个三角园区占地面积约4.3万亩，区内共汇集了170余家公司、科研机构以及研发团体。其中最具代表性的当属北卡生物研究中心，该中心与北卡罗来纳州大学教堂山分校基因治疗中心紧密合作，在腺相关病毒（AAV）和克隆AAV载体等问题上的研究均处于世界领先水平。

与硅谷产业集群的市场化形成方式不同，北卡罗来纳三角研究园区的建成主要归功于政府、科研院所以及相关企业的人为推动。该计划首先由北卡大学的奥杜姆

① 吴林海.世界科技区创新模式比较研究[J]中国科技论坛，2002,（1）：36-40.
② 于众.美国中小企业集群发展问题研究[D].长春：吉林大学，2016：1-185.

教授发起，他率先认识到科技园区对于技术研发与产品创新的集群效应，提出了统一构建科技园的设想。这一理念迅速博得了北卡州立政府、相关工商界人士以及杜克大学、北卡罗来纳大学和北卡州立大学的一致认同。大家意识到，依托辖区内常青藤名校的科技研发基础作为创新平台，并在州立政府有针对性的政策帮扶之下，即便非市场化形成的科技园区依然可以为区内企业的成长提供巨大支持。如今，北卡三角园区已成立60年有余，辖区事物依然交由三角研究基金会这家非营利性质的公共机构统一管理（不干涉集群内成员的内部事务），但无论历经怎样的时代变迁，北卡三角园区始终保有技术创新的活力与激情，并吸引着更多青年才智、业界领袖汇集于此，推动着整个美国乃至世界的生物技术前沿向纵深探索。

　　研究园由三角研究基金会管理，基金会则由政府、学校、企业等各方代表11人组成理事会。基金会负责管理和指导三角研究园的建设和规划，对园区内各单位的内部事务无权干预。北卡州政府相继成立了州科学和技术研究中心、北卡电子中心、生物技术中心等科研机构，此外还有部分联邦政府以及北卡州政府与大学结合设立的科研机构。这种模式的优点就是州政府有计划地与大学相结合，促进教育、科研与生产相结合，左右了研究园的发展方向，为提高该州经济水平起了关键作用。一方面利用政府力量弥补企业发展中后劲不足的缺陷，为企业的发展提供了良性的科研智力环境；另一方面，共同管理也避免了政府行政权力的过多干预，激发了大学和企业界的活力 [1]。

　　谈及北卡三角园区的成功，我们不得不提及辖区内三所著名的大学。首先，在美国南部的学校里，杜克大学可以被公认是最优秀的学校之一，甚至获得了"杜克大学是美国南部的哈佛"的赞誉。2014年，杜克大学在全美高校排行榜高居第七位，与麻省理工大学并列，并紧随斯坦福大学之后。即便处于美国南部地区，存在地理与经济条件上的限制，亦不如其他常青藤名校一般为众人所知，但杜克大学在商科、法律、医学、生物、统计等领域均堪称首屈一指，其全日制工商管理项目甚至排名超过了哈佛大学商学院，位居美国第一。另外一所北卡罗来纳大学，是美国最早的一家公立大学，它诞生于1789年，如今在校生超过18万人次，分散在学校16个校区之内，可谓一个复杂而庞大的校园运转系统。同样，因地处美国南部三角园区内，其商科、生物技术、农学、工学的科研实力与教学水平均位于美国前列，

① 　马晓信 编辑.世界典型科技园区概览[J].城市开发（物业管理），2014（4）：87-88.

尤其在护理学方向的领先优势为当地卫生经济发展，做出了巨大贡献。当前，学校共培养并诞生了近20位美国工程院和科学院院士，每年的科研经费投入超过8亿美元。早在1931年，北卡罗来纳大学教堂山大学、北卡罗来纳州立大学和北卡罗来纳大学格林斯伯勒大学便合并为北卡罗来纳大学，并于1969年又相继吸纳了北卡罗来纳大学夏洛特分校、北卡罗来纳大学艾胥维尔分校和北卡罗来纳大学威明顿三所分校，最终成为学科体系健全，优势专业突出的顶级名校。

因北卡罗来纳三角研究园区构建之初，便积极借力政府作为其发展推手，因此政府因素在整个园区的集群效应发挥中占据了非常重要的地位。在改善园区内企业经营环境层面，州立政府与三角研究基金会这家常设管理机构共同进行成本分摊，完成园区内的企业外部环境改造，极大提升了区内企业的创新热情，并为吸引园区外来企业进入，提供了不少便利。一般而言，一家新企业的入驻往往是通过区内既有企业的介绍，而且通常只需要两天便可以办理完全部落户手续。与此同时，政府早在20世纪80年代便通过立法，规定了科技园区内对企业的税收优惠政策（区内企业只需向园区缴纳税款）。与此同时，对于处在萌芽与初创期的中小型企业，中小企业管理局履行并担负起贷款担保人的职责，可以为园区内的入驻企业提供10万至50万美元不等的低息贷款，并在利率、还款期限等诸多层面为其提供金融优惠服务。在高校、企业、科研院所共建的产学研一体化平台之下，依托政府强有力的扶持政策，北卡罗来纳三角研究园区取得了丰硕的研究成果。当前，园区汇集了近万名各领域专家，诞生了3位诺贝尔奖获得者，并向美国科学院、工程学院、医学院以及各类高层次研究机构输送了百位院士。也正是基于这些专业化人才的不断努力与突破，使得整个三角园区占全国的专利贡献率接近30%，这一数字几乎是硅谷产业园区的一倍。与此同时，美国有近1/4的科研项目交由北卡三角园区负责，项目成功结项率接近100%。三角园区内很好地平衡着企业、高校与州立政府之间的关系，它们各司其职又互为合作伙伴，共同推动着集群内的技术创新与产业升级。同时，三角研究基金会作为一个非营利性且独立的管理机构，肩负着园区内外的协调、疏导工作。它的内部构成由企业、高校与州立政府分别推选各自代表，组成一个11人的理事会，除紧密联系各组成部门相关信息之外，还负责整个园区的建设与规划。区内企业选址、区外企业引入、区内企业退出、区内环境治理与运营，乃至园区用地租用、出售，事无巨细。为推动各成员之间的长久可持续发展，三角研究会可谓亲力亲为。而值得一提的是，虽然北卡三角园区的构建是政府、大学与企业的共同合力所为，但其日常运作则完全归属于市场化行为，政府的行政指令以及人为干预情况非常罕见。园区内的科研攻坚完全遵循市场所需，价格机制与产品供求机制都交由客户自主选择。因此，对于产成品而言，相较于其他地区，具有非常强的异质性与竞争力，能够满足客户的真实需要。而对于高校而言，更快速便捷地与市场对接，可以使其贴近终端，及时调整研究角度与攻坚方向，这一做法对于整个实验室成果转化，具有非常重要的意义。周期更短，功能性更强，效用更高的高科技产品，势必会成为市场的宠儿，因此，丰厚的市场回报对于三角园区而言，便不足为奇了。

截至2012年，北卡三角园区共入主170余家企业，提供了近4万个就业岗位以及1万个外包工作。而这一年，园区也迎来了首次扩建。新的规划图纸将继续围绕大学为中心，进行周边设施的扩建与改造。交通系统与功能区域的完善将是这次扩建的重点。但无论北卡三角园区如何进行升级，其构建的核心宗旨将永远不会改变。首先，园区内的产业政策必须遵循产业集群原理。园区需要并必须依赖地缘优势下的科技集群效应，推动企业产品升级与经营理念创新，这将是园区未来发展的最核心动力。其次，要充分注重园区内优质高等教育资源的产业化融入。三大高校不仅需要将尖端的科技成果贡献给园区企业，更需要将学术精良，创新能力突出的高级人才输送给园区的每一个部门。只有这种原始的智力输送，才能真正地转化为产品乃至整个产业集群的核心竞争力。再次，园区有义务引导企业与高校之间的合理对接。并进一步将园区内的创意成果、先进理念以及管理经验辐射至周边地区，形成集群带动效应，加速整个地区的经济进步。最后，园区需要建立完备的市场反应机制，在错综复杂的经济形势下对各种市场动向及时捕捉，敏锐把握，真正做到产、学、研、用的无缝对接。

四、来自日本科技园区的社会服务体系建设启示

日本科技产业在全球市场占有重要地位，其中其科技园区的建设发展在促进科技产业发展中起了重要作用。这些科技园区的社会服务体系建设，对境外经贸园区同样具有借鉴意义。如日本筑波科技园区从1979年开始到1980年为止，就诞生了10个非官方的起中介机构作用的信息交流协会，如环境研究协会、应用地学研究协会、地球科学研究协会、构造工学研究协会等。到1991年，这种非官方的信息研究协会已达到近10个，有力地促进了筑波科技园区的技术创新活动 [①]。

典型案例：日本筑波科学城

日本筑波科学城的规划面积为284.07平方公里，人口约21.7万。由于地理条件优越，自然环境优美，成为东京疏解人口压力，打造科技研发中心的首选之地。目前，筑波科学城集中了数十个高级研究机构和两所大学，并且人才众多、研究基础雄厚，有日本"硅谷"之称。

日本政府按照现代化标准建设筑波科学城。筑波科学园地区的科教用地大约15.6平方公里，占科学城总面积的58%，住宅、商业、公园等设施用地约11.4平方公里，占总面积的42%？筑波科学城将行政中心、商业娱乐设施、交通设施和公共设施有序布局在中心城区，营造便捷舒适的生活环境。截至2013年，筑波共有公立幼儿园18所，私立幼儿园10所、公立小学37所、公立中学16所，还有44个公立和私立保育所和18个儿童馆（专供儿童学习和游戏的场所）。日本针对尖端科学技术研究者的调查结果显示，筑波地区的研究人员普遍对其研究环境给予很高的评价，96%的受调查者表示不希望到其他区从事研究工作。

1. 总体建设

筑波科学城由研究学园地区和周边开发地区两部分组成。其中，研究学园地区的规划面积为27平方公里，其中，15平方公里为科研、文教机构建设用地，12平方公里为住宅建设用地。研究学园地区的中部为服务和商业中心，北部为文教科研区，南部为理工研究区，西北部为建筑研究区，西南部为生物和农业研究区。周边开发地区处于研究学园地区的外围，占地面积257平方公里，拥有大片农业用地、山林和村落，同时也集聚了大量的民间研究机构和工业区。

第一阶段，基础建设期（1963—1980年）。1963年日本内阁会议决定规划建设筑波科学城，以缓解东京都的人口压力，并为振兴科技和发展高等教育创造适宜的环境。1968年出台的《第二次首都圈基本规划》，提出了要将东京都的部分生活设施、教育和科研机构向郊区转移，为筑波科学城的规划建设提供了良好的政策基础。1970年，制定并开始实施《筑波研究学园城市建设法》。1980年3月，43家国立研究机构和教育机构搬迁和新建工作完毕，初步完成了筑波研究学园地区的基础建设。

第二阶段，设施完善期（20世纪80年代）。1976年，《第三次首都圈基本规

---

① 吴林海.世界科技区创新模式比较研究[J] 中国科技论坛，2002，（1）：36-40.

划》提出分散中心区部分中枢职能，通过向新城引导和疏散工业、大学以及建立大型综合服务机构与设施，完善产业和功能布局，形成良性的自我循环。在1985年筑波世界博览会的带动下，筑波研究学园周边地区的开发建设取得了跨越式的发展。1987年，构成筑波科学城的大穗町、丰里町、古田部町和樱花町合并，成立筑波市。筑波科学城正式开始由科学园区向科技新城的转变。该阶段，随着国立科研机构和大学不断迁入，以及城市公共设施不断完善，筑波作为科学中心的业务核心城市功能开始显现。1980—1990年间，筑波科学城的三产就业人员增加了2万多人，三产就业人口比重也升至63.5%；农业人口则减少了5000多人，农业人口比重已降至11.4%。但是这一阶段仍面临科技成果转化率不高的问题，表现为研究学园外围区域与科研相配套的二产发展不足，整个科学城的二产从业人员比例一直保持在20%左右。

第三阶段，提升发展期（20世纪90年代以来）。随着第四次、第五次东京区域规划的出台，东京及周边广域内交通、通信等基础设施建设快速发展，逐步形成了中心区—副都心—郊区新城的城市发展格局。随着霞浦大桥、北浦大桥以及筑波快车铁路线的开通，筑波科学城通过完善与东京都等地区的交通网络，继续吸引民间研究机构和企业入驻，形成了科技资源集聚的优势。1998年，筑波对《研究学园地区建设计划》和《周边开发地区整备计划》进行了全面修订，将21世纪的筑波科学城定位为科学技术中枢城市、更广域范围内的核心城市，以及生态生活模范城市。

（2）经验启示

一是政府主导的制度保障。自20世纪60年代决定建设筑波科学城以来，日本制定了一系列支持筑波科学城建设的法律，包括《筑波研究学园城市建设法》、《筑波研究学园城市建设计划大纲》、《高技术工业集聚地区开发促进法》等。与此同时，中央财政大力支持，筑波科学城建设的费用几乎全部由国家拨款，并很快成为日本最大的科研基地。此外，日本政府制定了研究和教育机构搬迁和建设计划，将东京都的大量国立科研机构和大学迁往筑波科学城，也成为筑波科学城迅速起的重要保证。

二是完善的配套服务。筑波科学城定位为东京都市圈以教育、科研为主的业务核心城，一方面，集聚了大量以基础研究为主的科研机构和大学，形成了名副其实的研究学园区；另一方面，同步建设了完善的生活和商业设施，构建了完整的城市系统设施和优美的居住环境。筑波科学城在开发过程中，注重维持研究学园区、居住区、工业区等与周边田园环境的协调，限制城市化的无序发展，并不断完善对外交通系统建设和沿线地区开发。

三是科技支持服务。从分散东京人口压力和集聚科研教育机构这两个角度来看，筑波科学城作为业务核心新城的功能应该说基本是成功的。但也有很多研究者认为，筑波科学城产学研失衡，严重制约了产业发展和城市功能的实现，由此导致经历了 20 多年的快速发展后，筑波科学城的发展脚步明显放缓。日本政府和筑波地方政府在意识到上述问题后，进行了大刀阔斧的制度改革，以期重振筑波科学城的活力。一方面，政府在继续加强对基础研究和创新研究扶持力度的同时，减少对大学、研究机构等科研成果应用的干预，淡出技术转化、校企合作等竞争性领域。另一方面，提升科研成果产业化水平。出台《科学技术基本法》、《国立大学法人法》、《大学技术转移促进法》等一系列法律，提升科研机构的自主地位，促进大学、国家研究机构及民间研究之间的沟通合作，促进研究成果的产业化应用。

· 案例 ·

4.1 越南龙江工业园 ①

一、园区发展概况

越南龙江工业园位于越南前江省新福县，由浙江省温州市前江投资管理有限责任公司投资 1 亿多美元开发建设，是 2007 年 11 月商务部组织的第二批境外合作区招标的中标项目，属于浙江省"一路一带"建设重点项目。总体规划面积 600 公顷，其中工业区 540 公顷，住宅服务区 60 公顷。园区于 2007 年获越南总理批准立项，2008 年开始基础设施建设，2010 年开始正式招商。目前已开发面积 450 多公顷，总出租净工业土地面约 250 公顷，约占全园区规划可出租面积的 70%，累计签约入园企业 36 家。截至 2016 年底，园区已有 33 家企业（其中 22 家为中资企业）获越南政府颁发投资许可，投资总额 12 亿多美元，完全投产后年产值将超 30 亿美元。

园区为综合产业工业园，产业定位为：电子、电气类产品、机械、木制品、

---

① 资料来源：商务部合作司。

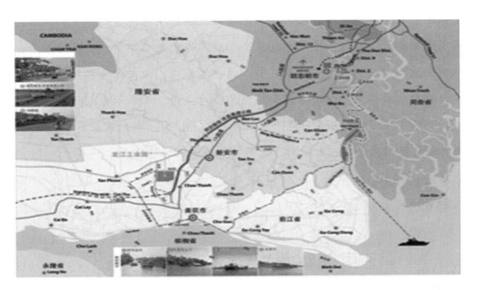

图 4-2　园区交通和位置

轻工业、建材、食品、生物制药业、农林产品加工、橡胶、包装、化妆品、纸业、新材料、人造纤维等。

二、园区成功经验借鉴

一是得到双边政府的支持。园区开发建设过程中，中国商务部有关部门领导多次到园区视察指导工作，驻越使馆及驻胡志明市总领馆领导也多次亲临园区，及时帮助协调解决越方拖延移交土地、钉子户闹事、"5·13"暴力排华事件等诸多问题和困难，为项目的推进奠定了基础。

二是积极融入当地社会，主动履行社会责任，得到当地民意支持。园区积极参与当地社会慈善活动，累计公益捐助资金140亿越南盾（约65万美元），包括维修民生路桥、疏浚当地民生河道、赞助橙色剂受害者协会、捐建情谊屋、成立"龙江工业园助学金"、修建民生供水管道及填路等。这些善举使园区与周围百姓关系更加紧密，为园区顺利发展营造了良好的外部环境。

三是互利共赢，实现园区、企业和当地共同发展。园区为当地创造就业岗位1万多个，且通过就业培训，提高了当地劳动力素质。园区引进的先进工业和技术、管理经验，为当地社会经济发展注入新动力。园区的发展带动了周边农户的发展，百姓自建的宿舍、咖啡馆、餐厅、娱乐等服务设施如雨后春笋般冒出，居民收入和生活水平得以明显提高。此外，入园企业充分利用当地资源，在帮助当地百姓脱贫的同时也节约了生产成本，实现互利共赢。浙江宁波永峰包装公司利用当地废旧塑料瓶盖就地加工，利用企业编织袋技术为当地农户引入新包装模式，为菜农和农产品生产户带来新的就业机会。四川通威公司利用当地鱼粉、玉米等原材料生产出当地需要的畜牧业饲料并在当地市场销售，为贫困渔民、农户等带来可观收入，还在销售终端为养殖农户带来可脱贫致富的高级饲料。

·案例·

4.2 柬埔寨西哈努克港经济特区[①]

一、园区发展概况

柬埔寨西哈努克港经济特区（以下简称西港特区）是由红豆集团为主导，联合中柬企业在柬埔寨西哈努克省共同开发建设的国家级境外经贸合作区，是柬埔寨最大的经济特区，总体规划面积11.13平方公里，首期开发面积5.28平方公里，以纺织服装、箱包皮具、五金机械、木业制品等为主要发展产业。全部建成后，将形成300家企业（机构）入驻，8～10万产业工人就业的配套功能齐全的生态化宜居新城，成为柬埔寨的"深圳"。截至2016年12月，已有来自中国、欧美等国家及地区的107家企业在此投资入驻，吸引当地就业1.5万名。

西港特区得到了中柬两国领导人及江苏省、无锡市等各级政府部门的大力支持。中国国家主席习近平提出"要在'一带一路'框架内运营好西哈努克港经济特区"。柬埔寨首相洪森也是多次把西港特区比作"亲儿子"。2010年12月13日，中柬双边政府在北京签署《中华人民共和国政府和柬埔寨王国政府关于西哈努克港经济特区的协定》，建立了常态化协调机制，通过召开协调委员会会议来及时协调解决发展中遇到的阶段性问题。

---

① 资料来源：商务部合作司。

图4-3　园区实景俯瞰图

二、园区成功经验借鉴

（一）遵从所在国法律法规

西港特区公司从一开始就聘请当地律师作为法律顾问，常年提供法律支持。从购买土地、办理相关手续到园区的经营管理，完全按照当地法律办事，一切手续都符合法律程序。同时，还联合当地相关单位、机构举办法律咨询会、税收政策解读会等，引导区内企业遵守法律法规。

（二）积极培养储备人才

西港特区公司高度重视人才的培养。第一，委托红豆大学开设柬语大专班，培养既有柬语特长、又有一定国际经贸知识、综合素质较高的中国青年派往西哈努克港经济特区工作。第二，特区人员利用业余时间，在邻近学校义务教授中文，迄今已培训数百名学生，他们有的已在企业担任白领。第三，分别于2010年、2015年先后资助两批柬埔寨优秀青年到中国红豆大学及无锡商院深造。其中首批资助的7位柬籍学员已在中国红豆大学顺利结业，部分已成为特区的骨干力量。第四，联合无锡商院开办西港特区培训中心，先后9期，已有2.3万人次接受培训，不少人经培训由一线操作工升任班（组）长、指导工、翻译和中层管理岗位。

（三）主动履行社会责任

西港特区公司自成立伊始，就坚持把融入当地、造福民众、奉献社会作为立足之本。一方面通过扩大就业，改变当地群众谋生渠道、提高生活水平；另一方面，热心公益慈善，造福当地百姓。在 2008 年捐资 25.4 万美元为当地修建学校；每年都向柬埔寨红十字会捐款，救助社会弱势群体；向属地布雷诺县受灾渔民捐赠大米，默德朗乡灾民捐赠饮用水，缓解贫困灾民的燃眉之急；在"国际妇女节"向柬埔寨贫困妇女捐助蚊帐；捐资助学，向品学兼优学生捐赠书包，发动员工开展"一对一"帮扶贫困学生；同时，成立西港特区中柬友谊公益志愿者团队，扩大帮扶的范围及规模，发动更多的人参与到公益慈善活动中。

（四）借助双边政府支持

西哈努克港经济特区有今天的成果，离不开中柬两国政府的大力支持。从《中华人民共和国政府和柬埔寨王国政府关于西哈努克港经济特区的协定》在北京签订，到《协定》框架下双边副部级协调委员会机制的建立和运行；从习近平主席在雅加达会见洪森首相时提出"要在'一带一路'框架内加强基础设施互联互通合作，运营好西哈努克港经济特区"，到中柬双边政府将"继续实施好西哈努克港经济特区等合作项目"写入中柬《联合声明》；从各类发展资金的直接扶持到各级政府部门为西哈努克港经济特区搭建招商推介平台等，这一切充分表明，政府支持是合作区持续健康发展的切实保障。

"一带一路"倡议为西哈努克港经济特区带来了千载难逢的发展良机。如今的西哈努克港经济特区正在不断加快建设步伐，努力提升园区的承载能力和服务能力，打造"一带一路"上的样板园区、民心工程，为加深两国之间的经贸往来及传统友谊做出贡献。

第五章 | 中外境外经贸园区发展的成功经验借鉴

纵观中外境外经贸园区的发展历程，入园企业的可持续发展和东道国的认可是园区成功的两个关键因素，因此，完善的园区社会服务体系和园区运营主体的企业社会责任是评价境外经贸园区的重要指标之一。新加坡海外工业园的"一站式"服务、日本海外工业园的保姆式服务以及中国境外经贸园区的双边合作模式获得了企业和当地政府和社会民众的高度认同，涌现出了一批成功的境外经贸园区。

第一节　新加坡海外工业园区的成功经验 [①]

20世纪90年代初起，新加坡便开始在印度尼西亚、越南、中国、印度等国家建立海外工业园区，园区的建设始终秉承相同的设计理念和组织方式，并积极引入新加坡优质的基础设施建设标准和廉洁高效的行政管理理念，从而在东道国园区内营造出类似新加坡的适宜外商投资的商业环境，增强东道国吸引外资的能力，受到东道国的欢迎。新加坡海外工业园区充分发挥了国内工业园区的建设理念和成功经验，众多具备工业园区开发经验的政联公司和政府机构积极参与到海外工业园区的开发和招商引资工作中。如新加坡贸工部下属的裕廊集团，专门负责新加坡的工业园区开发和管理，新加坡国内经其管理的各类园区和标准厂房区共38个，占地总面

---

① 王娟宁,杨立强.新加坡开发区海外扩展模式及启示[J].国际经济合作,2013,（2）：21-23.

积约70平方公里，吸引了约7000多家公司投资 [1]。新加坡海外工业园区的成功经验主要有以下几个方面：

一、品牌和示范

海外工业园区开发和招商一方面强调专业服务，另一方面是拥有一流的品牌。新加坡海外工业园区开发的成功经验和创业故事造就了一批世界一流的园区开发招商品牌，如裕廊、腾飞、胜科等。除了一流品牌，在开拓海外园区开发市场时，战略性示范项目也有重要的贡献，有时甚至是决定成败的关键。以新加坡开拓中国市场为例，裕廊集团在新加坡和中国两国政府的支持下，建设开发了苏州新加坡工业园区示范项目，该项目也是当时中新两国高度重视的政府合作项目。经过15年的发展，苏州工业园区利用苏州市3.4%的土地、5%的人口，完成全市15%的GDP、地方一般预算收入和固定资产投资，注册外资、到账外资和进出口总额几乎达到25%。可以说，苏州工业园区项目的示范作用是显著的，该项目极大地推动了新加坡园区开发企业在中国的发展。

不仅在中国，在其他亚洲国家同样如此。1998年，新菲两国在马尼拉合资建设首个工业园——菲律宾卡梅尔第二工业园。凭借新加坡园区的品牌和专业的招商服务，2007年在卡梅尔第二工业园落户的企业已达51家，吸纳了近万名员工。由于发展状况良好，新加坡与菲律宾合资的卡梅尔第二工业园接近饱和，发展商决定额外发展6公顷土地，重点提供预建标准厂房，进一步做大做强园区。

二、专业服务——"一站式"服务

新加坡海外工业园区开发商取得成功的一个关键因素是其高品质的服务、一流的管理水平以及专业高效的招商运作。新加坡园区开发商提供全方位、高品质的"一站式"服务和解决方案。裕廊镇管理局与当时的新加坡经济发展局（EDB）在园区企业审批和服务方面有着相当大的自主权，如土地专营权、土地价格、设施调整、税收安排、重要客户的落地签证，甚至可以安排财务信贷，其中的财务决策权后来发展成星展银行（DBS）。裕廊镇管理局早在1998年就开始实行"21世纪的客户服

---

① 关利欣,张蕙,洪俊杰.新加坡海外工业园区建设经验对我国的启示[J].国际贸易,2012（10）：40-44.

务计划"，包括设立"一站式"服务中心，利用计算机快速处理的客户服务呼叫中心等。以苏州新加坡工业园区为例，园区专门建立"一站式"审批服务中心，由园区管委会各局（办）全面充分授权，为进驻企业提供完整的行政许可服务。通过网上报批和审批等手段，园区企业60%受理业务可以即刻办理，30%的业务在2～3个工作日内办结，其余最长不超过7个工作日。另外，新加坡园区开发商拥有丰富的招商经验，并拥有庞大的招商资源。裕廊工业园区采取公司总部统一招商策略，由经济发展局统一招商，在世界各地设立分支机构，拥有高度的营销自主权。如前所述，新加坡腾飞集团拥有包括财富500强企业、跨国公司在内的1800多个客户。腾飞对这些客户的潜在投资需求相当了解，而部分跨国公司也从腾飞公司获得了有关投资机会、投资环境等方面的信息。

三、政府主导，企业化运作

新加坡的园区开发机构基本遵循企业化运作理念。2001年，具有政府机构性质的裕廊镇管理局为了增强经营活力、加强灵活性、提高响应能力以应对全球产业发展的快节奏，开始实行公司化改制。管理局旗下的港口业务重组为裕廊港口私人有限公司，技术服务业务重组为裕廊咨询私人有限公司，原来的Arcasia地产与裕廊国际的国际业务部门合并重组为腾飞私人有限公司。裕廊管理局也更名为裕廊集团（JTC Corporation）。其实，我们不难发现，新加坡在国内开发建设园区的做法与其在国外从事园区开发招商的做法存在显著不同。在新加坡国内，园区的开发和建设一直是由政府机构（裕廊管理局或裕廊集团）主导，虽然其运作渐趋企业化，但仍保留了明显的政府背景。裕廊集团在国外进行的园区开发和建设基本是纯粹商业化、企业化的运作。

四、与东道国的高效合作

新加坡海外园区的建设通常都是以合资形式进行，较少采用独资方式。这种方式较好地避免了与东道国的潜在冲突，降低了风险，同时又能获得东道国合作伙伴的有力支持。一方面，新加坡拥有园区开发建设的丰富经验和专业的全球招商网络，东道国则拥有土地、劳动力、政策优势，同时还拥有较为强烈的引资意愿，双方恰好优势互补。

成功案例：中新苏州工业园

苏州工业园区是中国和新加坡政府间的重要合作项目，于1994年2月经国务院批准设立。同年5月，项目正式启动。总规划面积288平方公里，其中，中新合作区80平方公里。下辖四个街道，常住人口约78.1万。苏州工业园区连续多年名列"中国城市最具竞争力开发区"榜首，综合发展指数位居国家级开发区第二，是中国首批新型工业化示范基地、中国首批生态工业示范园区、中国首批国家知识产权示范创建园区、中国首个服务外包示范基地。

1. 苏州工业园区发展历程

苏州工业园区发展经历了酝酿筹划、奠定基础、加快发展、转型提升四个阶段。1994年2月11日，国务院下发《关于开发建设苏州工业园区有关问题的批复》，同意江苏省苏州市同新加坡有关方面合作开发建设苏州工业园区。2月26日，中新双方签署《关于合作开发建设苏州工业园区的协议书》、《关于借鉴运用新加坡经济和公共管理经验的协议书》和《关于合作开发苏州工业园区商务总协议书》3个重要文件。

1994年5月12日，苏州工业园区首期开发建设正式启动。9月2日，江苏省委、省政府下发《关于加快苏州工业园区建设若干问题的通知》。1999年6月28日，中新双方签署《关于苏州工业园区发展有关事宜的谅解备忘录》，确定从2001年1月1日起，中新苏州工业园区开发有限公司实施股比调整，中方财团股比由35%调整为65%，中方承担公司的大股东责任。2001年3月23日，苏州市委、市政府召开苏州工业园区加快开发建设动员大会，二、三期的开发正式启动，园区进入了大动迁、大开发、大建设、大招商、大发展阶段。2005年，苏州工业园区相继启动制造业升级、服务业倍增和科技跨越计划。"十二五"期间，苏州工业园区将建设目标定位为"建成具有全球竞争力的国际化、现代化、信息化高科技园区和可持续发展的创新型、生态型、幸福型综合商务城区"。"十三五"时期，苏州工业园区将发展目标调整为"全面建设成为具有重要影响力和独特竞争优势的全球产业创新园区和国际商务宜居新城"。

2. 苏州工业园区的重点发展产业

苏州工业园区在经历大开发、大建设、大招商、大发展后，已步入转型提升阶段，现阶段，已在大力开展择商选资，着力提升发展质量和效益，其重点发展的产业包括高端制造、新兴产业、现代服务业。为推动产业转型升级，苏州工业园区已累计建设国际科技园、创意产业园、生物科技园、中新生态科技城、纳米产业园等科技载体超300万平方米，启动文化艺术中心、独墅湖科教创新区、综合保税区、阳澄湖旅游度假区等创新区域载体的建设，这些创新区域载体成为苏州工业园区转型发展的主阵地。2015年10月，国务院印发《关于苏州工业园区开展开放创新综合试验总体方案的批复》（以下简称《批复》），同意在苏州工业园区开展开放创新综合试验。为落实《批复》要求，苏州工业园绘制了"3+5"的建设蓝图，即打造中国开发区升级版、建设世界一流高科技产业园区、提升国际化开放合作水平三大发展目标和建设更高水平的开放合作示范平台、建设产业优化升级示范平台、建设国际化创新驱动示范平台、建设行政体制改革示范平台、建设城市综合治理示范平台五大任务。

3. 苏州工业园区的管理体制与合作机制

为推进苏州工业园区的建设和发展，中新双方建立了合作协商机制。中新联合协调理事会是苏州工业园区建设和发展的最高级别合作机制，理事会主席由两国的副总理担任，每年召开一次理事会议，主要负责解决中新双边贸易中的重大问题。中方协调理事会成员包括：商务部、外交部、国家发展和改革委员会、科学技术部、财政部、国土资源部、住房和城乡建设部、海关总署、国家税务总局、国家质量监督检验检疫总局、江苏省人民政府，新方协调理事会成员包括：内政部、贸易与工业部、总理公署、教育部、国家发展部、财政部、交通部、外交部、文化社区及青年部、环境及水源部。在中新联合协调理事会之下，由苏州市人民政府和新加坡的贸易与工业部联合设立双边工业委员会，负责管理合作的具体事项。此外，还设立了特殊的借鉴机构，即苏州工业园区借鉴新加坡经验办公室、贸易与工业部软件项目办公室。

为了加强对苏州工业园区的管理，早在1995年2月，中共苏州工业园区工作委员会和苏州工业园区管理委员会就正式挂牌成立。苏州工业园区管委会是苏州市人民政府的派出机构，下设17个部门，主要包括工委、管委会办公室，招商局，经济贸易发展局，科技发展局，规划建设局，城市管理局，国土房产局，社会管理局，财政局，劳动和社会保障局，组织人事局，教育局，社会事业局，环境保护局，审计局，安监局，服务业发展局。苏州工业园区管委会不仅具有经济事务管理权限，还在下辖的四个街道可以行使行政管理职能。从管委会的机构设置和园区的管理实践可以看出，管委会还具有社会事务管理权限，园区建立了覆盖全区的社会保障体系，创立了以邻里中心和社区工作站为依托的新型社区管理和服务模式。中新社会管理合作试点还曾获评中国管理科学奖。

五、发展启示

（一）园区开发建设模式要契合发展需要

从本质上看，新加坡海外工业园区开发建设模式是园区开发商的境外工业／商业房地产开发运营模式，在发展中国家具有一定的优势。目前，世界上有多家专业从事房地产开发的跨国公司，如荷兰国际集团（ING）下属的房地产投资与开发公司（ING Real Estate），它与第三方合作开发世界各地的购物中心、办公楼、住宅等地产项目，同时还管理着分布在亚洲、澳大利亚、欧美等地的30多只房地产基金。新加坡海外工业园区开发和运营商本质上也是房地产开发运营商，只不过它们更多地集中在工业土地开发、工业基础设施、项目管理服务、物业后勤服务等领域。

（二）园区行业导向和战略定位要明确

一般情况下，园区往往被开发者赋予一定的行业导向和战略定位，其招商活动也存在明显的倾向性。裕廊集团就将新加坡园区大致分为六类：综合型园区、以标准厂房为主的园区、科学园区、商业园区、后勤园区和特殊园区。不同类型的园区其招商对象不尽相同，基础设施要求、配套政策也有所不同，具有鲜明的导向性。新加坡腾飞集团在亚洲地区开发和运营的园区也分为科学园、商务园、科技园、工业空间、办公和商业空间、物流和配送空间、孵化空间、定制商务空间等。园区开发招商模式的另一特点是企业进出园区相对开放灵活，通常不受产业链、财团等因素约束。

（三）园区开发和招商要高效

从企业与园区的关系来看，园区为工业提供了发展、生产和交易的空间，它是全球工业分布中的区域布局，是为了获得竞争优势所做的经营地选择，这意味着，进入园区就能获得低成本的生产要素和其他地域资产（包括靠近市场、政策环境和基础设施）。专业高效的园区开发、招商和服务可以向目标企业和跨国公司提供高质量的生产要素和地域资产，从而促进企业快速、大规模地在园区内集聚。

第二节　日本海外工业园区的成功经验

随着越来越多的日本制造商在海外拓展业务，对日本海外工业园区的需求日益增长。如日本双日株式会社充分利用了多年商业运作积累的专业知识和贸易公司的实力，在越南、印度尼西亚和印度等国家开发了多个工业园区，积累了一些成功的经验值得中国企业借鉴。

一、科学选址，注重物流服务

日本海外工业园区的入驻企业主要是制造商，当企业在编制入园可行性研究报告时，园区的地理位置和物流服务是考虑的重要因素。例如日本双日集团投资开发的越南隆德工业园区就考虑了以上两方面的因素，取得了较大的成功。隆德工业园区距离可停靠大型船舶的越南主要港口施威–盖梅港仅约33公里，处于胡志明市区与港湾的中间位置，因而作为制造基地以及物流基地其地理位置极为优越。此外，从预定于2014年开通的南部高速公路出入口驱车仅约5分钟，距离预定于2020年启用的隆城新国际机场仅有8公里，通往国内外的交通将更为便利。同时。越南双日公司还提供有关采购原材料和零部件的信息服务以及双日物流的物流功能。

双日集团与印度Motherson集团共同在印度泰米尔纳德邦金奈市近郊所建的双日Motherson工业园区（SMIP）也是地理位置优越，产业集聚明显。印度金奈近郊聚集了包括日企在内的世界各国多家大型汽车生产商生产据点，被誉为"南亚底特律"，由于其极佳的地理条件，尤其在汽车零部件制造领域具有很大的进驻优势，SMIP工业园区也是印度第一处综合性日资工业园区。

双日与印度尼西亚最大的华侨财阀金光集团（Sinar Mas Group）共同开发的**DELTA MAS CITY** 内工业园区 "Greenland International Industrial Center"（G.I.I.C）同样位置优越，园区位于印度尼西亚首都雅加达以东37公里的勿加泗县（Bekasi），从高速公路专用出入口经由DELTA MAS CITY内的多车道公路可直达工业园区，物流交通非常便利。

二、保姆式的园区服务体系

日本海外工业园基本上建设和运营一体化模式，因此，投资企业特别重视园区的服务，园区服务体系完善，始终坚持"一个工业园区是一个服务业，并把客户放在第一位"，做到保姆式的贴心服务，得到入园企业的高度认可。例如由日本索米金公司参与运营管理的泰国洛加纳工业园，索米金公司专门设置专人照料园区内约60%的日资企业，并组织由园内日系工厂主持的常规信息交流会，被冠之为"洛加纳会议"的各种座谈会经常有上百家日系企业参与。园内的公寓区可以为园区内人员和外籍专家 短期和长期的居住，公寓内有银行服务，日本餐馆等。

由于印度工业园区，通常只将未开垦的原野作为工业用地出售给进驻企业，从建设用地内的整地工程到上下水道等基础设施建设，全部都由进驻企业自行负担并管理。因此，双日集团开发的印度SMIP在园区设立了日本工作人员常驻的管理事务所、集中排水处理设施、仓库及物流设施、出租工厂等服务设施，尤其针对日本进驻企业将提供细致周到的服务以满足不同需求。

三、出色的销售能力

日本海外工业园区的盈利模式主要采用出让园区土地和运营管理服务两种方式。双日集团采用集体贸易公司职能的方法进行园区土地销售和招商取得了良好的效果。双日集团于1996年在越南同奈省开发建设的Loteco工业园区，目前土地已全部卖出，但至今仍由双日集团负责园区的日常运营管理工作。印度尼西亚的G.I.I.C园区300公顷用地也已全部售罄。目前以日企为首的外资企业进驻印度尼西亚的势头在不断增加，因此双日决定将毗连第一期区段的400公顷区域改为工业用区域进行追加销售。

四、良好的协同机制

海外工业园区是一个敏感的项目，容易受到经济形势变化的影响，并且一直处于风险之中。对于客户来说，主要的一点是对他们打算进入的国家的条件进行适当的评估。为确保总部与海外园区一线之间的畅通沟通，双日集团隆德园区一线员工与总部的所有项目成员每周举行一次电话会议，分享有关开发，销售，资金等情况的信息，把总部和前线作为一个团队一样工作。隆德工业园的协同沟通机制确保了园区日本企业的建设和运营的安全性，并为入园企业提供从启动到运营的一体化支持系统。园区以日本的方式迅速而准确地满足客户的需求，园区要求所有的日本员工能够以日语对日本租户做出正确回应的系统。

第三节　中国境外经贸园区的成功经验

中国境外经贸园区的发展以政府为引导支持、企业为实施主体，实行市场化经营；从分布的地区来看，主要集中在东南亚、南亚、非洲等处于工业化初级阶段或新兴工业化国家和地区；从开发模式来看，大部分园区均采用"总体规划、分期实施、滚动开发"模式。经过近20年的发展，中国境外经贸合作区通过与所在国在经济、政治、社会、文化等领域的深入合作，受到东道国政府和当地社会民众的认同，目前，有60多个国家提出希望我国与其共建经贸合作区，涌现出一批颇受东道国和企业欢迎的园区，积累了一定的成功经验，具有表现在以下几个方面[1]：

一、依托双边政府支持，充分发挥企业投资主体作用

境外经贸合作区的建设涉及两国的经济、政治和文化的合作交流，牵涉和协调的内容多。目前成功运营并发展得较好的境外经贸合作区多由两国共同签署合作框架，并由双方相关政府部门协助推动，其间建立良好的沟通机制，以有效发挥政府带动效应，协调相关部门和单位，提高土地征用、项目审批等工作上的办事效率，提高项目的推进效率。境外经贸合作区的建设需要东道国稳定的政治与经济环境，为保证园区的起步与发展，需要投资主体企业具有雄厚的实力及与东道国政府建立友好的关系。中国政府的支持能够给园区企业提供政策、资金保证。境外经贸合作

---

[1]　温灏.推动境外园区合作共赢的战略思考[J].国际工程与劳务，2017（10）：20-25.

区是由国家商务部牵头，但园区的长期运营毕竟是商业活动，其主体还应该是企业，成功的园区如中国有色矿业集团投资建设的赞比亚赞中经贸合作区和浙江省前江投资管理有限责任公司投资的越南龙江工业园。

二、争取优惠的投资政策，不断改善营商环境

境外经贸合作区的成功培育有赖于东道国政府给予的优惠投资、税收、通关等政策支持，以及政府承诺的外协条件完善情况，尤其在园区的市场培育期，良好的内外部投资环境对园区开发建设及招商引资进展影响巨大。如中白商贸物流园不断在努力争取有利于项目发展的政策支持，在两国政府强有力的支持使得投资环境不断改善；埃塞俄比亚东方工业园已批准为海陆联运的目的港，区内享受埃塞海关、税务、商检和质量标准等"一站式"服务，电力总线和通信网络线已全部拉至园区，园区电力供应和通信正常，目前正在洽谈的"税收返还"重大优惠政策。

三、完善的公共管理服务体系

为提高境外经贸合作区对企业的吸引力和为入园企业提供良好的生产和生活环境，境外经贸合作区均与政府合作在园区内提供"一站式"服务，为入园企业提供包括前期研究、手续办理、后勤保障、物流和商务服务、对外联系等服务，以此增强境外经贸合作区在招商阶段对企业的吸引力，并在运营阶段有效保障企业生产运营，提高生产效率，提升境外经贸合作区整体竞争力。如埃塞俄比亚政府成立了工业园筹划委员会和技术指导委员会，埃塞工业部、奥罗米亚州政府派驻4名专职官员参与工业园建设和管理。埃塞海关在园区内设立分支办公室，派驻专业人员进行现场清关检验，工业园管委会下设行政管理办公室、财务管理部、人力资源部、公共关系部、规划建设部、安全环保部、采购管理部、物业管理部、绿化管理部和投资服务中心。投资服务中心下设招商部、法律咨询部、行政审批服务部，与埃塞政府海关、商检、税务等行政服务窗口形成"一站式"服务。

尼日利亚莱基自贸区为区内企业提供透明、高效、规范的服务，园区为投资企业提供最大限度的便捷和服务，所有投资商提出的要求都会尽可能地满足。通过设立海关清关中心，大大缩减了区内企业的清关速度，提高了效率。以前要将近一周才能完成的清关工作现在缩减到一天，华为甚至做到了当天处理、当天放行、即到即走。

四、重视招商引资

招商效果和企业留存情况直接决定境外经贸合作区的经营效果。各境外经贸合作区采用的招商方式可分为初期的以宣传推介为主的"随机式被动招商"，到有重点的"定向式主动择商"、再到以行业龙头项目为核心的"集群式优化组合聚商"（依商招商）等策略，具体通过商贸、展会、政府推介平台、中介等传统招商渠道，利用网络、微信、微博等公共信息平台，以及同行业、上下游企业之间口口相传的招商方式，全方位立体式开展招商工作。埃塞俄比亚东方工业园始终把招商工作作为头等大事紧抓不放，不断建立健全招商工作机制，在依托商务主管部门建立国内外招商机构的基础上，不断外聘专业人士，形成招商团队，严格招商激励考核机制，通过开展招商会、网站宣传、中埃政府推荐、以商招商、媒体推广等形式，吸引世界各地企业前来埃塞投资。

五、主动履行社会责任，和谐周边关系

境外经贸园区企业只有与当地分享发展成果，才能实现双赢和可持续发展。总体上来说，中国境外经贸园区的投资企业比较注意履行企业社会责任，积极宣传园区对当地就业、经济增长、社会发展的贡献，并努力实现本地化。如埃塞俄比亚东方工业园及入园企业不仅为中国带动了商品出口、对过剩产业转移的同时，也为埃塞政府积极缴纳增值税、预扣税、个人所得税、企业所得税、进口关税等税费累计达到4935万美金。为当地员工缴纳养老保险，促进当地就业人数达8000多人，使越来越多的当地人掌握了纺织、鞋业、建材、机电、塑料加工、工程机械租赁、建筑施工、餐饮住宿服务、企业管理等领域的专业技能。工业园免费给当地老百姓供水；工业园尚未开发土地部分让农民连续3年种植苔麸；免费提供工程机协助杜卡姆政府开展水利和工程建设；入园企业东方水泥公司耗资1500万比尔为Fitche镇建造了3公里的水泥路，为奥罗莫州人民民主组织、亚的斯孤儿院、提格雷州中学、千禧年大坝建设等捐款。

西哈努克港经济特区公司自成立伊始，就坚持把融入当地、造福民众、奉献社会作为立足之本。一方面通过扩大就业，改变当地群众谋生渠道、提高生活水平。另一方面，热心公益慈善，造福当地百姓。在2008年捐资25.4万美元为当地修建学校；每年都向柬埔寨红十字会捐款，救助社会弱势群体；向属地布雷诺县受灾渔民

捐赠大米，默德朗乡灾民捐赠饮用水，缓解贫困灾民的燃眉之急；在"国际妇女节"向柬埔寨贫困妇女捐助蚊帐；捐资助学，向品学兼优学生捐赠书包，发动员工开展"一对一"帮扶贫困学生；同时，成立西港特区中柬友谊公益志愿者团队，扩大帮扶的范围及规模，发动更多的人参与公益慈善活动。

赞比亚经贸合作区在建设过程中，严格做到：第一，企业严格遵守当地的法律法规，尊重当地的文化和风俗习惯，注重保护当地的生态环境；第二，企业注重关注民生，制定相应制度并采取措施保障员工生产安全和工资福利等方面的合法权益；第三，积极履行社会责任，积极参与慈善捐助与灾害赈济，开展捐赠妇女、学生和防治艾滋病、疟疾等社会公益活动，制定社区发展计划，与当地员工和社区居民保持和谐的关系，从而为合作区的长期可持续发展奠定坚实的基础。

第四节　中国境外经贸园区发展建议[①]

一、中国境外经贸园区发展面临的挑战

经过十余年发展，中国境外经贸园区建设进入迅速发展时期，为更好地发挥其在推进中国企业"走出去"，特别是在"一带一路"沿线国家"走出去"的引导和推进作用，必须对其发展中的问题及面临的挑战进行科学研判，以找到突破点。

（一）沟通机制不健全，投资风险大[②]

中国的境外经贸园区在建设过程中存在政府间、政府与企业间沟通机制不健全、不顺畅问题，主要表现在：一是政府间协作不足。一般在合作区筹建初期，两国政府都发挥了较大的推动作用，但后期主要依靠企业协调沟通，中国政府参与较少。二是缺乏政府间合作协议。一般情况下，合作区没有建立双方政府框架内的合作机制，东道国给予合作区的政策差异较大，投资主体在东道国难以获得应有的法律地位和优惠

---

　　① 尤宏兵,成楠,杨蕾.境外产业园区建设特点与发展建议[J].国际经济合作,2017（2）:36-41.

　　② 刘英奎,敦志刚.中国境外经贸合作区的发展特点、问题与对策[J].区域经济评论,2017,（3）:96-101.

政策。三是政企之间沟通不畅。合作区的投资主体为企业，与东道国政府之间地位不对等，遇到重大问题难以有效沟通和交涉。如尼日利亚莱基自贸区就因为与政府地位不对称，对政策文件理解不一致，导致有些优惠政策和协议难以贯彻执行。

同时，合作区也面临较多投资风险。一是存在政局和政策变化风险。比如，2016年埃及政局变动，使埃及苏伊士经贸合作区受到极大冲击，园区内企业不能正常运营，遭受巨大经济损失。合作区建立时当地政府承诺给予开发企业的优惠政策，有时也因政局变动而不予兑现。二是存在汇率风险。如果汇率波动幅度大，就会增加企业的投资风险，比如2016年尼日利亚放弃本国货币奈拉对美元实施的自由浮动汇率机制，当天货币贬值41.47%。

（二）主导产业类型单一，园区功能有待拓展和深化

当前，中国境外经贸园区以加工制造型、资源开发型及综合发展型为主，主导产业相对集中于传统的劳动密集型产业和资源密集型产业，资本和技术密集型产业在园区的发展有待深入开发。造成这一境况的原因既与东道国的资源状况有关，亦与中国产业自身的不足密切相关。

长期以来，中国凭借丰富的劳动力所带来的成本优势嵌入全球价值链，但位于全球价值链"微笑曲线"的中低端位置，附加值较低，在全球分工中的从属地位较为明显。发达国家在资本、技术等生产要素上具有一定的优势，而且垄断了这些高级要素的供给，故在全球价值链中占据着两端研发设计和品牌营销的高附加值环节，在全球分工中处于领导和控制地位。为集中力量专注于高附加值环节的生产，发达国家还不断降低附加值的加工制造环节向中国转移，由于发达国家的技术垄断，再加上中国自身创新能力不足，中国难以掌握核心技术和优势品牌，持续发展动力不足。产业分布主要依赖传统的劳动密集型和资源密集型，产业发展层次不高导致中国在建立境外经贸园区的过程中易面临园区类型和园区功能狭窄的问题。

（三）园区产业集群效应不明显

境外经贸园区的牵头企业实力较强，投资经验丰富，具有一定的技术能力和品牌优势，从而使其在境外建立产业园区过程中，能主动掌握话语权，并且能有效利用东道国的政策环境优势和资源优势，从而提高自身的利润空间。牵头企业的盈利模式对国内外企业起到了一定的示范带头作用。鉴于境外经贸园区内部巨大的生产优势和发展潜力，大批相关企业涌入园区，在园区内形成了一定的企业集聚。以海尔—鲁巴经济区为例，在牵头企业海尔集团带领下，一大批中国名牌家电企业入驻园区，带动了一系列配套企业的发展和集聚，一定程度上延伸了产业链并形成了企业集聚。

虽然中国境外经贸园区内部产业链初见端倪，但园区中的领导企业向上下游延伸拓展的程度不深，产业链较短，主导产业仍以加工制造为主，而诸如产业链上游的供应商及产业链下游的金融、信息、品牌、营销等相关辅助支持机构相对欠缺，园区内部在牵头企业的带动下仅形成相关企业的简单集聚，产业链并不完善，产业集群效应不明显。以2011年建立的老挝万象赛色塔综合开发区和2015年建立的印度尼西亚聚龙农业产业合作区为例，前者涉及制造业、贸易金融、旅游等产业，后者涉及油棕种植开发、精深加工、收购、仓储物流等产业，二者均带有综合发展型合作区的特征。但尚未形成较为系统的产业链，产业链中的上下游环节存在部分缺失，配套服务业规模不大，对园区内其他制造业的支持和辅助作用不明显，园区内尚未真正实现集群式发展，规模效应和集聚效应不明显。

（四）园区融资、人才引进有难度

中国境外经贸园区的融资方式以企业自筹为主，资金压力成为制约合作区建设和持续发展的重要瓶颈。一是虽然中国政府对通过审核授权的合作区给予一定的财政支持和中长期贷款，但合作区的建设周期长、资金需求量大，政府补贴和贷款远远不足；二是为对外投资提供融资的政策措施不多，境外银行分支机构发展不足，融资渠道、融资工具有限，难以满足企业需求；三是银行全球授信体系不完善，企业境外子公司不能利用国内母公司的信誉和授信额度，国内母公司不能为其境外子公司在我国银行境外机构贷款提供担保，企业境外投资形成的资产也不能作为抵押担保。

此外，中国境外经贸园区虽能充分利用东道国丰富的劳动力资源，但高素质国际化人才仍较缺乏。这一方面是由于园区大多位于发展中国家，对高级人才的吸引力较弱；另一方面是园区内尚未建立科学有效的人才供应机制。此外，东道国的教育及科研投入普遍不足，进一步加剧了园区高级人才供给乏力。

二、中国境外经贸园区发展建议

（一）提高企业对境外经贸园区的认知度与参与度

中国新一轮国际产业转移已由单纯的资本输出向以资本输出带动国际产能合作，以境外经贸园区为依托，促进中国技术、标准、融资等相关配套服务打包输出，使境外经贸园区成为多种输出组合的实践载体。故此，境外经贸园区不仅应成为"去产能"的主要载体，更应被视为提升本地产业国际竞争力的重要平台及地方经济下行的对冲力量。建议商务部及各地商务部门积极引导产业园区主导企业发挥自身比较优势，正确确定境外经贸园区的产业结构和主导方向，优化园区布局，特别是结合"一带一路"倡议和国际产能合作进展，制定境外经贸园区全球战略、布局区位指南及行动计划，进一步鼓励有能力、有条件的企业开发建设境外经贸园区。进一步鼓励有条件企业开发建设境外经贸园区，可有针对性地选择部分有实力、有意向的企业上门辅导，帮助企业算好发展账、效益账、长远账，促进其进一步树立"走出去"的信心。

（二）强化专业外包，不断提升服务水平

园区运作专业化指的是景物经贸园区的功能性服务（如工业房地产设计开发、物流、后勤服务等）均由专业公司提供，而不是简单地委托当地普通企业完成，如星网工业园中的工业地块开发设计、物流中心的设计等都是由新加坡腾飞集团等专业开发设计企业完成。服务外包化则更进一步，指的是园区的服务职能，如物流、后勤、管理等业务外包给国际知名跨国公司。仍以星网工业园为例，其物流服务外包给了金鹰国际货运，道路管理外包给了新加坡腾飞集团，物业、餐饮及后勤管理外包给了索迪斯集团等。园区的专业化和服务外包化可以大幅提高园区的运作效率和服务质量，从而为境外经贸园区成员企业提供良好服务。

（三）建立起与所在地的园区运行机制与利益互动机制

境外经贸园区属于长线项目，而东道国的投资环境、产业政策、现行政策等与国内客观上存在较大差异，故在境外建设产业园的过程中，与东道国建立起有效的园区运作机制和利益互动机制，维持友善的国际合作环境非常重要。在园区的酝酿期、建设期、运营期均需加强与当地政府的合作，最后，面可以取得更为优惠和有利的政策待遇，另一方面也能减少当地社会和舆论的不利影响。

因此，首先应进一步鼓励咨询机构、金融保险机构、物流等基础设施供应机构等专业组织积极参与境外经贸园区的开发管理，让所在国满意、让入园企业满意。其次，商务部及各地商务部门应引导企业在园区建设中真正按市场规则办事，积极运用市场化手段，吸引园区入驻、筹集建设资金，依靠市场机制来实现产业的优胜劣汰。加强与本国及东道国政府的沟通互动，在与东道国及其相关企业开展各种合作的过程中，坚持互惠互利原则，在产业布局、建设项目布点、人才培训等方面，尽量与东道国达成各种"默契"，实施"三统一"，即统一规划、统一布局、统一约束。

（四）切实提升对境外产业合作区的政策支持力度

首先，鼓励和引导企业有效利用好国家层面业已建立的"丝路基金"、"中国—东盟投资合作基金"、"中非发展基金"等国家级优惠贷款或基金。其次，用好"一带一路"投资基金，切实推进与国开行等金融机构的合作。最后，鼓励银行加强与园区企业的合作力度，为政府及企业提供国情分析、产业发展及财务顾问等全方位金融服务，从产业定位、盈利模式、发展进程、配套政策及金融服务等方面进行整体布局，以"融智"带动"融资"。第四，加强与园区所在国银行的同业合作。

（五）注重园区及入区企业的海外可持续发展

从当前中国境外经贸合作区的发展来看，因为有国家各方面的大力支持，其前期运作往往比较顺利。一旦国家支持到期，不少境外经贸合作区很快就陷入经营困境。可以说，是否具备可持续发展能力是园区"走出去"成功与否的关键。一般来说，增强可持续发展能力需要园区企业科学选址、高效管理，切实做好海外开发区的产业规划。

同时，入驻境外园区的中国企业应积极融入东道国经济建设和发展，为东道国产业升级和自主发展能力做出积极贡献。企业应积极履行社会责任，充分尊重和照顾东道国的意愿和合理关切，尽可能将自身利益与东道国利益有机结合起来，使东道国和当地人民在合作中真正受益，实现共同发展。

（六）建立科学的境外经贸园区评估体系

充分发挥境外经贸园区这一国际经济合作新方式在中国开放型经济深化发展中的作用，政府的准确决策和科学规划至关重要。有关部门应加强对合作区区位选择的研究和东道国投资环境指标评价体系的建立。建立一套能够对东道国经济环境和优惠政策、法律和安全状况等做出科学、系统、客观分析的投资环境指标评价体系，从而使投资决策更加规范化和科学化，避免和尽量减少由于区位选择错误所带来的投资风险。有关政府部门应结合评估体系的分析和评估结果，根据国内产业发展规划、产业结构调整目标等因素，在区域布局、主导产业和投资类型等方面对境外经贸园区的设立进行统筹规划和必要的协调指导；对相关投资企业进行投资风险防范咨询和指导，以防止由于企业一哄而上和合作区功能过度重复而导致的盲目投资和不必要损失，同时避免由于国内企业的无序竞争给东道国造成的负面影响。

·案例·

5.1 中新苏州工业园区

一、园区发展概况

（一）园区概况

苏州工业园区是中国和新加坡两国政府间的重要合作项目，1994年2月经国务院批准设立，同年5月实施启动，行政区划面积278平方公里，其中，中新合作区80平方公里，下辖四个街道，常住人口约80.78万。中新苏州工业园区开发股份有限公司注册资本1.25亿美元，股东5家，持股比例为中方财团52%、新方财团28%、港华投资10%、新工集团、苏州高新各持股5%。作为中新两国政府间重要合作项目，苏州工业园由小到大、由弱到强，一跃成为中国发展速度最快、整体水平最高、最具竞争力的开发区之一，被誉为中国对外开放的重要窗口、中新友好合作的成功范例。2017年，园区实现地区生产总值2350亿元，占苏州市GDP比例达13.5%；进出口总额858亿美元；实际利用外资9.3亿美元、固定资产投资476亿元；R&D投入占GDP比重达3.48%；社会消费品零售总额455亿元，增长12%；城镇居民人均可支配收入6.6万元，增长7.7%。在全国经开区综合考评中位居第一，在全国百强产业园区排名第三，在全国高新区排名上升到第五，均实现历史最好成绩 [①]。

（二）苏州工业园区发展历程

苏州工业园区发展经历了酝酿筹划、奠定基础、加快发展、转型提升四个阶段。1994年2月11日，国务院下发《关于开发建设苏州工业园区有关问题的批复》，同意江苏省苏州市同新加坡有关方面合作开发建设苏州工业园区。2月26日，中新双方签署《关于合作开发建设苏州工业园区的协议书》、《关于借鉴运用新加坡经济和公共管理经验的协议书》和《关于合作开发苏州工业园区商务总协议书》3个重要文件。

[①] 资料来源：苏州工业园区管委会.http://www.sipac.gov.cn/zjyq/yqgk/201801/t20180120_677084.htm.

1994 年 5 月 12 日，苏州工业园区首期开发建设正式启动。9 月 2 日，江苏省委、省政府下发《关于加快苏州工业园区建设若干问题的通知》。1999 年 6 月 28 日，中新双方签署《关于苏州工业园区发展有关事宜的谅解备忘录》，确定从 2001 年 1 月 1 日起，中新苏州工业园区开发有限公司实施股比调整，中方财团股比由 35% 调整为 65%，中方承担公司的大股东责任。2001 年 3 月 23 日，苏州市委、市政府召开苏州工业园区加快开发建设动员大会，第二、三期的开发正式启动，园区进入了大动迁、大开发、大建设、大招商、大发展阶段。2005 年，苏州工业园区相继启动制造业升级、服务业倍增和科技跨越计划。"十二五"期间，苏州工业园区将建设目标定位为"建成具有全球竞争力的国际化、现代化、信息化高科技园区和可持续发展的创新型、生态型、幸福型综合商务城区"。"十三五"时期，苏州工业园区将发展目标调整为"全面建设成为具有重要影响力和独特竞争优势的全球产业创新园区和国际商务宜居新城"。

（三）苏州工业园区的重点发展产业

苏州工业园区在经历大开发、大建设、大招商、大发展后，已步入转型提升阶段，现阶段，已在大力开展择商选资，着力提升发展质量和效益，其重点发展的产业包括高端制造、新兴产业、现代服务业。为推动产业转型升级，苏州工业园区已累计建设国际科技园、创意产业园、生物科技园、中新生态科技城、纳米产业园等科技载体超 300 万平方米，启动文化艺术中心、独墅湖科教创新区、综合保税区、阳澄湖旅游度假区等创新区域载体的建设，这些创新区域载体成为苏州工业园区转型发展的主阵地。2015年 10 月，国务院印发《关于苏州工业园区开展开放创新综合试验总体方案的批复》（以下简称《批复》），同意在苏州工业园区开展开放创新综合试验。为落实《批复》要求，苏州工业园绘制了"3+5"的建设蓝图，即打造中国开发区升级版、建设世界一流高科技产业园区、提升国际化开放合作水平三大发展目标和建设更高水平的开放合作示范平台、建设产业优化升级示范平台、建设国际化创新驱动示范平台、建设行政体制改革示范平台、建设城市综合治理示范平台五大任务。

苏州工业园区重点发展电子信息和精密机械两大制造业主导产业，加快发展以金融、总部、文化、服务外包、物流会展、商贸旅游为主体的服务型经济，以及以纳米技术产业为引领、以光电新能源、生物医药、融合通信、软件动漫游戏、生态环保五大新兴产业为支撑的创新型经济。苏州工业园区成立20多年来，已形成以高新技术产业为主导、战略性新兴产业为支柱、现代服务业为支撑的产业结构。2015年，苏州工业园区高新技术产业产值、新兴产业产值占规模以上工业产值比重分别达67%、59%，生物医药、纳米技术应用、云计算三大产业分别增长27%、37%、40%。服务业发展方面，金融类机构总数超700家，区域金融中心高地加速形成。

二、园区成功经验借鉴

（一）合理的园区组织管理机制

为推进苏州工业园区的建设和发展，中新双方建立了合作协商机制，中国与新加坡双方针对苏州工业园区的管理建立了三个层次的领导和工作机构。第一个层面是中新两国政府联合协调理事会，每年召开一次理事会议，负责协调苏州工业园区的开发建设和借鉴新加坡经验工作中的重大问题，由两国副总理担任理事会共同主席。第二个层面是中新双边工作委员会，由苏州市市长和新加坡裕廊镇管理局主席共同主持，参与的部门包括中国商务部、外交部、国家发展和改革委员会、科学技术部、财政部、国土资源部、住房和城乡建设部、海关总署、国家税务总局、江苏省人民政府和苏州市人民政府等，以及新加坡的内政部、贸易与工业部、总理公署、教育部、国家发展部、财政部、交通部等。双发定期召开会议，就开发建设中的重要问题和借鉴新加坡经验工作进行协商，向理事会双方主席报告工作。第三个层面是联络机构，由新加坡贸易与工业部软件项目办公室和苏州工业园区借鉴新加坡经验办公室负责日常联络工作。

（二）科学的园区运营管理体系

在园区运营管理上，苏州工业园区的行政管理主体和园区开发主体相分离。行政管理主体是园区管委会，它作为苏州市政府的派出机构在行政辖区内全面行驶管理职能，享有省一级的项目审批权限，园区在一定程度上承担了以及政府的社会管理职能。中新苏州工业园区开发集团股份有限公司（CSSD）是园区的开发主体，由原外经贸部和国家工商行政管理局批准设立，CSSD 是中新两国合作的载体和苏州工业园区早期的开发主体。CSSD 由中新双方财团组成，中方财团由中粮、中远、中化和华能等 14 家国内大型企业集团出资组建，新方财团由新加坡政府控股公司、部分私人公司和跨国公司联合组成。1994 年成立时中方占股 35%，新方占股 65%；2001 年调整后，中方占股 65%，新方占股 35%。在股权比例调整后，中方担负园区的主要管理职责。CSSD 的主要职责是园区徒弟开发与经营、物业管理、项目管理、咨询服务、产业与基础设施的开发等。在园区开发的不同阶段，管委会和开发公司 CSSD 各自发挥不同的功能两者相辅相成，为入园企业提供高效的服务。

（三）地方政府高度重视

为了加强对苏州工业园区的管理，早在 1995 年 2 月，中共苏州工业园区工作委员会和苏州工业园区管理委员会就正式挂牌成立。苏州工业园区管委会是苏州市人民政府的派出机构，下设 17 个部门，主要包括工委、管委会办公室、招商局、经济贸易发展局、科技发展局、规划建设局、城市管理局、国土房产局、社会管理局、财政局、劳动和社会保障局、组织人事局、教育局、社会事业局、环境保护局、审计局、安监局、服务业发展局。苏州工业园区管委会不仅具有经济事务管理权限，还在下辖的四个街道可以行使行政管理职能。从管委会的机构设置和园区的管理实践可以看出，管委会还具有社会事务管理权限，园区建立了覆盖全区的社会保障体系，创立了以邻里中心和社区工作站为依托的新型社区管理和服务模式。中新社会管理合作试点还曾获评中国管理科学奖。

从中新苏州工业园区的成功经验可知，招商机制、规划编制、人才体系、产业载体等对产业园区的发展具有深远的影响。在招商机制上，园区充分发挥中新联合招商的体制优势，招商机制灵活，使园区项目源和项目价值保持在较高水平，园区有选择性地将资本密集、技术密集、基地型、旗舰型项目作为招商重点，引进位居产业核心地位的龙头项目，带动相关配套项目进驻。在规划编制上，园区借鉴新加坡的规划建设经验，先后编制制订 300 余项专业规划，形成了严密完善的规划体系，为园区建设提供富有前瞻性的指导。在人才体系上，苏州工业园区人才优势明显，全区大专以上人才近 19 万，总量居全国开发区之首，其中独墅湖科教创新区已聚集中国科学技术大学、中国人民大学、西安交通大学以及英国利物浦大学、新加坡国立大学等 18 所知名院校和 1 家国家级研究所，拥有重点实验室、工程中心、技术中心、博士后科研工作站、流动站等各类研发机构累计 144 个，国家"千人计划"15 人。在产业载体建设上，工业园区注重产业载体的建设，效果显著，包括园区产业创新平台建设、区镇一体化建设和跨区域产业园合作等。在产业创新平台上，园区建设了国际科技园、创意产业园、生物科技园、中新生态科技城、纳米产业园、科教创新区等科技创新载体。在区镇一体化发展上，苏州工业园区下辖的娄葑、唯亭、胜浦三镇已建成现代化城市副中心。在跨区域产业园合作上，园区则已合作建设了苏州宿迁工业园区和苏通科技产业园，降低了园区产业升级的成本并提供了发展的空间。苏州工业园区由我国和新加坡两国政府合作共建，初期的发展主要依赖土地、廉价劳动力和优惠政策，随着园区产业体系的不断完善和升级，苏州工业园区已建立起独立高效的产业链体系，正向产业链高端进发。

· 案例 ·

5.2 赞比亚中国经济贸易合作区[①]

一、园区发展概况

　　赞比亚中国经济贸易合作区是中国在非洲设立的第一个境外经贸合作区，也是赞比亚政府宣布设立的第一个多功能经济区，由中国有色集团负责园区的开发、建设、运营和管理。经贸合作区分为两个园区。位于赞比亚铜带省的谦比希园区首期规划面积为 11.49 平方公里，已开发面积 5.26 平方公里，中心配套区已建成厂房、办公区等设施近 5 万平方米；位于首都卢萨卡国际机场的卢萨卡园区总规划面积 5.7 平方公里，启动项目正在建设当中。经过 10 多年的发展建设，经贸合作区成长迅速，成绩显著，已

---

① 资料来源：赞比亚中国经济贸易合作区官网。

成为继坦赞铁路之后中赞两国友谊的新标志和中资企业在非发展的新名片。

截至目前，经贸合作区基础设施投资累计超过 1.9 亿美元，已有 63 家企业入驻，吸引投资超过 20 亿美元（协议金额），实际完成投资超过 16 亿美元，涉及采矿、勘探、冶炼、有色金属加工、化工制造、农业、建筑、贸易等行业。区内企业累计实现销售收入 116.68 亿美元，创造当地就业岗位约 8000 个，税收约 3.7 亿美元。

赞比亚资源丰富，气候宜人，政局稳定，人民友好，中赞两国政府大力支持经贸合作区的发展，赞比亚政府为经贸合作区的投资者提供了一系列在工作签证、简化行政手续的便利，并在关税、增值税、企业所得税等税收政策上给予极大的优惠。

（一）合作区优势

1. 税务优惠

根据赞比亚发展署 2006 年的法令，在多功能经济区内运营、属于优先行业且投资额超过 50 万美元的企业，其运营收入可以享受如下税务政策上的优惠：

（1）公司所得税

①入区企业自开始经营之日起，5 年内免征企业所得税；第 6 至 8 年，企业所得税按应纳税额的 50% 征收；第 9 至 10 年，企业所得税按应纳税

图 5-1 谦比希园区大门

额的 75% 征收。

②自企业首次宣布红利之日起，5 年内免缴红利部分的所得税。

（2）关税

对于入区企业的原材料、资本性货物和机器设备，5 年内免征进口关税。

（3）增值税

对多功能经济区的开发者或投资者进口的资本性货物、机器设备免征增值税。

2. 一站式服务

经贸合作区在赞比亚和中国设立了多个投资服务机构，如经贸合作区规划招商部、卢萨卡办事处、北京代表处、规划招商部北京办公室，为投资者提供"一站式"全方位服务。

（1）协助办理申请赴赞比亚考察团组或个人的签证，及安排考察路线。

（2）提供机票、酒店、当地交通工具的预订服务。

（3）提供赞比亚法律法规、产业规划和市场信息的咨询服务。

（4）受托或协助从事在赞比亚投资项目的可行性研究论证。

（5）受托或协助办理企业注册阶段的各种手续，如公司登记、银行开户、税务登记。

（6）受托或协助办理企业建设阶段的各种手续，如环境影响评估、规划设计审批、进口设备清关。

（7）受托或协助办理生产经营过程中需要的各种执照和许可证的申请事宜。

（8）为入区企业提供与赞比亚政府部门和相关机构沟通与协调的服务。

（9）受托或协助从事相关行业的深入调研。

（10）组织入区企业参加赞比亚境内外的相关展览（销）会。

（11）协助投资者融资贷款。

（12）潜在投资者或入区企业需要的其他服务。

3. 功能设施完善

（1）谦比希园区

①经贸合作区总部占地 5000 平方米，具备会议室、展览厅、网络及银行服务，可为投资者提供良好的办公环境。

②经贸合作区为投资者提供具备场地平整、道路联通和供水、供电条

件的工业、商业、仓储、物流等用地。

③谦比希园区目前共有9栋标准厂房投入使用。标准厂房有1550平方米和1080平方米两种规格，可满足投资者不同需求。

④合作区入区企业投资的加油站对公众开放，为行驶及路过车辆提供充足汽油。

（2）卢萨卡园区

①卢萨卡园区目前有2栋住宅楼，共占地1000平方米，包括30平方米的标准房间及卫生间、浴室等设施。

②卢萨卡园区目前共有6栋标准厂房投入使用。标准厂房有1550平方米（含办公室）和1080平方米两种规格，以满足投资者的不同需求。

③多功能气膜馆面积为30米×50米，是首次在赞比亚出现的全新结构及材料的建筑，其内部可以承办晚会、论坛和体育赛事等活动。

④卢萨卡园区内由轻钢结构搭建而成的二层别墅采用了最新的建筑材料及技术。

（3）其他功能设施

①住宅

目前，生活区有住宅楼8栋，房间总数超过60间，房间面积分为30、40、60和100平方米等多种类型，洗浴间、卫生间、自来水、互联网等设施功能齐全。

②运动场

篮球场与网球场为人造塑胶地面，提供舒适安全的运动环境。

③中赞友谊医院

耗资168万美元收购的中赞友谊医院为区内企业员工及当地居民提供医疗卫生服务。医院拥有多名中方资深医生，配备价值500多万元人民币的核磁共振设备、救护车，并投资近20万美元用于装修改造和道路维护等。中赞友谊医院仍将继续投资，以进一步提高医院的综合硬件水平。

（二）入园条件和流程

1. 入园条件

合作区优先引进的投资企业（或项目）应符合下列主要条件：

（1）从事《赞比亚发展署法》规定的优先行业；

（2）首期投资额不低于50万美元；

（3）生产条件符合赞比亚安全生产和环境保护的相关要求；

（4）合作区企业（或项目）的控股股东在中国、赞比亚或其他国家具有独立法人资格；

（5）合作区企业（或项目）的控股股东在中国、赞比亚或其他国家具有相关行业的三年或三年以上从业经验；

（6）合作区企业（或项目）的控股股东在最近三年内未受到所在国政府部门关于劳工、安全和环保等方面的行政处罚。

2. 入园流程

二、园区成功经验借鉴①

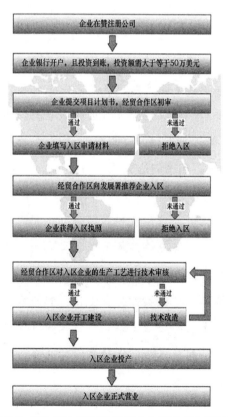

图 5-2 赞比亚中国经济贸易合作区企业入园流程

① 孟广文,隋娜娜,王雪.赞比亚-中国经贸合作区建设与发展[J].热带地理,2017,37(2):246-257.

（一）依托政府支持，发挥企业投资主体作用

境外经贸合作区的建设需要东道国稳定的政治与经济环境，为保证园区的起步与发展，需要投资主体企业具有雄厚的实力及与东道国政府建立友好的关系。赞中经贸合作区的投资主体是中国有色矿业集团，是国务院国有资产监督管理委员会管理的大型中央企业，拥有 20 多年在境外投资和管理项目的经验，拥有一批富有海外开发和管理经验的人才团队，并与赞比亚政府及社会机构保持长期良好的关系，为合作区的建设、服务和管理打下了良好的基础。合作区主体企业应积极探索成熟的开发运营模式，加强区内企业协调，通过商业地产开发，产业链建设，增值服务等多种途径，拓宽合作区业务领域，形成稳定的盈利模式，同时依托我国政府，加强与东道国政府的沟通与协调，发挥企业在本国的辐射带动作用。

（二）构建完整产业链，促进合作区多元及可持续发展

中国有色矿业集团依托赞比亚丰富的矿产资源优势，建立了以有色金属资源开发为核心的完善产业链。赞中经贸合作区谦比希园区依托赞比亚丰富的铜钴资源，明确了其主导产业、延伸产业、拓展产业，发展生产性服务业和配套产业，提高了赞中经贸合作区的竞争力，为赞比亚新增就业岗位近 1000 个，增加赞比亚出口 4.5 亿美元。

（三）履行社会责任，和谐周边关系

园区企业只有与当地分享发展成果，才能实现双赢和可持续发展。赞中经贸合作区在建设过程中，应该做到：第一，企业严格遵守当地的法律法规，尊重当地的文化和风俗习惯，注重保护当地的生态环境；第二，企业注重关注民生，制定相应制度并采取措施保障员工生产安全和工资福利等方面的合法权益；第三，积极履行社会责任，积极参与慈善捐助与灾害赈济，开展捐赠妇女、学生和防治艾滋病、疟疾等社会公益活动，制订社区发展计划，与当地员工和社区居民保持和谐的关系，从而为合作区的长期可持续发展奠定坚实的基础。

· 案例 ·

5.3 柬埔寨桔井省经济特区

一、园区发展概况

桔井省经济特区由中国山东省中启控股集团股份有限公司于2016年投资建设，项目位于柬埔寨东北部最大的国际陆路口岸桔井省斯努县，距离柬越国际陆路口岸1.5公里，距离柬埔寨首都金边240公里，距离越南胡志明港160公里。规划建设中的泛亚铁路柬埔寨金边至越南胡志明连接线途经桔井省斯努县。项目总规划面积约9平方公里，建设规划分三期，计划总投资6亿美元。项目整体规划为农产品加工、商贸物流等产业集聚园区，主要包括农产品、食品加工分区、工业加工制造分区以及商贸仓储物流分区、木材加工分区、橡胶加工分区、建材加工分区、石材加工分区等多个园区板块，规划建设电厂、（储）水厂、污水处理厂等，可容纳企业200余家，就业人数10万人。

项目获得柬埔寨发展理事会（CDC）批准文件，获得"经济特区"许可，

图5-3 桔井省经济特区现场图

被列入国家主席习近平2016年10月出访柬埔寨时两国签署的《关于共同推动产能与投资合作重点项目的谅解备忘录》中，位列全部11个重点合作项目的第八位，是中国商务部对外投资建设的103家重点工业园区之一，2017年12月被列入国家发改委中柬共建"一带一路"合作第一批重点项目（山东省共2家），3月被列入山东省"一带一路"建设境外优先推进项目。

目前，项目综合办公楼已经建成使用，10万平方米标准厂房完成施工建设，相关配套正加快推进。2018年入园企业计划新增厂房建设18万平方米。UBE开发有限公司（园区建设）、绿领（柬埔寨）有限公司（木薯加工）、林氏皇家联合股份有限公司（木业制作：木地板、木门、红木家具）、佳尔福橡胶有限公司（轮胎橡胶）、中启立辉电缆有限公司（电缆）、中启辽河铝材有限公司（铝制品加工）、柬埔寨水泥制管有限公司（水泥制管）等12家企业已入驻特区，中柬物流有限公司（国际物流）、中洪国际有限公司（太阳能、塑料制品）、阿奇钢结构国际有限公司（彩钢瓦、钢结构）、中宏国际德鑫恒工程有限公司（钢结构工程）等9家企业已注册落户特区。中启&天盛源建材有限公司（石子加工）、塑料颗粒造粒厂（制造业）、国际物流园区（综合服务型）等多家企业正在洽谈入驻特区。以上入园企业协议投资达2.31亿美元，实际投资达5229.83万美元。

二、园区成功经验借鉴

（一）主要成功经验和做法

1. 抓住"一带一路"建设重要机遇

柬埔寨是中国"一带一路"建设在东南亚的重要节点，柬埔寨政府非常支持中国"一带一路"建设。集团抓住这个契机，将桔井省经济特区作为推进中国"一带一路"在柬埔寨投资建设的重要载体，在增加当地劳动就业、提高当地税收等方面发挥重要作用，有力推动当地工业化进程并促进相关产业升级。

2. 充分利用当地优惠政策，做好园区服务工作

桔井省经济特区享受柬埔寨海关、商检、税务等一站式服务，具有保税区功能，便于园区招商引资，为入园企业办理相关手续，不断吸引越来

越多的企业入园投资建厂，利用柬埔寨投资成本低和优惠政策来降低企业风险，利于企业经营发展。

工业园区土地投资成本低，劳动力充足，生产成本低廉。入驻经济特区企业所得税自盈利年起可获 6~9 年的免税期，经济特区进口生产设备、生产原材料等免关税，特区不受发达国家"双反"等贸易壁垒阻碍，享受欧美最惠国优惠政策，出口产品免关税。园区充分利用这些政策优势，推动中国有关产能过剩企业通过入驻园区实现有效转移，更好满足国内国际经济发展需求。

3.重视国际化和本土化人才相结合战略

桔井省经济特区作为"一带一路"重点项目，其建设发展离不开人才战略，在选拔培养任用国际化人才的基础上重视聘用当地人才，积极参与当地慈善事业，主动履行社会责任，通过加强与当地社会相互间的了解和沟通实现共同发展。

（二）推进桔井省经济特区项目建设的有关建议

1.建议在国家"一带一路"项目全方位推进过程中，能够进一步出台有关财税、金融、投融资等方面促进经济特区投资建设的有利政策，提高企业投资积极性，加快项目建设发展。

2.建议中国出口信用保险公司能在为企业"走出去"融资担保中发挥重要推动作用，使企业融资担保能快捷高效到位，推进特区更好发展，取得更多成果。

3.建议各级政府加大"一带一路"的宣传和扶持力度，特别是激励产能过剩企业转变发展观念，积极对外投资，利用国外优惠条件走出去寻求新的发展平台，取得共同发展。

4.建议政府对工业园区电厂、（储）水厂、污水处理厂等建设提供政策扶持和技术支持，帮助企业更好地将项目规划好、建设好、运营好。

参考文献

（1）姚晓宏. 建构与创新：中国工业园区金融服务体系研究[M]. 北京：新华出版社，2013.9.

（2）张诗雨. 中国经济技术开发区产业创新研究[M]. 北京：中国发展出版社，2015.12.

（3）丁焕峰. 开发区发展的经济学理论与实证[M]. 广州：华南理工大学出版社，2017.5.

（4）郭建平. 科技园区法规政策的国内外比较研究[M]. 广州：世界图书出版广东有限公司，2013.12.

（5）毛健，李北伟. 科技园区与新兴产业集群——以长吉图先导区为例[M]. 北京：科学出版社，2015.10.

（6）赵守国. 科技园区的创新发展战略[M]. 北京：科学出版社，2017.7.

（7）陈晨星等主编. 中国产业园区助推实体经济发展报告[M]. 北京：中国商业出版社，2013.11.

（8）上海东滩投资管理顾问有限公司. 中国产业园区：使命与实务[M]. 北京：中国经济出版社，2014.10.

（9）吴维海，葛占雷. 产业园规划[M]. 北京：中国金融出版社，2015.12.

（10）王兴平等. 中国开发区在非洲：中非共建型产业园区发展与规划研究[M]. 南京：东南大学出版社，2015.5.

（11）唐晓宏. 上海产业园区空间布局与新城融合发展研究[D]. 上海：华东师范大学博士学位论文，2014.

（12）谭明智. 基于云制造的产业园企业合作模式研究[D]. 重庆：重庆大学博士学位论文，2015.

（13）董琪.我国境外经贸合作区的建设与发展研究[D].镇江：江苏大学硕士学位论文，2009.

（14）刘岩.基于产业集群的太仓德资工业园区核心竞争力分析[D].上海：华东理工大学硕士学位论文，2012.

（15）李志鹏.境外经贸合作区的发展实践探索[J].国际工程与劳务，2016（9）：30-32.

（16）关利欣.中新境外工业园区比较及启示[J].国际经济合作，2012（1）：57-62.

（17）沈铭辉，张中元.中国境外经贸合作区："一带一路"上的产能合作平台[J].国际政治与经济，2016（3）：110-115.

（18）荀克宁.韩国产业园区在我国的发展实践与经验[J].山东社会科学，2016（11）：148-153.

（19）关利欣，张蕙，洪俊杰.新加坡海外工业园区建设经验对我国的启示[J].国际贸易，2012（10）：40-44.

（20）龚洁.全球化背景下的德国中小企业对华直接投资——江苏太仓德资工业园区考察[J].德国研究，2008.23（4）：53-58.

（21）卫平，周凤军.新加坡工业园裕廊模式及其对中国的启示[J].亚太经济，2017（1）：97-102.

（22）贾玲俊，萨秋荣.中国境外经济贸易合作区发展现状探析[J].对外经贸实务，2015（8）：25-28.

（23）刘啸.中日产业园区发展模式比较[D].长春：吉林大学硕士学位论文，2010.

（24）尤振来.工业园区产业发展管理研究[D].天津：天津大学博士学位论文，2008.

（25）赵逖.我国在海外工业园区建设的现状、问题及对策[J].对外经贸实务，2017（2）：38-41.

（26）孙冰玉.浅谈海外工业园建设的风险因素[J].中国工程咨询，2017（2）：31-33.

（27）郝旭，刘健，陈宇倩，王海霞."一带一路"背景下海外产业园区开发运营模式[J].水运工程，2016（10）：1-6.

（28）张崴."一带一路"背景下中国企业海外产业园区投资与运营研究[J]. 商业会计，2017（8）：17-19.

（29）尤宏兵,成楠,杨蕾.境外产业园区建设特点与发展建议[J].国际经济合作，2017（2）：36-41.

（30）戴岚.高水平境外产业园区的战略规划与运营布局[J].中国市场，2017（9）：52,转56.

（31）刘敬桢.境外园区开发运营的创新实践[J].施工企业管理，2017（11）：65.

（32）刘光灿.老挝万象赛色塔经贸合作区运营管理研究[D].昆明：云南大学，2015.

（33）马晓信 编辑.世界典型科技园区概览[J].城市开发（物业管理），2014（4）：87-88.

（34）马强.国外科技园区：政府搭台 企业唱戏[N].中国高新技术产业导报，2011.7.11.

（35）姚中华.新加坡工业园区建设的启示[J].浙江经济.2005（24）：49-51.

（36）李嘉楠，龙小宁，张相伟.中国经贸合作新方式——境外经贸合作区[J].中国经济问题，2016（6）：64-81.

（37）张广荣.中国境外经贸合作区发展政策探析［J］.国际经济合作，2013（2）：40-42.

（38）肖雯.中国境外经贸合作区的发展研究[D].杭州：浙江大学，2014：1-69.

（39）杨爽，孟广文，陈会珠等.韩国自由经济区发展演化过程及启示[J].经济地理，2015,31（3）：16-22.

（40）安春英.浅析埃及苏伊士经贸合作区[J].亚非纵横，2012,（4）：1-7.

（41）王燕妮.中非经济贸易区初探[D].北京：外交学院，2014：1-40.

（42）王雪.中国境外经贸合作区的发展研究——中柬西哈努克港经济特区为例[D].天津：天津师范大学，2017：1-41.

（43）刘英奎，敦志刚.中国境外经贸合作区的发展特点、问题与对策[J].区域经济评论，2017,（3）：96-101.

（44）郑华良.中马钦州产业园区建设第四代产业园区研究[D].南宁：广西大学，2016：1-58.

（45）白卫南, 李艳萍, 扈学文, 赵若楠, 白璐. 中德工业园区环境监管制度对比研究[C]. 中国环境科学学会学术年会论文集，2016：4353-4358.

（46）于众. 美国中小企业集群发展问题研究[D]. 长春：吉林大学，2016：1-185.

（47）林铮凌. "桥头堡"战略下昆明呈贡新城新加坡产业园建设[J]. 经济研究导刊，2013（27）：263-267.

（48）王雪, 孟广文, 隋娜娜. 印度自由经济区的发展类型及启示[J]. 世界地理研究，2017,26（1）：22-31.

（49）成思危. 从保税区到自由贸易区：中国保税区的改革与发展[M]. 经济科学出版社，2003：63.

（50）Guangwen Meng, The Theory and Practice of Free Economic Zone： A Case Study of Tianjin, People's Republic of China[D]. University of Heidelberg，2003：7-215.

（51）江春雨, 王春萍.《国际物流理论与实务》[M]. 北京大学出版社，2008.8.

（52）杨国彪, 李文家韩国仁川自由经济区的发展及启示[J]. 天津经济，2015（7）：28-30.

（53）杜敏. 国际贸易概论[M]. 北京：对外经济贸易大学出版社，2001.

（54）李雪, 李维刚. 自由贸易区的内涵及建设意义[J]. 商场现代化，2014（8）：20-21.

（55）张志强. 世界自由贸易区的主要类型和发展特点[J]. 港口经济，2009（11）：56-58.

（56）张旭华. 跨境经济合作区的构建与中国的跨边境合作策略探析[J]. 亚太经济，2011（4）：108-113.

（57）杨珂. 中国红河—越南老街跨境经济合作区发展研究[J]. 文山学院学报，2013,26（5）：104-107.

（58）武汉市欧洲工业园管理与运行机制培训团. 德国工业园的发展与启示[J]. 学习与时间，1999（9）：35-37.

（59）刘琦. 境外经贸合作区融资模式思考[J]. 商务财会，2013（8）：64-65.

（60）李思思. 中国境外经贸合作区发展历程与战略初探[D]. 南京：南京大学，2014：1-51.

（61）朱妮娜, 范丹. 中国境外经贸合作区研究[J]. 北方经济，2017（11）：11-17.

（62）刘飞. 中国高新技术产业园区产业服务体系发展研究[D]. 武汉：武汉大学，2012.1-173.

（63）王璇, 史同建. 我国产业园区的类型、特点及管理模式分析[J]. 商，2012（9）：177-178.

（64）赵玲玲, 罗涛, 刘伟娜. 中外生态工业园区管理模式比较研究[J]. 当代经济，2007（9）：88-89.

（65）闫二旺, 田越. 中外生态工业园区管理模式的比较研究[J]. 经济研究参考，2015（52）：80-87.

（66）马强. 国外科技园区：政府搭台 企业唱戏[N]. 中国高新技术产业导报，2011.7.11（A08）.

（67）应玉云, 严子东, 朱燕. 打造德国工业园 构建特色产业群[N]. 中国企业报，2011.11.18（012）.

（68）张溱, 张博涵. 从军工厂到工业4.0——浅析德国产业园区的形成及特点[J]. 华中建筑，2016（4）：7-10.

（69）李显君, 宋丹妮, 方炬. 中外典型汽车产业园区比较及实证分析[J]. 汽车工业研究，2008（5）：16-22.

（70）金明. 汽车产业园区发展模式研究——以鱼洞汽车产业园为例[J]. 重庆：重庆交通学院，2013：1-58.

（71）刘洋. 日本园区7大启示录[J]. 中国经济和信息化，2011（11）：80-80.

（72）王兴平等. 开发区与城市的互动整合：基于长三角的实证分析的实证分析[M]. 南京：东南大学出版社，2013.

（73）安春英. 浅析中国埃及苏伊士经贸合作区[J]. 亚非纵横，2012（12）：1-6.

（74）孙六平, 王宇红. 大学科技园区服务体系研究[J]. 高科技与产业化，2005（2）：96-99.

（75）孟广文, 隋娜娜, 王雪. 赞比亚——中国经贸合作区建设与发展[J]. 热带地理，2017,37（2）：246-257.

（76）胡卓南, 黄小平. 国内外工业园区发展经验对江西的启示[J]. 老区建设，2013（10）：15-17.

（77）李永周, 辜胜阻. 国外科技园区的发展与风险投资[J]. 外国经济与管理.2000,23（11）：42-46.

（78）杨玲丽.生态工业园工业共生中的政府作用——欧洲与美国的经验[J]. 生态经济.2010（1）：125-128

（79）Gibbs D, Deutz P, Procter A. Sustainability and the Local Economy：The Role of Eco-Industrial Parks [R]. Paper Presented at Ecosites and Eco-Centres in Europe, 19 June, 2002.Brussels, Belgium.

（80）Chertow M R.“Uncovering”Industrial Symbiosis [J]. Journal of Industrial Ecology. 2007, 11（1）：11-30.

（81）Ehrenfeld J R, Chertow M R. Industrial Symbiosis：The Legacy of Kalundborg [A]//Ayres R U, Ayres L W. A Handbook of Industrial Ecology [C]. Cheltenham, UK：Edward Elgar, 2002.

（82）Baas L W, Boons F A. An Industrial Ecology Project in Practice：Exploring the Boundaries of .Decision-making Levels in Regional Industrial Systems [J]. Journal of Cleaner Production, 2004,12（8/10）：1073-1085.

（83）Gibbs D C. Trust and Networking in Interfirm Relations：The Case of Eco-Industrial Development [J]. Local Economy, 2003, 18（3）：222-236.

（84）冯维江,姚枝仲,冯兆一.开发区”走出去”：中国埃及苏伊士经贸合作区的实践[J]. 国际经济评论，2012（2）：153-170.

（85）王培铨.加快德国工业园开发建设,不断提升园区竞争力[J]. 现代经济信息，2012（7）：78.

（86）吴林海.世界科技区创新模式比较研究[J] 中国科技论坛，2002（1）：36-40.

（87）朱妮娜,范丹.中国境外经贸合作区研究[J].北方经济，2017（11）：11-17.

（88）吴群,仲伟嘉,胡聪颖.德国支持企业“走出去”的税收政策及借鉴[J].国际税收，2016（3）：21-23.

（89）温灏.推动境外园区合作共赢的战略思考[J].国际工程与劳务，2017（10）：20-25.

（90）王娟宁,杨立强.新加坡开发区海外扩展模式及启示[J].国际经济合作，2013（2）：21-23.

后　记

　　为适应推动形成全面开放新格局，特别是"一带一路"建设的新要求，商务部委托中国服务外包研究中心对2009年版"跨国经营管理人才培训教材系列丛书"（共7本）进行修订增补。2018年新修订增补后的"跨国经营管理人才培训教材系列丛书"共10本，其中，《中国对外投资合作法规和政策汇编》《中外对外投资合作政策比较》《中外企业国际化战略与管理比较》《中外跨国公司融资理念与方式比较》《中外企业跨国并购与整合比较》《中外企业跨国经营风险管理比较》《中外企业跨文化管理与企业社会责任比较》是对2009年版教材的修订，《中外境外经贸合作园区建设比较》《中外基础设施国际合作模式比较》《中外企业跨国经营案例比较》是新增补的教材。2009年版原创团队对此书的贡献，是我们此次修订的基础，让我们有机会站在巨人的肩膀上担当新使命。

　　在本套教材编写过程中，我们得到中国驻越南大使馆经商参处、中国驻柬埔寨大使馆经商参处、中国驻白俄罗斯大使馆经商参处、中国驻匈牙利大使馆经商参处、中国国际投资促进中心（欧洲）的大力支持，上海市、广东省、深圳市等地方商务主管部门也提供了帮助。中国进出口银行、中国建筑工程总公司、中国长江三峡集团、中国交建集团、TCL集团、华为技术公司、腾讯公司、中兴通讯股份、富士康科技集团、中国人民保险集团股份有限公司、中国电力技术装备有限公司、中国建设银行、中拉合作基金、深圳市大疆创新科技公司、中白工业园区开发公司、白俄罗斯中资企业商会、北京住总集团白俄罗斯建设公司、华为（白俄罗斯）公司、中欧商贸物流园、宝思德化学公司、中国银行（匈牙利）公司、威斯卡特工业（匈牙利）公司、波鸿集团、华为匈牙利公司、海康威视（匈牙利）公司、彩讯（匈牙利）公司、上海建工集团、中启海外集团、中国中免集团、中国路桥有限公司、东南亚电信、华为柬埔寨公司、中铁六局越南高速公路项目部、农业银行越南分行、越南光伏公司、博爱医疗公司、中国越南（深圳—海防）经济贸易合作区等单位接受了我们的调研访谈。一些中外跨国经营企业的做法，被我们作为典型案例进行剖析，供读者借鉴。在此一并表示由衷的感谢！

本套教材的主创团队群英荟萃，既有我国对外投资合作研究领域的权威专家，也有一批年轻有为的学者。除署名作者外，胡锁锦、杨修敏、李岸、周新建、果凯、苏予、曹文、陈明霞、王沛、朱斌、张亮、杨森、郭智广、梁桂宁、杜奇睿、程晓青、王潜、冯鹏程、施浪、张东芳、刘小溪、袁悦、杨楚笛、吴昀珂、赵泽宇、沈梦溪、李小永、辛灵、何明明、李良雄、张航、李思静、张晨烨、曹佩华、汪莹、曹勤雯、薛晨、徐丽丽（排名不分先后）等同志也以不同方式参与了我们的编写工作。由于对外投资合作事业规模迅速扩大，市场分布广泛，企业主体众多，业务模式多样，加之我们的能力欠缺，本套教材依然无法囊括读者期待看到的所有内容，留待今后修订增补。

最后，特别感谢中国商务出版社的郭周明社长和全体参与此套教材修订增补的团队，他们在较短的时间内高质量地完成了教材的编辑修订工作，为教材顺利出版做出了极大努力。在此表示由衷的感谢！

编著者

2018 年 10 月 15 日